La corrupción política

COLECCIÓN
CIENCIAS POLÍTICAS

DIRECTORES:
Rafael del Águila
Fernando Vallespín

MANUEL VILLORIA MENDIETA

La corrupción política

EDITORIAL SÍNTESIS

Consulte nuestra página web: **www.sintesis.com**
En ella encontrará el catálogo completo y comentado

© EDITORIAL SÍNTESIS, S. A.
Vallehermoso, 34. 28015 Madrid
Teléfono: 91 593 20 98
http://www.sintesis.com

ISBN: 84-9756-357-3
Depósito legal: M. 3.545-2006

Impreso en España - Printed in Spain

A Leticia, David y Carolina

Índice

INTRODUCCIÓN 9

Parte I
Marco conceptual

CAPÍTULO 1
La corrupción en sentido estricto: ámbito conceptual, importancia y efectos 25

1.1. Enfoques conceptuales de la corrupción y otras clasificaciones diversas 28
1.1.1. Conceptos de corrupción basados en la disciplina de referencia 29
1.1.2. Otras clasificaciones 49
1.1.3. Conclusiones 53
1.2. ¿Por qué hablar de corrupción hoy? Importancia y efectos 72
1.2.1. Razones políticas 73
1.2.2. Razones económicas 78
1.2.3. Razones institucionales 86
1.2.4. Razones de gestión 91
1.2.5. Razones sociales 92

CAPÍTULO 2
La corrupción política 95

2.1. Distinción por su naturaleza 97
2.1.1. Por el sujeto que la ejecuta 97
2.1.2. Por el fin perseguido 102
2.1.3. Por el bien esencial dañado 103
2.2. Discursos de integridad 104
2.2.1. Discurso de integridad libertario 107
2.2.2. Discurso de integridad liberal-utilitario 110
2.2.3. Discurso de integridad comunitarista 113
2.2.4. Discurso de integridad deliberativo 116
2.3. Corrupción política y ética pública 121

2.4. Corrupción política, legitimidad y regímenes políticos 128
2.4.1. Corrupción política y regímenes políticos 131
2.5. ¿Qué política? 141
2.5.1. La política: distinciones y principios comunes 141
2.5.2. La necesidad de la política (democrática) 146
2.6. ¿Qué políticos creemos que tenemos? 152

Parte II
Conceptos en acción

CAPÍTULO 3
Variantes de corrupción política 159

3.1. La corrupción parlamentaria y de los representantes locales 160
3.2. La corrupción judicial 164
3.2.1. Las consecuencias de la corrupción judicial 168
3.2.2. El bien dañado 171
3.2.3. Las realidades 179
3.3. Clientelismo 182
3.3.1. Clientelismo, cultura política y caciquismo 186
3.3.2. Tipos de clientelismo 189
3.3.3. Clientelismo: rasgos básicos 192
3.3.4. El clientelismo como corrupción política 194
3.4. Financiación corrupta 197
3.4.1. Precisiones conceptuales 197
3.4.2. Clases de financiación corrupta 198
3.4.3. ¿Por qué la omnipresencia de la financiación corrupta? 205
3.4.4. ¿Cómo se produce la corrupción en la financiación de partidos? 208
3.4.5. Conclusiones 243
3.5. Otras formas de corrupción política 246
3.5.1. La captura de las políticas 246
3.5.2. El abuso de poder 256
3.5.3. El fraude electoral 263
3.5.4. El crimen organizado 269

CAPÍTULO 4
Conclusiones 277

4.1. Breve *excursus* sobre las causas e instrumentos 278
4.2. Reflexiones finales 294

BIBLIOGRAFÍA 303

Introducción

Porque vuestra avaricia contrista al mundo, pisoteando a los buenos y ensalzando a los malos.

Canto XIX, *Divina Comedia*

EL 18 DE AGOSTO DE 1989, Luis Carlos Galán Sarmiento fue asesinado en plena campaña electoral, cuando competía para ser Presidente de Colombia. La razón, si es que puede hablarse de razones cuando se asesina a una persona, fueron sus valientes investigaciones sobre los vínculos entre el crimen organizado, el tráfico de drogas y la política en su país. Las investigaciones sobre su asesinato continúan abiertas dieciséis años después. Este desgraciado suceso nos puede ayudar a entender las dificultades que tiene investigar sobre la corrupción en ciertos países. No obstante, para quienes crean que investigar sobre corrupción en Europa Occidental es sencillo, les bastaría con recordar las muertes de los jueces Falcone y Borsallino o las dificultades que tuvo la magistrada Ilda Boccassini para procesar a Berlusconi por soborno a jueces. Una frase de esta magistrada resume perfectamente la situación en la Italia del siglo XXI: "era casi más fácil luchar contra la mafia que contra Berlusconi. Al menos ellos no podían cambiar las leyes" (*El País,* 26 de octubre de 2003).

El libro que se presenta es un libro sobre la corrupción política, un libro que se basa en gran medida en reflexiones teóricas, pero que no olvida los estudios empíricos sobre tan extendido fenómeno. No obstante, es necesario reconocer que los estudios empíricos que tratan de conocer la forma en que actúan las redes de corrupción tienen esencialmente como fuente o bien las investigaciones judiciales o bien las investigaciones periodísticas, y sólo muy rara vez los estudios de científicos sociales sobre la materia. La razón es sencilla, los corruptos y los corruptores no explican a los investigadores sociales cómo desarrollan su trabajo, las entrevistas a miembros de redes de corrupción, por ello, son muy raras y, cuando existen, incorporan información a menudo inexacta.

En cualquier caso, existen estudios desarrollados con metodología propia de las ciencias sociales sobre causas y consecuencias de la corrupción y encuestas e índices de percepción de corrupción muy ilustrativos. Pero estos estudios no nos permiten acceder a la forma de operar de los corruptos y corruptores, para lo que dependemos sobre todo de las investigaciones judiciales. Estas investigaciones nos muestran que la corrupción política más trascendente se produce y reproduce en red. Son redes de actores corruptos y corruptores las que crean los entramados productores de inmoralidad. Estas redes tienen diversas formas y niveles de sofisticación, aunque falta aún mucha investigación para llegar a comprender cómo funcionan en detalle (Cartier-Bresson, 1997). No obstante, ya se sabe que necesitan una base territorial para operar –desde una sede de logia hasta un Estado fallido–, que tienen una estructura muy flexible y que han de hacer frente a los mismos retos que las redes honestas en términos de integración y diferenciación, aunque se diferencian de éstas en su bajo nivel de institucionalización y en su tendencia a utilizar la coerción y violencia para asegurar el silencio (Raab y Milward, 2003; Della Porta, 2000).

En suma, la dificultad mayor en la investigación de la corrupción consiste en desentrañar el cómo se realizan las prácticas corruptas y el papel que ocupan los distintos actores en las redes de corrupción. Dificultad que se extrema ante el hecho de que, actualmente, la gestión pública tiende normalmente a realizarse en red, y de forma cada vez más nítida son redes de actores quienes definen problemas públicos e implementan programas de todo tipo (Agranoff y McGuire, 2003), circunstancia que provoca que el ámbito de investigación se haga casi infinito; en consecuencia, a pesar de la dificultad, diferenciar las redes corruptas de las "honestas" es necesario e importante si queremos clarificar las prácticas de buen gobierno e identificar las actividades corruptas. Y para ello es fundamental que no se mezclen, sin una clarificación o llamada de advertencia previa, acciones corruptas con prácticas encomiables en las, muchas veces prescriptivas, descripciones de las actividades propias de la "nueva gestión pública". No obstante, como ya hemos anticipado, esta separación es compleja pues no se conocen suficientemente bien las estrategias y tácticas de las redes de corrupción, por lo que habrá que analizar con detalle estas nuevas formas de gestionar lo público, y comprobar acto a acto en qué medida respetan los principios y valores propios del buen gobierno. En cualquier caso, incluso en este ámbito del "cómo", el conocimiento científico sobre la corrupción es cada día mayor.

Uno de los aspectos de la corrupción sobre el que más se ha avanzado es el de su propia definición. Hoy en día existe una enorme cantidad de estudios que, precisamente, se dedican a analizar qué es corrupción, qué diferentes clases de corrupción existen, cuáles son las prácticas más graves y cómo se conectan estas definiciones con otras definiciones de su mismo campo semántico. Ello no quiere decir que exista un acuerdo universal en una definición, simplemente que existe una amplia base de reflexión sobre el tema y que la elección personal se puede realizar con conocimiento de causa. La primera parte de este texto tratará de la definición de corrupción en sentido estricto y, posteriormente, se hablará de la definición de corrupción política. Como se verá, éste es un tema que permite una gran cantidad de debates y que, además, conlleva una gran carga ideológica. Una de las ideas clave de este texto es que la opción por una definición refleja ya una opción política y ética; y más aún, que la lucha contra la corrupción comienza con la propia definición de tal fenómeno. Por ejemplo, si se entiende que la corrupción se refiere exclusivamente a las conductas penadas por las leyes y sancionadas como tales por un tribunal, entonces nos hallaremos fácilmente con estrategias de corruptos y corruptores encaminadas o a dificultar la investigación –mediante, entre otras posibilidades, el cese o traslado de fiscales o jueces incorruptibles– o a modificar las leyes para reducir el ámbito de lo penalmente perseguible –como el caso italiano antes señalado tristemente muestra–. Pero, más aún, si consideramos que la corrupción política debe incluir lucro personal, entonces puede que haya que considerar como moralmente aceptables conductas como la manipulación de las noticias en televisiones públicas, la financiación fraudulenta de los partidos o el fraude electoral. Por otra parte, una definición de corrupción política como toda conducta que atenta contra la razón de ser o el "bien interno"

(McIntyre, 1984) de la política nos abre las puertas a debatir qué debe ser la política y qué implica atentar contra ese deber ser (Philp, 1997), debate que nos arrastra –gustosamente por cierto– al análisis de las diferentes concepciones de la ética, la política y la democracia y a sus diversas versiones de lo corrupto y sus consecuencias. En suma, toda concepción de lo corrupto contiene subyaciendo una concepción de lo ético, y por ello, toda idea de la corrupción política arrastra consigo una idea de la "buena política"; es lo que Rose-Ackerman llamaba un "estándar de bondad" (1978: 9). La corrupción se observa, así pues, desde diferentes perspectivas morales y, en función de éstas, tiene un rostro u otro. La conclusión que se puede sacar de estas afirmaciones es que la lucha contra la corrupción empieza por definir qué se entiende por "buen gobierno", por "buena política" o por democracia.

Las informaciones sobre corrupción son constantes y sistemáticas en todos los medios de comunicación. Puede que ello se deba a que hoy es más fácil investigar, pero también puede deberse a otras muchas razones. Así, esta expansión de la información ¿implicaría que hay ahora más corrupción que antes? ¿O, por el contrario, que aunque hay menos corrupción la ciudadanía es más exigente y, por ello, más propicia a la indignación y crítica de las acciones corruptas? La verdad es que es casi imposible responder a estas cuestiones porque, aunque nos pusiésemos de acuerdo en qué entendemos por corrupción, nos falta información suficiente de ese "antes" que nos permita sacar conclusiones fiables. Sabemos que existía corrupción en el Imperio Romano, en la Baja y Alta Edad Media, en la China de la dinastía Chou, etc., pero todo ello es demasiado lejano para ser comparable con la realidad actual. También sabemos que durante la Presidencia de Ulysses Grant, en Estados Unidos de Norteamérica, la corrupción política era prácticamente sistémica, pero los datos no son suficientes para la comparación. Por ello, lo mejor será establecer un buen repaso de las razones que nos explicarían la atención destacada que el fenómeno de la corrupción produce y dejarnos de amplias comparaciones históricas –otra cosa son las comparaciones año a año con los datos de los índices de percepción, desde que éstos existen, o con otros modernos y recientes instrumentos de medición, como los índices de integridad–. Además, hablar en abstracto de incrementos o disminuciones es inexacto, en cada país hay períodos y circunstancias peculiares que explican las alteraciones, así lo que puede ser agravamiento de la situación de corrupción en un país, en otro puede ser un período de anormal moralidad, con lo que lo mejor es analizar los hechos país a país y hacer comparaciones con los datos de los índices referentes a años pasados. Todo ello sin perjuicio de que al aumentar la población mundial y las transacciones comerciales, tanto de nivel nacional como internacional, las posibilidades de corromper o corromperse aumentan.

Una pregunta que ronda siempre que aparecen estos temas es la de si no hay ahora una ciudadanía más exigente moralmente que la que existía hace tan sólo veinte años. Si resulta que las personas que habitan España, por ejemplo, tienen ahora un volumen de conocimientos y competencias mayor que el que existía en este país hace cincuenta años ¿no sería lógico que tuvieran también una mayor competencia moral? Probablemente sí, pero ello nos llevaría a pensar que, entonces, si seguimos progresando educativamente, la corrupción será cada vez menor o, dicho de otra forma, que cuanta más formación menor corrupción. Puede que esta afirmación sea cierta, pero hay que tomarla con precaución. Para empezar, la formación puede ser meramente técnica y no en valores democráticos y de ciudadanía, con lo que las consecuencias morales pueden ser neutras o, incluso, nefastas. Médicos bien formados técnicamente actuaban en los campos de exterminio e investigaban con seres humanos como si fueran cobayas. Para seguir, una cosa es conocer y otra es actuar de forma coherente con el conocimiento. En concreto, en términos de moralidad, para ser coherente éticamente se precisa también tener unas virtudes y, en definitiva, un carácter personalmente construido para ello. Y para finalizar, es más fácil ser coherente con los principios morales en determinados países y entornos institucionales que en otros. Por lo que habrá que aceptar que las variables institucionales son también muy importantes para explicarse la conducta individual. Resumiendo, desarrollo cognitivo, capacidad para ponerse en la piel del otro, carácter e instituciones serían los factores clave para explicarse la mayor o menor moralidad de la conducta individual y grupal. Demasiadas variables como para hacer comparaciones históricas sólidas.

Es indudable que la ciencia avanza, que los diversos científicos, en sus respectivos paradigmas, van avanzando y conociendo cada vez más de su peculiar campo de estudio. Esta afirmación es aplicable al pensamiento moral y al pensamiento político. Construyéndose sobre los hombros de distintos gigantes, como nos recomendaba Merton, se avanza en la reflexión, se depuran conceptos, se racionalizan ideas... Incluso podría afirmarse que estéticamente nuestro nivel de conocimiento y reflexión es infinitamente superior al del Medievo. Pero tanto en el pensamiento moral como en el estético los avances en reflexión no siempre van acompañados de hechos. Probablemente, nuestros conocimientos arquitectónicos y nuestra reflexión estética sean superiores a los del siglo XV, pero se puede dudar razonablemente de que se construyan ahora edificios más bellos que la catedral de Florencia. El arte no sigue un camino de progreso, aunque el pensamiento estético lo haga (Bell, 1998). Si se preguntara directamente es muy probable que una amplia mayoría de ciudadanos prefiriera Don Giovanni a cualquier ópera del siglo XX, aunque es cierto que la reflexión e investigación musical han avanzado mucho desde el siglo XVIII. Estas afirmaciones también son aplicables al arte de la vida, a la moral personal. Los avances en pensamiento moral, las magnas obras de Rawls o Habermas nos permiten situar el debate sobre el universalismo moral en niveles superiores a los del siglo XVIII. Pero ello no implica que los seres humanos actuemos hoy con más moralidad que hace tres siglos. Tal vez sí, pero tal vez no, en ciertos aspectos sí, pero en otros no. Es difícil afirmar que el siglo XX haya dejado un permanente reguero de buenas acciones y muy difícil afirmar con certeza que el siglo XXI será mucho mejor. Se necesita algo más que conocimiento para actuar moralmente.

En definitiva, el conocimiento y las habilidades analíticas son importantes para la moralidad, pero junto con ello se requiere un conjunto de instituciones que generen los incentivos para la acción moral, y un nivel de confianza intersubjetiva y en dichas instituciones que facilite la acción colectiva y reduzca los costes del sacrificio del interés inmediato y el egoísmo inicial. Por ello, los países con menores niveles de corrupción son países con alto nivel de educación técnica y cívica e institucionalmente muy desarrollados. El camino para salir de la corrupción sistémica o grave, congruentemente con lo ahora afirmado, empieza a dibujarse con caracteres cada vez más nítidos; otra cosa es que se quiera o se pueda seguir. Y la razón fundamental de tal dificultad está en el déficit de institucionalidad global. Hoy en día es difícil poder afirmar que existen instituciones globales que incentiven la moralidad colectiva de los gobiernos y los países. Más bien parece existir un vacío que fomenta los comportamientos irresponsables. Competitividad global –muchas veces sin reglas del juego compartidas–, movimientos de capital sin controles, paraísos fiscales consentidos, blanqueo de capitales a menudo impune, desigualdades lacerantes, etc., todo ello no parece el mejor sistema de incentivos para la moralidad general.

También se conocen cada vez con mayor rigor cuáles son las verdaderas consecuencias de la corrupción. Frente a tantos estudios complacientes, la investigación actual muestra de forma clara que el coste de la corrupción en la economía, la política y la sociedad de cualquier país es mucho más elevado que todos sus presuntos beneficios. Es cierto que los primitivos estudios en los que se consideraba que la corrupción podía ser como un aceite en las herrumbrosas maquinarias burocráticas provenían de autores cuya concepción de la política era de naturaleza pluralista, es decir, que consideraban la política como un sistema de pactos o acuerdos entre grupos de interés. En consecuencia, este tipo de acuerdos, siempre que no fueran fruto de la violencia, en los que unos sectores sociales transferían rentas a empleados públicos a cambio de su mayor esfuerzo en la resolución de expedientes específicos o de su celo en la elaboración de normas que favorecieran a los pagadores, no dejaban de ser comportamientos racionales y difícilmente criticables en un marco de negociación e intercambio inevitables. Obviamente, si se considera la política como un proceso de diálogo y deliberación para la consecución del bien común, este tipo de acuerdos opacos entre sectores privilegiados ya no son moralmente aceptables y sus consecuencias –mayores privilegios, desigualdad política, desconfianza social– son claramente rechazables. También está cada vez más claro que la corrupción genera capital social "negativo" (Levi, 1996) –redes y organizaciones delincuentes– y destruye capital social positivo, al dificultar la asociación basada en la confianza generalizada. En países de corrupción sistémica la sociedad civil se enfrenta a dificultades enormes de interacción para el bien común, precisamente por el deterioro de la confianza y la convivencia social. Finalmente, estudios recientes demuestran que desde una perspectiva económica la corrupción es ineficiente y claramente perjudicial para cualquier tipo de sociedad y tiempo.

La corrupción política tiene unos límites muy difícilmente trazables. Es cierto que no poner límites llevaría a no hablar de nada o a hablar de forma tan genérica que haría irrelevante el texto. Sin embargo, ponerse en el extremo contrario y tratar de limitar la corrupción política a aquélla realizada por los políticos en el ejercicio de su actividad también nos generaría un problema de enfoque incorrecto. En este texto se considera que la corrupción política no se puede categorizar en función del sujeto que actúa, pues existen "no-políticos" cuyo papel en la corrupción política puede ser esencial: por ejemplo, los altos funcionarios. Éstos participan en las tomas de decisión, en la definición de problemas, en la implantación de programas y, por ello, pueden ser actores clave en la corrupción política. Incluso la denominada corrupción judicial es, en este texto, corrupción política, pues es la corrupción de una política, la política de justicia y, por ello, distorsiona decisiones democráticamente adoptadas y expectativas socialmente legítimas. Lo que provoca que un acto entre dentro de la categoría de corrupto políticamente es que atente contra los valores, fines y métodos propios de la acción política, independientemente de quién sea el actor productor –que en circunstancias normales será un responsable gubernamental, lógicamente, pero que podría también ser un alto funcionario o un responsable político de un partido en la oposición.

No obstante todo lo anteriormente afirmado, existen una serie de prácticas plenamente insertables, sin discusión, dentro de la categoría de corrupción política. Prácticamente, las actividades corruptas que generan mayor escándalo social son aquellas que se producen por la conexión indebida entre dinero y política. De ahí que, para empezar, en un texto de este tipo sea necesario hablar de la financiación de los partidos y de las normas de transparencia existentes relacionadas con las actividades económicas de éstos. En relación con la financiación de los partidos, es importante destacar que la visión que se tenga de la política hace que prácticas rechazables para unos sean plenamente correctas para otros. Así, una concepción de la política como un mero intercambio de intereses, un conjunto de pactos entre actores egoístas que acumulan suficiente poder para obligar a negociar al contrario, lleva a la idea de que la mejor financiación de los partidos es la privada, y la mejor regulación la inexistente. Los partidos que quieran llegar al público deberán negociar con quienes disponen de fondos y asegurarse financiación para su funcionamiento ordinario y sus campañas. Los partidos que no negocien quedarán fuera del sistema de financiación y, con ello, fuera de la capacidad real de llegar al público. En este marco cognitivo y moral el incumplimiento de ciertas normas de financiación puede ser visto como normal, lógico y hasta defendible. Pero si se defiende una versión de la política como deliberación entre iguales, sin que intereses prepolíticos puedan marcar definitivamente posiciones, entonces la sola idea de la financiación privada por parte de grandes corporaciones empieza a carecer de sentido, porque nadie financia para que se delibere sin compromiso, nadie pone dinero en manos de representantes políticos para que defiendan lo más racional y razonable en un discurso entre iguales, sino que se financia a partidos y candidatos para que defiendan los intereses del financiador. De ahí que en una visión deliberativa de la política se exija como componente ineludible una financiación pública y normas que prohíban la financiación privada por parte de personas jurídicas.

Vinculado al estudio de la financiación de los partidos está el estudio de las normas y prácticas reguladoras de la transparencia de cuentas y el análisis de los mecanismos de fiscalización y compulsión. No parece lógico que existan regulaciones muy extensas que posteriormente sean incumplidas con impunidad; y sin embargo es una práctica muy común, por desgracia. Además, un aspecto cada vez más importante es el relativo a la regulación de las campañas electorales y sus medios. Una visión desreguladora de ese campo permite que cada vez exista un gasto mayor en las campañas y una utilización más extensa de mecanismos manipulatorios. Nuevamente, esa visión probablemente coincida con la de quienes consideran que la democracia es una forma de mercado en la que se ofertan productos políticos que los ciudadanos compran como el que compra fruta en el supermercado. De ahí que el marketing y la imagen sean lo esencial. Pero una visión deliberativa rechazará claramente estas prácticas, argumentando a favor de límites claros de gastos electorales y promoviendo la utilización de debates en lugar de anuncios.

Otro tema clave de la corrupción política es el del clientelismo. El clientelismo no es necesariamente corrupción si ésta se vincula al lucro económico. Puede existir clientelismo sin intercambios económicos. Por ejemplo, un alcalde puede favorecer a un barrio –que es donde él obtiene más votos– haciendo que se construya allí un parque, aunque existan zonas más necesitadas. Para la visión antes expresada esa decisión no sería corrupta, sería suavemente clientelista. Pero para una visión deliberativa de la política, en la que el interés general debe buscarse por todos los actores en todo momento y situación, el clientelismo es siempre corrupto, pues en él la clave está en la relación particularista, en la personalización de la dispensa de favores por votos (Máiz, 2004), con el consiguiente olvido del interés general.

Y para finalizar con este repaso de "tipos puros" de corrupción política, las actuaciones más graves socialmente –aunque no sean necesariamente las más graves por sus consecuencias– son las relacionadas con el soborno y la extorsión. Actuaciones que, en ocasiones, pueden acabar en la conexión, más o menos intensa, con el crimen organizado, especialmente el narcotráfico. En algunos países ya se ha llegado a esta fase de la corrupción, situación que expresa la mayor degradación de la política, máxime cuando muchas veces son gobiernos con legitimidad democrática, pues han llegado por mecanismos democráticos al poder, los que se convierten en gobiernos criminales.

Será en las conclusiones de este libro donde se sistematizarán y analizarán brevemente las medidas de prevención y lucha contra la corrupción. Para ello, es importante entender que las causas de la corrupción no son unívocas. No hay corrupción solamente porque exista gente con bajo nivel de desarrollo moral. Si aceptáramos esa premisa la conclusión sería la de considerar que en determinados países el nivel de desarrollo moral de su población es casi inexistente. Y, sin embargo, puede ocurrir que personas nacionales de países con baja corrupción y con un nivel elevado de desarrollo moral, trasladadas a países con corrupción sistémica incurrieran en prácticas que antes repudiarían claramente. De hecho, esta situación se da a menudo. Empresarios o directivos de empresas británicas, holandesas e, incluso, suecas, cuando llegan a países con corrupción sistémica, aceptan a menudo las extorsiones de funcionarios y políticos locales y pagan sobornos por conseguir contratos de obra pública. Este tipo de actuaciones es evidente que no las realizarían en sus países de origen. La razón, obviamente, no es que se les olvide su nivel de moralidad en Nigeria o en Haití, sino que se integran en un sistema de reglas del juego para poder alcanzar unos objetivos económicos. Del mismo modo, muchos habitantes de esos países con corrupción sistémica estarían encantados de dejar de pagar sobornos si pudieran. Pero la salud de sus seres queridos, la enseñanza de sus hijos o su propia supervivencia están vinculados a jugar con determinadas reglas, y negarse a jugar exige un nivel de heroísmo –e incluso de irresponsabilidad para con los sufrimientos de la familia– no fácilmente alcanzable por la inmensa mayoría. En suma, que las causas de la corrupción tienen también que ver con el bajo grado de desarrollo institucional y con problemas estructurales –como la desigualdad– que distorsionan la capacidad electiva de la gente y sus posibilidades de selección de conducta.

Estas afirmaciones, realizadas en el nivel de país, pueden incluso ser aplicadas al nivel organizacional. Es decir, que una persona que tenía un grado elevado de desarrollo moral y que lo ejercía congruentemente en una organización con un tipo de cultura muy exigente moralmente, puede encontrarse realizando actos fraudulentos e, incluso, semicorruptos en otra organización cuya cultura favorece la corruptela y la irresponsabilidad. Muchas veces estos actos se ejecutan sin clara conciencia, insertos en las rutinas organizacionales, pero lo cierto es que en la vida diaria contribuyen al descrédito de las organizaciones y a la deslegitimación del sistema político.

Por todo ello, podríamos decir que existen instrumentos de prevención y lucha contra la corrupción que están situados en el nivel macro y que, en consecuencia, intentan operar sobre elementos estructurales del sistema social, político y económico que distorsionan el diálogo entre iguales para resolver problemas comunes. Así, la reducción de la desigualdad es un elemento clave de la lucha contra la corrupción. No sólo de la desigualdad económica, sino también de la desigualdad psicológica y en capacidades con todo lo que ello conlleva. Del mismo modo, reducir la desconfianza en las instituciones y la desconfianza intersubjetiva es también prevenir y luchar contra la corrupción. La confianza generalizada fomenta el asociacionismo, y éste permite una mejor expresión de la pluralidad de visiones sociales y un mayor control del poder político. Por otra parte, la corrupción también se combate en un nivel meso. En este nivel es donde las instituciones políticas y administrativas deben ser rediseñadas para que cumplan adecuadamente su misión final y para que se controlen unas a otras y eviten la arbitrariedad mutuamente –*accountability* horizontal (O'Donnell, 1998)–. Y, finalmente, en el nivel micro, también existe una enorme cantidad de actuaciones que contribuyen a hacer más difícil la actividad de los corruptos, como por ejemplo los "pactos de integridad" entre empresas y organizaciones públicas para no pagar –y denunciar– sobornos y favoritismos en la concesión de ayudas o subvenciones.

Ciertamente, todas estas actividades macro, meso y micro requieren estar interconectadas e insertas en una estrategia global y abarcadora, la cual no puede ser otra que la construcción de una democracia de calidad. Una democracia coherente con los principios que la fundamentan y orientada a hacer real la libertad de todos. Una democracia, en definitiva, exigente con el gobierno y sus administraciones, pero también con sus ciudadanos, a los que demanda un compromiso con lo colectivo y un ejercicio continuo de las virtudes cívicas.

PARTE I
Marco conceptual

CAPÍTULO 1

La corrupción en sentido estricto: ámbito conceptual, importancia y efectos

LAS DEFINICIONES DE CORRUPCIÓN son muy numerosas y variadas, pero difícilmente se encuentra alguna que pueda acoger todas las posibles modalidades de actuación corrupta. Así, hay algunas que se refieren a la corrupción como abuso de cargo público, con lo que dejan fuera la corrupción del sector privado o no-gubernamental. Otras hablan de abuso de cargo con fines de lucro, con lo que no incorporan aquellos supuestos en los que la contraprestación no es económica, sino simbólica, como por ejemplo la de callar ciertas informaciones negativas y dañosas para el corrupto en el medio de comunicación afín al corruptor. Otras consideran que el factor clave en la corrupción es la violación de un deber posicional con beneficio extraposicional (Malem, 2002), pero esta definición no sirve para el supuesto de un administrador de un partido político que recauda fondos para el funcionamiento ordinario del partido bordeando/incumpliendo la normativa de financiación, pues esta persona cumple con su deber de obtener la mayor cantidad posible de fondos y, además, no disfruta necesariamente de ningún beneficio extraposicional de carácter personal. Y si pretendiéramos aplicar este último concepto al sujeto colectivo "partido político", el deber posicional de un partido es un concepto bastante elusivo y necesariamente conectado a una visión normativa de la política. Normalmente, el único partido que puede abusar de su posición es el que está en el poder, por lo que la definición antes citada sería difícilmente aplicable a partidos en la oposición. En suma, que es prácticamente imposible encontrar una definición que acoja todas las posibilidades y en la que estén de acuerdo todos los estudiosos del tema. Por ello, lo mejor será analizar las diferentes posibilidades de definición de corrupción, ver sus "pros" y sus "contras" y, finalmente, elegir una opción que nos sirva de referencia en el texto. Ya se anticipa que ello exige distinguir la corrupción en sentido estricto de la corrupción política, que es un término mucho más elusivo. Sin pretender, por supuesto, que la opción elegida sea la única posible. Ni que sea científicamente irrebatible.

En general, esta preocupación por los conceptos es consecuencia de la adopción previa de un principio gnoseológico según el cual lengua y formación de ideas son en sentido estricto una misma cosa, más aún, lengua y pensamiento son lo mismo (Malmberg, 1979; Eco, 1976). Ello implica que todo análisis científico de la vida social –y la corrupción es vida social– es también un análisis del lenguaje humano. Conocer la realidad exige conocer la lengua y conocer la lengua es el camino para conocer la realidad. El conocimiento de los hechos internos y externos a nosotros exige un camino que va a través de las estructuras lingüísticas. Los conceptos son de naturaleza mental, subjetiva y psicológica, no tienen una autonomía y existencia objetiva independiente de los términos que usamos para nombrarlos (Benveniste, 1978). Por ello, estas estructuras lingüísticas no son ni neutras, ni objetivas o universales.

En relación con la neutralidad es necesario recordar que accedemos a la realidad a través del lenguaje, pero este lenguaje ya es en sí estructurante. La lengua condiciona nuestra aprehensión del mundo, estructura, analiza y agrupa cosas y conceptos sin que nos demos cuenta de lo arbitrario de dicha institución con la que hemos nacido y crecido. Los objetos que nos rodean y las ideas nacen sólo a medida que los consideramos, los clasificamos y les damos nombre. Precisamente la labor del científico es la de rechazar el lenguaje común y las nociones comunes, el obstáculo epistemológico de todo científico social es precisamente ese universo social (Bourdieu *et al.*, 1989). Por otra parte, a los objetos e ideas les damos nombre en una lengua, en un medio y con una intención: Saussure (1976) decía que es el punto de vista quien crea el objeto. Ello implica que el objeto de la ciencia es construido desde una intención, desde una problemática teórica que permita un examen sistemático. De ahí que la depuración del concepto sea clave para el análisis científico del problema.

Estas reflexiones epistemológicas previas explican el contenido de la primera parte del texto. Se van a utilizar conceptos y para ello, primeramente, se va a tratar de explicar su significado. Pero su significado se situará en el marco de un discurso y sólo en él tendrá el sentido que se busca. Ello exige oposiciones y eliminaciones de sentido, opciones y priorizaciones. Finalmente, a pesar del esfuerzo que provoca, es necesario concluir que sólo desde la construcción adecuada de los signos se puede llegar a la comunicación buscada.

1.1. Enfoques conceptuales de la corrupción y otras clasificaciones diversas

Al análisis de la corrupción se puede llegar desde diferentes opciones conceptuales, las cuales, a su vez, se insertan en tradiciones de pensamiento y en disciplinas académicas diferenciadas. Toda disciplina académica es una institución. En las instituciones existe un criterio de "corrección" (March y Olsen, 1989). Esa "corrección" se genera a través de la tradición en desarrollo, tradición que va generando la corrección y el error en la categorización, en la validez e invalidez de la referencia inductiva, en la parcialidad e imparcialidad de los muestreos, en la uniformidad o disparidad de las muestras. Las instituciones, además, definen lo idéntico. En ellas se llega a un acuerdo sobre las categorías básicas, pues "la semejanza es una institución" (Douglas, 1996: 85) y sólo las instituciones pueden definir lo idéntico. Las instituciones otorgan identidad, y las analogías de base social organizan elementos dispares en clases y los dotan de contenido moral y político. Ahora bien, en el ámbito científico el anhelo de objetividad da paso a la clasificación de inspiración científica, que es una clasificación que tiene que luchar contra el conocimiento y la clasificación de sentido común. Al final, el trabajo intelectual y el peso de la inercia institucional permiten que toda una serie de imágenes movedizas vayan adquiriendo estabilidad y permitan la comunicación. Ahora bien, cada institución genera sus clasificaciones de acuerdo con sus marcos cognitivos de referencia y lo que es plenamente coherente para una disciplina puede no ser comprensible para otra, de ahí que ahora se analicen los diversos conceptos de corrupción en función de dichas referencias disciplinares, siendo conscientes de que lo que se puede comprender y defender en un ámbito puede ser incomprensible e indefendible en otro.

1.1.1. Conceptos de corrupción basados en la disciplina de referencia

En estos supuestos nos encontramos con al menos cinco disciplinas de referencia prestas a definir la corrupción de acuerdo con sus parámetros sobre lo correcto y lo idéntico: el derecho, la economía, la ciencia política, la sociología y la ética.

A) El derecho

Para el derecho sería corrupta toda acción de un sujeto público o privado que incumpla las normas jurídicas y viole las obligaciones del cargo, con abuso de posición y la finalidad de obtener beneficios privados personales o para un grupo del que forma parte el corrupto. Esta corrupción, en consecuencia, puede ser pública o privada. Para esta distinción la clave está en el sujeto que actúa y en calidad de qué actúa. En suma, en la corrupción pública se trata de acciones u omisiones vinculadas con el abuso de cargo público y con el incumplimiento de normas jurídicas por parte de las personas con responsabilidades públicas. En la corrupción privada se trataría de acciones u omisiones vinculadas a un abuso de posición en el entorno de organizaciones privadas, con incumplimiento de las normas jurídicas que regulan los deberes del agente frente al principal. Pero en ambos casos con la finalidad de beneficiarse directa o indirectamente gracias a ese abuso. No sería corrupción en sí el mero incumplimiento de normas, por ejemplo, no es corrupción que un funcionario se salte un semáforo. Sí es corrupción si un funcionario, abusando de la información que le proporciona su cargo, obtiene una enorme plusvalía en una recalificación de terrenos. Según Bayley (1989), corrupción es el abuso de autoridad por razones de beneficio particular no necesariamente monetario. En una visión general del fenómeno, corrupción (pública) sería toda acción tomada por un empleado público en el ejercicio de su cargo, que se desviara de las obligaciones jurídicamente establecidas para el mismo por razones de interés privado

–familiar, personal, de *clique,* etc.–, con beneficios pecuniarios o de estatus. O cualquier violación de las normas contra el uso abusivo de cargo público en beneficio privado (Nye, 1989). Pero sería también corrupción la acción del corruptor, no solamente la del corrupto, de ahí que en la moderna definición de soborno la culpa sea tanto del que ofrece como del que recibe.

Las definiciones jurídicas de corrupción exigen posteriormente, para su operatividad en el sistema jurídico, una tipificación extensa y detallada de supuestos, de forma que, en general, corrupción es la suma de todas las diferentes variantes de actuación corrupta legalmente sancionada. Las sanciones a las actuaciones corruptas se pueden expresar en normas penales, administrativas o contables, aun cuando son las normas penales las que esencialmente describen y tipifican las actuaciones claramente corruptas.

Tras la aprobación de la Convención de las Naciones Unidas contra la Corrupción (en el 2003, en México, firmada por casi 100 países, pero ratificada por muy pocos hasta ahora), existen unas definiciones internacionales de los tipos penales más importantes asociados a la corrupción (artículos 15 a 23). Así, el soborno de funcionarios públicos nacionales y el cohecho realizado por estos mismos, el soborno de funcionarios públicos extranjeros y de funcionarios de organizaciones internacionales públicas, la malversación o peculado, la apropiación indebida u otras formas de desviación de bienes por un funcionario público, el tráfico de influencias, el abuso de funciones, el enriquecimiento ilícito, el soborno en el sector privado, la malversación de bienes en el sector privado y el blanqueo del producto del delito. En términos jurídicos comparativos, el cohecho suele ir vinculado a la presencia de un empleado público que tiene una intención corrupta, que obtiene beneficios a cambio de la acción corrupta, cuyo acto oficial tiene relación directa con el valor conseguido, y cuando existe intención de ser influenciado en el ejercicio de cargo público. Por otra parte, el soborno se define por Naciones Unidas como la "promesa, el ofrecimiento o la concesión a un funcionario público, en forma directa o indirecta, de un beneficio indebido que redunde en su propio provecho o en el de otra persona o entidad con el fin de que dicho funcionario actúe o se abstenga de actuar en el cumplimiento de sus funciones oficiales". Y el tráfico de influencias sería, de nuevo según Naciones Unidas, "la promesa, el ofrecimiento o la concesión a un funcionario público o a cualquier otra persona, en forma directa o indirecta, de un beneficio indebido con el fin de que el funcionario o la persona abuse de su influencia real o supuesta para obtener de una administración o autoridad de un Estado un beneficio indebido que redunde en provecho del instigador original del acto o de cualquier otra persona". Y también "la solicitud o aceptación por un funcionario público o cualquier otra persona, en forma directa o indirecta, de un beneficio indebido con el fin de que el funcionario o la persona abuse de su influencia real o supuesta para obtener de una administración o autoridad de un Estado un beneficio indebido".

Una lectura del Título XIX del vigente Código Penal español nos permitirá apreciar los diferentes tipos penales que, en España, la corrupción engloba: prevaricación (dictar a sabiendas resolución injusta en asunto administrativo), cohecho (solicitar o recibir regalo o dádiva), infidelidad en la custodia de documentos, fraude, malversación de caudales públicos, abuso en el ejercicio de la función, uso privilegiado de información (cuando un funcionario o autoridad hace uso de un secreto del que tenga conocimiento por razón de su cargo, obteniendo de ello un beneficio económico para sí o para tercero), etc.

También hay actividades que sólo se sancionan administrativamente, pues por su gravedad no se consideran dignas de tipificarse penalmente, y que implican corrupción. Así, que un secretario de Estado, merced a sus buenas relaciones y al trato de favor ejercido, incumpliendo la normativa de incompatibilidades de altos cargos, pase, a los dos meses de su cese, a trabajar en una empresa que realiza actividades relacionadas con expedientes sobre los que haya dictado resolución en el ejercicio de su cargo, es un caso de corrupción sancionable sólo administrativamente, dado que si no ha existido prevaricación no habrá delito. No obstante, es preciso aclarar que no toda conducta disciplinariamente tipificada tendría por qué ser corrupta. Por ejemplo, llegar tarde al trabajo un día por haberse quedado dormido no puede considerarse como corrupción. Aunque, sin embargo, el absentismo continuado sí sería un ejemplo de actividad inmoral e, incluso corrupta, pues se abusa de unos derechos posicionales –la garantía de permanencia y el derecho al cargo– para beneficio privado, y en detrimento del servicio público.

E incluso hay actividades corruptas que se sancionan desde la normativa presupuestaria y contable. En España, el artículo 176 de la Ley 47/2003, General Presupuestaria, establece que las autoridades y demás personal al servicio del Estado que por dolo o culpa graves adopten resoluciones o realicen actos con infracción a las disposiciones de dicha ley, estarán obligados a indemnizar a la Hacienda Pública estatal o, en su caso, a la respectiva entidad los daños y perjuicios que sean consecuencia de aquéllos, con independencia de la responsabilidad penal o disciplinaria que les pueda corresponder. De hecho, en el marco del Tribunal de Cuentas, existen salas de enjuiciamiento donde se desarrollan procesos contables que pueden dar lugar a sanciones que condenen al culpable al reintegro de cantidades por alcance en los fondos públicos. Es obvio que en la responsabilidad contable sólo pueden incurrir quienes estén obligados frente a la Hacienda Pública a gestionar caudales públicos, siempre que concurran el resto de elementos configuradores de la responsabilidad contable. En algunos casos confluyen en el supuesto las responsabilidades contable y penal; pues bien, en dichos casos, "el principio de seguridad jurídica impide que pueda llegarse a un pronunciamiento distinto en vía contable y penal acerca de la existencia de los hechos y autoría de los mismos, si bien la vinculación de la jurisdicción contable en el ejercicio de su función de enjuiciamiento a la declaración de hechos probados de la sentencia penal firme no impide que de los mismos se extraigan consecuencias jurídicas diferentes" (Sentencia 9/03, de 23 de julio, del Tribunal de Cuentas). Ello es así porque en la jurisdicción penal se manifiesta el *ius puniendi* del Estado, mientras que en la jurisdicción contable se enjuicia la responsabilidad contable que origina la indemnización de daños y perjuicios. Para que exista responsabilidad contable se exige: "*a)* que haya una acción u omisión atribuible a una persona que tenga a su cargo el manejo de caudales o efectos públicos; *b)* que dicha acción u omisión se desprenda de las cuentas que deben rendir quienes recauden, intervengan, administren, custodien, manejen o utilicen caudales o efectos públicos; *c)* que la mencionada conducta suponga una vulneración de la normativa contable y presupuestaria...; *d)* que esté marcada por una nota de subjetividad (dolo, culpa o negligencia grave); *e)* que el menoscabo sea efectivo e individualizado con relación a determinados caudales o efectos y evaluable económicamente; *f)* que exista relación de causalidad entre la acción u omisión de referencia y el daño efectivamente producido" (Sentencia 10/03, de 23 de julio, del Tribunal de Cuentas). Por supuesto que no toda acción u omisión que dé lugar a responsabilidad contable tiene por qué ser corrupta, pero sí existen supuestos en los que la corrupción es evidente, como ocurre en la malversación de fondos o en la apropiación indebida, si bien en estos supuestos coinciden la responsabilidad penal y la contable. No obstante, podríamos dar ejemplos de acciones corruptas sin responsabilidad penal, pero con responsabilidad contable. Por ejemplo, cuando un responsable político ordena conscientemente y para facilitar su carrera política que, en el marco de una contratación legal, por instrucciones superiores indirectas, se abone al adjudicatario la cantidad total pactada a pesar de que el servicio prestado ha sido ejecutado de forma deficiente, estamos ante un supuesto que penalmente es difícilmente perseguible pero que lo es contablemente y, además, es un acto corrupto.

A favor de este tipo de conceptos de corrupción hay, al menos, dos tipos de argumentos. El primero, que son los únicos que permiten poner en marcha la maquinaria de la sanción estatal y de la cooperación sancionadora internacional, y, por ello, son los más eficaces en la lucha contra la corrupción. El segundo, que delimitan claramente lo que se puede y no se puede hacer, estableciendo los criterios morales mínimos que todos deben seguir. Sin estas definiciones, todo sería posible y el relativismo paralizante dominaría todo el debate.

En contra, es preciso decir que estas definiciones son demasiado estrechas y dejan fuera situaciones dignas de rechazo moral, acciones que, aunque no entran en categorías jurídicamente penalizadas, atentan contra la legitimidad de los regímenes políticos y pueden producir cambios sustanciales a medio o largo plazo en los mismos (Heidenheimer *et al.*, 1989). Así, puede que, como ocurre en nume rosos países, la financiación ilegal de los partidos no sea delito, y sin embargo sea una actividad corrupta o germen de futura corrupción. En general, el problema con esta definición es que deja fuera muchas prácticas situadas en los límites de la corrupción y que, desde luego, no son éticas. Cuanto más desarrollada es una economía más posibilidades existen de favorecer a quien otorga un contrato o elabora una norma favorable sin caer en los límites de lo penalmente sancionable. Por ejemplo, influyendo en medios de comunicación en los que existe capital propio para que den una buena imagen del gobierno que tan generosamente ha tratado a la empresa accionista. Por otra parte, asumir como única definición aceptable la legalista permite a los corruptos generar una retórica legitimadora verdaderamente perversa. Así, la argumentación retórica que sirve a la corrupción es la de estrechar al máximo sus límites, de forma que sólo sea considerado corrupción por la opinión pública lo que es perseguible y finalmente sancionado penalmente. El siguiente paso para el corrupto, por supuesto, consiste en intentar cambiar las leyes o manipular las instituciones para que deje de ser perseguible lo que incomoda al poder. Como colofón, cuando un cargo público no puede ser condenado penalmente se le debe suponer honesto. Incluso da lo mismo que la sentencia, reconociendo la existencia de los hechos sancionables, absuelva por prescripción (por ejemplo, el caso del "túnel de Soller"), o por fallos procedimentales; lo importante es que no haya condena. Pues si no hay condena hay honestidad. En suma, que estas definiciones generan incentivos para la ocultación o la interposición de barreras a la persecución de la corrupción.

Para terminar con este tipo de definición, es preciso reconocer que en sociedades democráticas y con cultura cívica desarrollada la incorporación de nuevas conductas a la nómina de tipos penalmente sancionables es fruto de la presión social y de la obligada respuesta de los representantes a estas demandas de mayor rigor y control. Sin embargo, en países no democráticos y con baja cultura cívica, la presión de la opinión pública interna puede ser insuficiente para garantizar una normativa mínimamente eficaz, con lo que la presión internacional, en algunos de esos casos, suple a la presión doméstica.

En cualquier caso, los estudios que el grupo de trabajo de la OCDE sobre el soborno en las transacciones económicas internacionales ha realizado muestran que sólo este tipo de corrupción mueve más de 150.000 millones de dólares al año en el mundo, con precios muy variables que van desde el 30% en los contratos de armas al 5% en los contratos de infraestructuras, circunstancia que movió a la aprobación del primer Convenio de la OCDE contra el soborno a funcionarios extranjeros en transacciones internacionales, el 21 de noviembre de 1997, ratificado por prácticamente todos los Estados miembros en un plazo de dos años. Por su parte, Transparency International estima que las pérdidas provenientes de los sobornos en contrataciones alcanzan en el mundo al menos 400.000 millones de dólares al año.

B) La economía

Existen definiciones propias de los estudios *económicos* o centradas en el mercado. De ellas creo importante destacar el criterio metodológico y antropológico previo que utilizan. Así, se basan en el individualismo metodológico y utilizan como referencia un ser humano egoísta, calculador y preocupado por la maximización de sus preferencias. El individualismo metodológico se basa en los siguientes postulados (López, 2002): 1. Lo social se explica a través de lo individual, los fenómenos sociales son resultado de las acciones de los individuos. 2. Cualquier acción explicable de un individuo es fruto de una elección. 3. Es decir, fruto de una decisión consciente. 4. Y es racional, es decir, orientada a un fin. 5. La elección es fruto de un cálculo de costes y beneficios asociados a los diversos cursos de acción posibles. Y el individuo de referencia es un ser egoísta, perfecto calculador de los costes y beneficios, en suma un *homo economicus.*

Pues bien, dado que todos somos este tipo de personas, que actuamos de esta forma, la corrupción es un fenómeno natural y lógico; cualquiera que ocupe un cargo en el que tenga poder y privilegios tenderá a abusar del mismo y a maximizar sus preferencias. Un funcionario corrupto sería aquel que utiliza su cargo como un negocio, un negocio cuya cuenta de resultados busca maximizar; el volumen de sus ingresos depende de la situación del mercado y de su talento para encontrar el punto de máxima ganancia en la curva de la demanda del público (Heidenheimer y Johnston, 1989, 2000). De acuerdo con Van Klaveren (1989), "la corrupción implica que un funcionario abusa de su autoridad para obtener un ingreso extra de lo público... De ahí que podamos concebir la corrupción como una utilización del cargo, como un negocio por parte del funcionario corrupto, utilización en la que el "empresario" busca maximizar los ingresos. El cargo, así pues, queda convertido en una "unidad de maximización" (1989: 25-26). Quizás estemos más ante una explicación que ante una definición, en estos casos. Lo cierto es que se sustituyen los elementos valorativos y morales por la "maximización del beneficio" como criterio de definición. Tras estas definiciones puede encontrarse en ocasiones un cierto funcionalismo, pues vienen a reconocer que estos mecanismos de mercado cumplen una función social en determinadas sociedades; es decir, que permiten un funcionamiento de la economía más ágil que el seguimiento estricto de las normas burocráticas aplicadas por funcionarios incapaces y arbitrarios. Hoy en día, sin embargo, desde la teoría económica priman los estudios que demuestran que la corrupción no es funcional a la economía, sino muy disfuncional.

Otra variante de estas definiciones se basa en la teoría del principal-agente, en estas definiciones la corrupción es vista como el abuso por parte del agente (funcionario o gerente de una empresa) de la posición que le encarga ocupar el principal (ciudadanía o accionistas), un abuso en el que se incumple la obligación fiduciaria de velar por el interés del principal en todas las acciones, poniendo por delante el interés propio del agente. Para algunos autores, el sector público es muy propicio a este tipo de abusos, pues es difícil controlar la acción de los políticos y funcionarios, sobre todo en un contexto político en el que se expande la acción gubernamental; así, Banfield (1975) considera que la corrupción es un rasgo típico de las organizaciones gubernamentales, pues el agente está dotado de un enorme conjunto de privilegios que le permiten abusar de su posición con respecto al principal. Otros, ven en la propia estructura de actuación gubernamental en la economía un conjunto de incentivos para el surgimiento de "buscadores de rentas", es decir, empresarios que tienen como estrategia de éxito las relaciones con los políticos y funcionarios, los cuales adoptarían decisiones favorables a estos "buscadores" a cambio de financiación para sus campañas o actividades privadas (Tullock, 1993). En definitiva, las políticas públicas tienden a tener un componente sesgado (frente al interés general) debido a las actividades extralegales de individuos y grupos para ganar influencia especial sobre la burocracia y los parlamentos. Estas actividades de influencia privilegiada se realizan en conexión con el legislativo y los grupos de interés, a través de los famosos "triángulos de hierro" (grupos de parlamentarios, burócratas y lobbies que se apoyan mutuamente para lograr sus fines) o, ya en modalidades más sofisticadas, en conexión con los generadores de conocimiento, a través de los *issue networks* (Heclo, 1979). Las consecuencias que se derivan de este tipo de definiciones son de dos tipos, por una parte, aquellas que consideran que la corrupción sería consecuencia, dados los postulados antes establecidos, de una ausencia de mecanismos de control e incentivos suficientes. El camino para reducir su impacto serían mejores controles internos y mejores incentivos. Las otras serían aquellas que proponen una reducción significativa de la actuación pública, pues con ello se reducen las posibilidades de corrupción intrínsecas al propio sector público. Ambas no son contradictorias, sino que pueden actuar en paralelo, con mayor o menor énfasis en una u otra según las circunstancias.

El principal aspecto positivo de estas definiciones es que nos ayudan a entender el funcionamiento real de numerosas redes de corrupción. Las estrategias, los incentivos, los límites y la racionalidad propia de las redes corruptas quedan mejor expuestos a la luz gracias a este tipo de estudios. No obstante, a nuestros efectos, tiene numerosas desventajas. En primer lugar, existen casos en los que un cargo público se usa como negocio privado y no existe corrupción, así ocurre con aquellos cargos públicos que son retribuidos por arancel o que permiten al tenente del cargo cobrar por sus servicios a los clientes en un marco de competencia controlada por el Estado; es el caso de los notarios y registradores de la propiedad en España, quienes gozan del privilegio legal de poder detentar un cargo público y cobrar personal y directamente por los servicios que prestan en el mismo. Segundo, que estas definiciones, aunque pretendan estar libres de referencias morales, siempre arrastran implícitamente un criterio moral para juzgarlas como corruptas, bien sean las obligaciones del agente frente al principal, bien los límites en el uso de un cargo público como "unidad de maximización", bien el papel del Estado en la economía. Tercero, que no aporta motivaciones para la actuación moral, es decir, que no considera como racional ser honesto cuando no hay controles suficientes de la corrupción ni incentivos sólidos para ello. En suma, elimina una gran parte de las razones para confiar en las instituciones públicas y sus gestores, sin aportar contrapesos suficientes para construir capital social. Y, finalmente, que, en sus estudios sobre el funcionamiento de las redes de corrupción son epistemológicamente incapaces de entender la función social de la corrupción en el ámbito local, con toda su dimensión asociativa, aseguradora y protectora, no meramente económica.

C) La ciencia política

En tercer lugar, se podrían incluir las definiciones de origen politológico, centradas en el interés general. Para Friedrich (1989), la corrupción existe cuando un responsable de un puesto público, con unas funciones y atribuciones definidas, es, por medios monetarios o de otra naturaleza, inducido a traicionar sus deberes y a actuar favoreciendo a quien proporciona el beneficio y, por ello, dañando al público y a sus intereses. Esta definición podría incluir toda política pública o programa que se adopta o implanta considerando los intereses de solo una parte afectada, dados los beneficios extras que esta parte puede proporcionar a los políticos o empleados públicos responsables de la decisión. O, incluso, toda acción tomada en el sentido de influir interesadamente a favor de una política pública dominada por tal interés privado, sin consideración de los efectos perjudiciales que tal acción pueda provocar sobre el interés común. Este tipo de definiciones se centran en la corrupción en el sector público, dado que el bien dañado es el interés general. Es corrupta toda acción en la que el responsable público pone por delante el interés privado sobre el interés general. Esta definición, lógicamente, no es directamente aplicable al directivo de una empresa, para el que el interés de sus accionistas es esencial, aun cuando hoy en día se defiendan unas empresas gestionadas también con responsabilidad social. Pero no podemos negar que un directivo o gerente de una empresa debe pensar en el éxito de su empresa y si cumple para ello con la ley y, además, se preocupa de revertir parte de sus ganancias en la comunidad donde reside, no hay objeción alguna que pueda hacérsele. En consecuencia, estas definiciones sólo se entienden si existe una posición pública actora y si el ejercicio de los poderes derivados de esta posición se lleva a cabo de forma parcial, subjetiva y sin considerar el interés general, por razones de interés privado.

Así pues, a un responsable público se le exige una preocupación por el interés general. Y si en su conducta se observa que prima el interés privado, directo o indirecto, sobre el interés de la comunidad estaríamos ante posibles hechos de corrupción. Ciertamente, esta idea de que los responsables públicos sirven al interés general ya implica una concepción determinada de la política y de la acción de gobierno. Pero en este tipo de definiciones ésta es una realidad apriorística. El "buen gobierno", por tanto, no consiste en favorecer a los que votaron al gobierno, ni en llevar adelante un programa indefectiblemente, sino en procurar, siendo coherentes en lo posible con el programa, tomar decisiones que beneficien a la comunidad en su conjunto. Ello implica una voluntad de objetividad e imparcialidad, de forma que se consideren los intereses de todos los afectados antes de tomar una u otra decisión. La corrupción, en consecuencia, puede realizarse actuando legalmente, pues cumpliendo la ley se puede perfectamente actuar buscando el interés privado y beneficiar a un sector social frente a la comunidad en su conjunto.

Con estas definiciones se abre un riquísimo debate sobre la actuación de los grupos de interés y sus conexiones con los responsables públicos de nivel superior. La influencia de los plutócratas sobre las decisiones y políticas públicas, cuando se hacen por interés puramente privado, vía financiación de partidos o contribuciones a campañas, quedarían conectadas a este concepto de corrupción, aun cuando fuera legal tal actuación (Heidenheimer y Johnston, 1989). Si, siguiendo el camino marcado por estas definiciones, nos preguntáramos qué es corrupción, la respuesta sería muy variada y tal vez excesivamente abierta. Corrupción sería por supuesto el tomar decisiones parciales por razones de beneficio monetario directo, como es el caso del soborno. Corrupción sería también la elaboración de normas en las que se beneficia a un sector social sobre el conjunto de la comunidad a cambio de beneficios privados directos o indirectos. Es evidente, por ello, que toda la discusión sobre sistemas de financiación de partidos políticos queda muy influenciada por este concepto de corrupción. También cobran otra dimensión las dificultades de ciertos políticos para aclarar de dónde provienen fondos para sus campañas. Corrupción sería pasar información de forma privilegiada a un actor individual o colectivo a cambio de algún tipo de recompensa. O, sin ánimo exhaustivo, podría ser corrupción cualquier acto que beneficie a una parte de la sociedad a cambio de sus votos, cuando el interés general sea dañado con ello. Por ejemplo, hacer funcionarios a un grupo de interinos antes de las elecciones, a través de pruebas que no garantizan plenamente la igualdad, ni la acreditación del mérito y la capacidad.

No obstante, es conveniente no olvidar que, aunque se busque la deliberación, en la acción política la negociación y el intercambio son ineludibles, con lo que esta definición arroja una sombra de sospecha muy perjudicial sobre toda actividad política. En general, lo que diferencia una actividad política corrupta de la que no lo es, en este marco conceptual, es el factor *quid pro quo*, es decir, el otorgar algo a cambio de algo de manera oculta, fuera de los cauces normales de negociación y compromiso, y sin publicidad (Kjellberg, 2000). Pero, en definitiva, todas estas percepciones estarán muy influidas por lo que cada sociedad entienda o no como práctica lícita en la acción de gobierno.

D) La sociología

Por ello –cuarto grupo de conceptos–, algunos autores critican las aproximaciones más moralistas e introducen una concepción histórica y sociológica, vinculada a la percepción social del fenómeno. Ciertamente, el entorno político, económico y social de ciertos países africanos es muy diferente del de Estados Unidos o el Reino Unido, con lo que la aplicación de los criterios domésticos anglosajones para analizar la corrupción en dichos países introduce un sesgo que hace difícil la adecuada percepción y comprensión del fenómeno. El propio análisis histórico nos demuestra que conductas consideradas actualmente corruptas eran perfectamente válidas en Europa Occidental varios siglos atrás; así Montesquieu defendía la venta de cargos públicos sobre otros métodos de nombramiento, defensa que también realizó Bentham, basándose en que permitía a los más ricos y de clase media –frente a la aristocracia– acceder a dichos cargos (Heidenheimer, 1989). Samuel Pepys, en sus *Diarios,* cuenta cómo abusó sexualmente de la esposa de un tal Bagwell que le solicitaba apoyo para la carrera de su marido, carrera que dependía de la decisión de Pepys (Philp, 1997). Este caso de abuso de posición, sin embargo, no es considerado como corrupción por el autor de los *Diarios*. Es casi seguro que tanto Montesquieu como Bentham o Pepys aceptarían como válido el concepto de corrupción que hoy se maneja internacionalmente, pero lo que les diferencia de nuestra visión actual son las acciones que podrían o no incluirse en tal categoría. La corrupción sería por todo ello aquel conjunto de conductas –aquellos abusos de poder para beneficio privado– que en el contexto histórico y social de cada país se consideran como tales.

Esta aproximación al fenómeno de la corrupción nos lleva a distinguir tres tipos de corrupción: negra, gris y blanca (Heidenheimer, 1989). La corrupción negra incluye todo el conjunto de acciones condenadas como corruptas tanto por las elites morales del país correspondiente como por la ciudadanía en general; en ella suele existir una congruencia entre la ley y la opinión pública. La corrupción gris corresponde a aquella ambigua situación donde no hay consenso pleno, pero donde sectores relevantes de la población –elite– están a favor de la condena de este tipo de acciones por ser corruptas; suele ocurrir que existen normas que sancionen las acciones que caen dentro de la tipología y, sin embargo, la ciudadanía no rechaza abiertamente tales conductas. Un ejemplo típico es la defraudación a Hacienda en el pago de impuestos por parte de responsables públicos, abusando de su posición, en determinados países sin elevada cultura cívica. La corrupción blanca está libre de oposición fuerte por parte del conjunto de la sociedad, ni la elite ni la ciudadanía en general la condenan abiertamente, por el contrario, la toleran, aunque no totalmente, sí en alguno de sus aspectos; en este supuesto no existen leyes condenatorias de tales prácticas dada su falta de apoyo generalizado. Ahora consideremos varios ejemplos de lo que, en diferentes países, podría caer en cada una de las categorías y nos daremos cuenta de que lo que en un país es corrupción negra en otro puede ser gris o, incluso, blanca. Poco antes de las elecciones de 2005, el ministro del Interior del Reino Unido, David Blunkett dimitió. La razón fue que, ejerciendo el cargo, influyó para que se concediera un visado a la niñera filipina de su amante; de hecho, la niñera consiguió el permiso en 19 días cuando puede, en circunstancias normales, llevar un año conseguirlo. El origen de la denuncia fueron los conflictos con su ex-amante por la custodia del hijo común, lo cual llevó a la madre del niño a filtrar a la prensa esta actuación. La prueba del "delito" fue un correo electrónico en el que un oficial de Interior pedía a los servicios inmigratorios que concedieran el visado "sin favores, pero un poco más rápido". Cuando apareció tal correo Blunkett se dio cuenta de que sus días estaban contados. Según él, no hizo "nada incorrecto", pues sigue negando que interviniera directamente. Aun así, reconoció que el escándalo estaba produciendo daños irreparables en la credibilidad del gobierno y decidió dimitir. En consecuencia, para la opinión pública del Reino Unido este trato de favor sería corrupción negra, lo que llevaría al ministro a tener que dimitir. En fechas muy cercanas a este hecho, en Italia, el jefe del gobierno Silvio Berlusconi es absuelto del delito de sobornar a un juez por prescripción del hecho, pero el tribunal que dictó la sentencia reconoce que el hecho del soborno existió y que está probado. Ante esta sentencia, que declara que el jefe del gobierno ha sobornado a un juez, Berlusconi celebra una gran fiesta y sale reforzado políticamente, ya que ha salido absuelto por prescripción del delito. La consecuencia que puede sacarse del caso es que el soborno en Italia entraría más en la categoría de corrupción gris que en la de negra, pues si fuera considerada negra la presión sobre Berlusconi haría imposible su continuidad en el cargo. Ciertamente existen factores anexos como el control mediático de Berlusconi que facilitan su continuidad, pero parece evidente que socialmente no existe un rechazo claro de este tipo de actividades corruptas, como es el soborno a jueces. Estos dos casos se han producido en Europa, con dos países de la Unión Europea, por lo que si incluyéramos en la comparación países de culturas y desarrollos institucionales más distantes los casos serían todavía más impactantes. Así, si nos planteamos un hecho hipotético como el siguiente: el ministro X ha nombrado como auxiliares administrativos del ministerio a 200 parientes, correligionarios y amigos suyos. Este hecho en los países de la Unión Europea entraría dentro de la corrupción negra, aunque si en lugar de 200 fueran 20, y siguiera el camino de hacerlos interinos antes de funcionarios de carrera, en España estaría dentro de la corrupción gris. Pero ese mismo hecho en determinados países africanos ni siquiera sería corrupción blanca, pues no se consideraría ni reprobable, y en ciertos países latinoamericanos caería dentro de la corrupción blanca, pues se admite socialmente y se tolera el *spoils system* o utilización partidista de la Administración.

No obstante, los contenidos de estas tipologías van cambiando, y muy a menudo hacia un mayor rigor y exigencia sociales. El desarrollo moral de los individuos y de las sociedades, de acuerdo con la famosa tipología por etapas de Kohlberg (1984), permite explicar cómo lo que en un momento es considerado corrupción blanca pasa a ser gris y finalmente negra. Un ejemplo típico puede ser el tratamiento del tráfico de influencias en España, que de ser corrupción blanca pasó a gris y, finalmente, negra. De ahí que sea muy importante conocer de dónde se parte en cada país para iniciar caminos que tengan posibilidades de implantación. La ventaja esencial de esta definiciones de corrupción consiste en que permite tratamientos diferenciados del fenómeno, tratamientos acordes a la realidad del país estudiado, evitando con ello tratamientos de choque que son incomprensibles para la ciudadanía y para las propias elites del país en cuestión. Y que al ser incomprensibles no tienen ninguna posibilidad de implantación.

El problema, sin embargo, con esta aproximación puede ser la falta de un punto de vista moral desde el que juzgar las conductas, con el correspondiente relativismo. Sería el supuesto de aceptar que cada país define autónomamente lo que es moral o no y que nadie tiene derecho a criticar lo que los gobernantes de tal país hacen si se lo consiente su ciudadanía. Por fortuna, esta visión relativista no es hoy aceptada por ningún organismo internacional.

E) La ética

Y, para finalizar, la última aproximación a la corrupción puede ser la que se realiza desde la ética. Actos corruptos serían aquellos que son contrarios a los postulados o principios de la teoría ética correspondiente. Pero para concretar un poco más, serían aquellos abusos de poder para beneficio privado que atentan contra los principios, valores o virtudes propias de la teoría ética que se postule. Como quiera que existen diversas posibilidades de opción ética en la vida real, y que individualmente pueden existir enormes diferencias de criterio, se suele considerar que la corrupción desde esta perspectiva se produce cuando se actúa en contra de los principios o postulados éticos socialmente compartidos. Lo cual nos acerca bastante a la definición anterior de carácter sociológico. No obstante, existe una necesidad de definir criterios mínimamente objetivos, necesidad que lleva a la definición de éticas profesionales y códigos de conducta que, al menos, regulen las actuaciones de las personas que ocupan puestos de cierta responsabilidad.

Desde la ética podrían distinguirse al menos dos grandes corrientes de pensamiento. De acuerdo con Fox (1994), las éticas de referencia podrían dividirse en fundacionales y antifundacionales. Son fundacionales aquellos argumentos éticos que surgen de la deducción de la adecuada conducta en la vida diaria desde leyes más generales o abstractas, situadas fuera y por encima del flujo de la vida diaria. En estas teorías, la división fundamental está entre las opciones deontológicas y las teleológicas. Las teleológicas son aquellas orientadas a resultados –como el utilitarismo–; en esta filosofía, se defiende que "la acción correcta es aquella que tenga mejores consecuencias para todos los que resulten afectados por nuestras decisiones, ahora y en el futuro. Normalmente, los utilitaristas centran su atención en consecuencias como el placer o el dolor, la felicidad y la desdicha, o la satisfacción o frustración de las preferencias. Pretenden maximizar los beneficios netos de las consecuencias buenas, después de restar las malas" (Singer, 2004: 269). Alguna versión del utilitarismo afirma que las únicas bases racionales para nuestra obediencia a las distintas reglas morales son los beneficios que esto nos proporcionará a nosotros, a otras personas y a la sociedad entera (Harsanyi, 1999). Las teorías deontológicas, por el contrario, se basan en normas que se autosustentan o tienen valor en sí mismas, independientemente de los beneficios que proporcionen. Para estas teorías los fines no justifican la acción moral, hay unos principios inalienables que están por encima de cualquier fin. Por ejemplo, el principio de la dignidad de la persona humana no puede sacrificarse a ningún fin, por muy útil que éste sea. Derivado de ello, los derechos humanos son infranqueables por ningún gobierno. Por el contrario, para los utilitaristas los derechos humanos deben ser respaldados si apoyarlos tiene a la larga mejores consecuencias que no apoyarlos. La consecuencia que se deriva de ello es que, en teoría, para los utilitaristas los abusos de poder para beneficio privado podrían admitirse en circunstancias muy concretas si de ello se derivasen, además, beneficios para la comunidad. Si no fuera así, como los estudios de coste-beneficio abrumadoramente demuestran, no podrían admitirse. Pero para los deontologistas esa opción sería inmoral en todo caso. En ningún supuesto sería admisible abusar del poder para beneficio privado, pues los principios en que se basa tal acción no pueden ser aceptados universalmente por ningún grupo humano que quiera gobernarse de forma racional y razonable. Para todo deontologista de origen kantiano cada ser humano es un fin en sí mismo y no un medio, y la corrupción convierte a los seres humanos en puros medios para la consecución de fines personales del corrupto.

Las versiones no fundacionalistas son esencialmente comunitarias. La ética comunitarista tiene una visión diferente del "yo" a la fundacionalista, lo cual conlleva (Fox, 1994): una alteración en la dirección y el centro de la causalidad ética, una llamada a la recuperación del concepto de virtud y una promoción de la *phronesis* para el análisis de los problemas de moral. Para empezar, según los comunitaristas el "yo" desde el que opera la ética fundacionalista es difícilmente reconocible en la vida real, es un individuo atomístico, sin cultura, sin historia, sin situación o circunstancias. Se parte del *a priori* de un sujeto que conecta pensamiento, razón y conciencia y, dado que todos los seres humanos son iguales en relación con dicho hecho, los universales a los que el sujeto tiene acceso pueden tener validez para todos. Por el contrario, el comunitarismo sigue el postulado aristotélico de que el hombre es un ser social cuyo pleno desarrollo sólo puede producirse en el seno de una comunidad –polis–. Este "yo" robustecido actúa influido por su experiencia pasada en la comunidad y no tiene la libertad absoluta que la modernidad asume para los individuos atomísticos, abstractos y autónomos con que sueña. El ser humano, así pues, actúa situado en un concreto contexto político y moral. El comunitarismo enfatiza el papel fundamental que en cada persona ocupan los objetivos y obligaciones comunales; los seres humanos no actúan en un vacío.

La causalidad de las teorías fundacionalistas, que va de la conciencia al juicio o decisión de actuar, es sustituida aquí por una causalidad recíproca y dialéctica entre los individuos y la comunidad histórica donde el individuo ha sido socializado. La comunidad tiene un papel tan importante como el individuo. El comunitarismo rechaza del utilitarismo la idea de un individuo egoísta que actuando en defensa de sus intereses consigue por la mágica fuerza de la mano invisible, atemperada por unos principios de obligación moral que dicta la razón, una sociedad bien ordenada. La comunidad y los otros seres humanos son una precondición para la vida humana y la felicidad. De ahí que el altruismo, la lealtad, los sentimientos no sean desviaciones de la norma de la razón, sino componentes esenciales del ser humano.

A partir de esas afirmaciones parece lógico deducir, siguiendo esta corriente, que, cuando hablamos de ética, no se trata de establecer abstractamente principios y esperar que la gente cumpla sus contenidos. Por el contrario, de lo que se trata es de cultivar los rasgos internos de carácter y generar virtud. La moral es interna y debe expresarse con reglas de "sé de esta forma" más que en las de "haz esto". La ley moral no dice "no mates", sino "no odies". A partir de esta idea los neoaristotélicos proponen una serie de virtudes cívicas, virtudes que deben expresar el justo medio entre los excesos. Por ejemplo, coraje frente a cobardía, por una parte, e imprudencia, por otra. Pero lo importante es entender que las virtudes, como dice Aristóteles, son justas y decentes formas de vivir como un ser social. Aristóteles reconocía que las virtudes no eran algo que la gente tuviera normalmente, pero opinaba que la forma de generarlas era a través de su implicación en la comunidad, a través de la política. Así pues, las virtudes son rasgos de carácter no innato, sino adquiridos a través de la reflexión y la conducta (Cooper y Wright, 1992: 6). Pero, además, la noción de virtud sólo opera en un contexto comunitario, en el que existe un vínculo fundamental, y es la comprensión compartida de lo bueno para el hombre y para la propia comunidad (McIntyre, 1984). De todo este discurso se deduce que para los comunitaristas la corrupción –esencialmente la corrupción pública– implica una desviación de carácter, una ausencia de virtudes en los que poseen poder delegado, que hace que incumplan la obligación de servir a su comunidad, de acuerdo con los valores que esa comunidad proclama, poniendo por delante sus intereses particulares.

Finalmente, a pesar de las obvias diferencias de planteamiento, existe la posibilidad de que exista un cierto acuerdo en el nivel micro de la ética. Es decir, que si nos planteamos cuál debe ser el comportamiento ético de un responsable público en su puesto de trabajo, y tratamos de establecer una reglas para su conducta, probablemente lleguemos al acuerdo de que debe seguir aquellas conductas que justifican su profesión y la hacen útil socialmente. Como nos recuerda Adela Cortina, basándose en McIntyre (1984), "cada práctica cooperativa humana cobra todo su sentido por intentar alcanzar unos bienes específicos –unos bienes internos–" (1997: 265), los cuales deben ser sacados a luz por los profesionales que trabajan en dicho ámbito; además, dichos profesionales deben "intentar desentrañar qué principios de conducta permitirán alcanzarlos, qué valores y hábitos es preciso incorporar para llegar a ellos" (1997: 265). Es cierto que el desarrollo de estas actividades cooperativas permite, también, lograr valores externos –dinero, fama, poder, etc.–; pero cuando quienes desarrollan estas actividades se guían tan sólo por la búsqueda de dichos bienes externos, olvidando los bienes internos, entonces la profesión pierde su legitimidad social, su credibilidad y pone en peligro su futuro (Cortina, 1997). Por ello, si el panadero hace bien el pan está justificando su profesión y legitimándose socialmente, además de contribuyendo a un bienestar colectivo. Y si un responsable público busca el bien común cada día, aunque se pueda equivocar alguna vez, también contribuye a la legitimación de su profesión y a la mejora de la sociedad. En consecuencia, la ética de los responsables públicos trata de clarificar el bien interno de trabajar como empleado público, lo que justifica la existencia de su profesión –por ejemplo, servir con objetividad los intereses generales– y, a partir de ahí, definir las normas de conducta, valores y hábitos que deben regir su actividad para conseguir legitimar socialmente su trabajo y permitirles sentir el orgullo de realizar una labor esencial para su país. A partir de esta reflexión, un deontologista afirmará que esta labor de reflexión, además, debe realizarse en un nivel postconvencional (Conill, 1999), es decir, que debe realizarse por convicción y no por mero interés; un utilitarista afirmará que debe realizarse porque es la opción que aporta mejores consecuencias; y un neoaristotélico afirmará que ha de realizarse porque la comunidad lo demanda y porque el responsable público ha de incorporar y ejercer las virtudes que ayudan a la comunidad a ser mejor. Pero todos estarán de acuerdo en que es corrupto actuar poniendo por delante los bienes externos a los bienes internos, en suma, que es corrupto abusar del cargo para beneficiarse privadamente, dado que el propio cargo demanda servir al interés general no al particular. Repito, cómo se busque el interés general es secundario ahora, qué métodos se utilicen no añade nada a nuestro debate; lo esencial es que exista la voluntad e intención de buscar el bien común.

1.1.2. Otras clasificaciones

En una excelente síntesis, Francesco Kjellberg (2000) define la corrupción (pública) como una quiebra de las normas legales (concepción jurídica) o de las normas éticas no escritas (concepción ética), pero con apoyo social generalizado (concepción sociológica) relativas a cómo se debe ejercer el servicio público, para proporcionar servicios o beneficios a ciertos grupos o ciudadanos de forma oculta (concepción política), con voluntad de ganancia directa o indirecta en mente (concepción económica).

De esta definición, además, surgen cuatro tipos posibles de actividades corruptas.

a) Primero, aquellas que quiebran normas legales y cuyo resultado son beneficios directos para el político o burócrata correspondiente. Es éste el supuesto más comúnmente entendido como corrupción y comprender los sobornos y cohechos –*bustarella* en italiano, *pot de vin* en francés, *kickback* en inglés–

o las malversaciones de fondos públicos. Es este tipo de corrupción la que se mide sobre todo en los famosos índices de corrupción de Transparency International, índices que, aunque suponen un avance importantísimo, por centrarse sólo en un tipo de corrupción y por otras razones tienen una validez limitada (Johnston, 2000). Por esta razón, Transparency ha generado otros instrumentos de medición recientemente, como el Barómetro Global. Con este tipo de corrupción directa, brutal e ilegal algunos gobernantes han conseguido hacerse inmensamente ricos, como fue el caso de Suharto en Indonesia, al que se le atribuyen entre 15.000 y 30.000 millones de dólares en beneficios. En ocasiones, los beneficios, aunque directos, son de difícil comprobación, pues son diferidos o son no monetarios. Estos supuestos, como hemos indicado, son de más difícil control pues el beneficio muchas veces es no tangible inmediatamente. Es el caso de ciertas resoluciones dictadas a sabiendas de que son injustas o el tráfico de influencias, que se hacen sabiendo que se le debe algo al corrupto, pero los beneficios concretos no se perciben inmediatamente, sino que vendrán en su momento: puede ser una mera información para que compre ciertas acciones, o su reforzamiento en el partido y aseguramiento de un puesto en las próximas listas, etc.

b) Segundo, aquellas que implican quiebra de normas legales pero con beneficios indirectos para el corrupto. Aquí se incorporarían todos aquellos supuestos en los que se incumplen normas de concurrencia en la contratación pública o en la concesión de subvenciones para favorecer a grupos que financian al partido. En estos casos se incumple la norma para favorecer al partido, no al propio decisor directamente. Ciertas personas ejercen la labor de recaudadores para el partido abusando de puestos públicos; alguna vez, aunque raramente, no se benefician directamente de tal labor, sino que realizan este trabajo sucio como una forma de militancia. En otras, su beneficio es más bien indirecto, seguir ocupando puestos públicos y conseguir incluso ascensos en la escala administrativa o en el partido, en cuyo caso estaríamos en el primer tipo previamente presentado.

c) Tercero, aquellas que implican quiebra de normas éticas socialmente –al menos por ciertas elites– aceptadas, con beneficio directo para el corrupto. Es el supuesto de ciertas informaciones no plenamente secretas, pero a las que se tiene acceso privilegiado, pasadas al amigo o utilizadas personalmente con beneficio tangible directo. Por ejemplo, el alto cargo que favorece a empresas de familiares en convocatorias de subvenciones, en las que subordinados suyos deciden libremente, y que dichas empresas ganan no por fraude en las decisiones, sino por la información que éstas tienen sobre cómo presentar los proyectos, información pasada obviamente por el corrupto pero sin posibilidad real de demostrarse y sin claro incumplimiento de normas jurídicas; o el abuso de cargo para obtener ciertos descuentos, regalos, consumiciones gratuitas o priorización en la consecución de permisos o licencias, sin que exista ninguna resolución o acto claramente fraudulento o ilegal. Así, por ejemplo, un ministro puede conseguir un crédito de un banco a un interés tan bajo que es un verdadero regalo, o puede comprase un piso a un precio irrisorio por un descuento que le dan por ser quien es, etc.

d) Cuarto, aquellas que implican la quiebra de normas éticas socialmente –al menos por ciertas elites– aceptadas, pero con beneficio indirecto para el corrupto. Éste es el supuesto de más difícil control, pero no por ello menos frecuente. En general, es muy común que a través de la financiación legal se influya en la definición de políticas posteriormente. En concreto, tal influencia supone que el responsable público correspondiente actúe de forma que, en la elaboración de normas, se favorezca a grupos que han financiado al partido gobernante. También puede consistir en la concesión de contratos, respetando todas las normas formalmente, para que los contratistas influyan favorablemente en el tratamiento informativo que medios afines a ellos dan del partido al que pertenece el concedente.

> Hoy es muy difícil, en economías avanzadas y globalmente interconectadas, poner claros límites al uso del poder, pues las posibilidades de actuar de forma fraudulenta son infinitas. La sofisticación se produce cuanto más avanzado es el país afectado, de manera que quedan ocultos al escrutinio público numerosos hechos que, realmente, implican abuso de poder y beneficio privado. Sin embargo, en países subdesarrollados la corrupción es mucho más directa e impactante, por lo que se tiende a ser mucho más críticos con ella que con la propia de los países avanzados.

Otra clasificación posible es por la gravedad de los hechos. Heidenheimer (1989) distinguió tres tipos de corrupción en función de la gravedad del supuesto: *a)* pequeña corrupción; *b)* corrupción rutinaria; *c)* corrupción grave. La primera se refiere a los supuestos en los que se adaptan o interpretan las normas para beneficiar a un amigo; la segunda incluye todos los supuestos de favoritismo normalizado, con incumplimiento legal, para beneficiar a amigos o correligionarios, con desprecio de los méritos, en el acceso a la Función Pública, en los ascensos o en la adjudicación de contratos; la tercera ya implica la existencia de un sistema organizado de abuso de poder por virtud del cual, aunque se tenga derecho legal a ciertos bienes y servicios, éstos sólo llegarán al ciudadano si el político correspondiente recibe un regalo, o aquellos supuestos de crimen organizado desde el poder.

Recientemente, por parte de organismos internacionales y de Transparency International se distingue la corrupción por el sujeto que la promueve o ejecuta, y así se diferencia entre corrupción política, que es la que se comete en los niveles superiores del poder y de la sociedad por las elites, líderes y empresas importantes; y corrupción menor o administrativa, que es la que se comete por funcionarios y ciudadanos comunes en sus vidas diarias, tales como sobornos cobrados o pagados por licencias e infracciones de tránsito. En los países industrializados y más avanzados la corrupción menor no tiende a considerarse como un grave problema dado que no está muy desarrollada; sin embargo, en los países subdesarrollados sí es un grave problema. En algunos países, por ejemplo en Camerún, Kenia, Nigeria o Lituania más del 30% de la población reconoce haber pagado un soborno en los últimos 12 meses.

1.1.3. Conclusiones

Tras este largo análisis, creo que existen bases para establecer algunas conclusiones. En primer lugar, intentaremos establecer los puntos comunes de todos los conceptos de corrupción tratados. Para terminar, trataremos de separar la corrupción de algunos otros fenómenos con los que conecta y tiene relación pero que son diferentes.

A) Puntos comunes

Un concepto que podríamos aceptar de corrupción, tras todas las afirmaciones previas, sería (Della Porta y Vanucci, 2002): aquellas acciones u omisiones que tienen que ver con el uso abusivo de los recursos públicos para beneficios privados, a través de transacciones clandestinas que implican la violación de algún modelo de comportamiento (2002: 86). En esta definición se deja abierto de qué recursos públicos se trata, pues efectivamente la corrupción no implica necesariamente toma de decisiones favorables sobre concursos o licencias, también puede usarse la información para favorecer al corruptor o la sanción a competidores del indebidamente favorecido. En suma, lo que el corruptor busca son dos tipos de beneficios: influencia sobre decisiones y/o información confidencial. Los beneficios privados para el corrupto son también muy amplios; pueden consistir en dinero, pero también en regalos no monetarios, y, últimamente, es muy importante el buen trato en medios de comunicación afines al corruptor. Esos beneficios privados pueden ir directamente al patrimonio del corrupto, pero también pueden ser usados para campañas electorales, incluso pueden ir destinados al partido directamente, sin beneficio directo para el corrupto. Finalmente, la definición incorporada permite considerar como corruptas conductas que no son sancionables penalmente, pero que sí lo son moralmente en el marco de lo que una comunidad democrática entiende como éticamente reprobable.

En toda corrupción existe: 1. Una persona que ocupa una posición en una organización pública, no gubernamental o privada, posición de la que se derivan unos derechos o privilegios. Esa persona puede ser un director general de una multinacional, un ministro o un jefe del servicio de contrataciones de cualquier Ayuntamiento. Los privilegios del ministro son superiores a los del jefe del servicio, pero ambos tienen privilegios evidentes. 2. Esos derechos o privilegios (recursos públicos) se conceden para que quien ocupe el puesto los desarrolle en beneficio de quien se los otorga. En la empresa privada son los accionistas, en las ONG son los socios o miembros de las mismas, en el Estado son los ciudadanos directa o indirectamente los que legitiman la ocupación de los puestos públicos, pero en todo caso los privilegios que otorga el puesto tienen un fin que los transciende. El ministro tiene el privilegio de tomar decisiones muy importantes sobre políticas públicas o sobre contrataciones y modificaciones presupuestarias, y debe ejercerlas en beneficio de la comunidad. En general, todos los servidores públicos deben buscar ese interés general objetivamente; cómo lo hagan, ahora es secundario, pero lo importante es que lo intenten; a veces se equivocarán en la concreción de la mejor solución, pero la equivocación y ni siquiera la incompetencia son corrupción. 3. Los deberes que se derivan del puesto, en especial el deber de usar los privilegios para beneficio del otorgante del poder, se incumplen. Existe un incumplimiento del deber posicional (Malem, 2002), un abuso de la confianza otorgada. Es el caso de un Director General de una empresa que falsea balances para que las acciones suban y poder venderlas a un precio sobrevalorado enriqueciéndose indebidamente y dañando a los accionistas. O el caso de un ministro que opta por un programa público en función de que ese programa beneficia a quienes financian la campaña de su partido, aunque sea ineficaz e irrelevante para resolver el problema que está en el origen del proyecto. Pero también el caso del jefe del servicio de contratación que acepta un soborno para favorecer a determinada empresa, aunque luego esa empresa no resulte adjudicataria, pues el funcionario ha incumplido su deber de imparcialidad y dañado la imagen del servicio público. 4. Y se incumplen porque existe un beneficio directo o indirecto, actual o futuro, para el ocupante del puesto que no está previsto entre los beneficios legítimos que se deben tener por ocupar tal posición, es un beneficio extraposicional (Garzón Valdés, 1997). En toda corrupción hay este intento de obtener beneficio sea el que sea y se obtenga finalmente o no. Es cierto que, en la mayoría de los supuestos, la corrupción exige un corrupto pero también un corruptor o al menos alguien dispuesto a pagar por el beneficio; no obstante, a nuestros efectos, corrupción es la acción vinculada al abuso de posición no la oferta de beneficio extraposicional, sin perjuicio de que la oferta se sancione también penalmente; la razón es que, si hay oferta y hay rechazo del soborno por parte del funcionario correspondiente, no puede hablarse de corrupción, sino de intento fracasado de corrupción. La generalización del rechazo es el fin de la corrupción. Y la aceptación del soborno es su comienzo, pero no en sí el mero ofrecimiento.

Sin embargo, de la definición previamente expuesta hay un aspecto que conviene matizar. Actualmente, no es preciso que, además de todo lo anterior, la actuación se realice de forma oculta, aunque es lo normal en la inmensa mayoría de los casos, pues existen formas tan sofisticadas que podrían darse a conocer y nadie entender en un primer momento lo que implica de corrupción el hecho anunciado. Por ejemplo, un grupo de interés puede llegar a un acuerdo público con un partido político antes de unas elecciones, por el cual el partido asume alguna de las propuestas del grupo por ser razonables y, a cambio, recibe una cantidad de dinero plenamente legal dentro de la normativa sobre financiación de partidos, posteriormente, el partido llega al gobierno y cumple su acuerdo adoptando las medidas anunciadas; hasta aquí todo es legal y moral, pero si cuando el gobierno toma la decisión que favorece al grupo han cambiado las circunstancias económicas y sociales y el cumplimiento del acuerdo daña al país, entonces parece lógico pensar que el gobierno ha antepuesto intereses particulares –no devolver el dinero y cumplir el acuerdo– a intereses generales. Y la inmoralidad es todavía más evidente si cuando se firmó el acuerdo el partido tenía datos que indicaban que ese acuerdo no sería plenamente respetable si se gobernaba y se pretendía servir al interés general, y aún así se prefirió tomar el dinero y comprometerse.

Esta aproximación al fenómeno abre mucho las posibilidades de que una conducta pueda ser considerada como corrupta, pues siendo estrictos podrían caer dentro de ella incluso supuestos de corruptela administrativa muy diversos; así, se podrían incluir actos de abuso de poder no penalmente castigados, corruptelas como el uso del teléfono público para llamadas privadas no urgentes, el absentismo laboral o el no cumplir el horario laboral legalmente establecido, el abandonismo y la ineficacia culposa, etc. En todos ellos, aunque de forma leve, hay incumplimiento del deber posicional y beneficios extraposicionales en la forma de tiempo libre, pequeños ahorros o relax indebido.

B) Corrupción y conceptos cercanos

Para terminar, es necesario distinguir el concepto de corrupción de otros conceptos. En primer lugar, es preciso diferenciarlo de los *escándalos políticos* (Jiménez, 1998; Villoria, 2000). El escándalo político consiste en el uso de acusaciones de conducta corrupta contra el adversario político, hechas en el marco del conflicto partidario. Siguiendo a Thompson (2001: 32 y ss.), para que se dé el escándalo se necesitan los siguientes requisitos: *a)* su ocurrencia o existencia implica la transgresión de ciertos valores, normas o códigos morales; *b)* su existencia implica un elemento de secreto u ocultación, pero aún así llegan a ser conocidos por individuos distintos a los directamente implicados; *c)* algunos no participantes desaprueban las acciones o los acontecimientos y pueden sentirse ofendidos por la transgresión; *d)* algunos no participantes expresan su desaprobación denunciando públicamente las acciones o acontecimientos; *e)* la revelación de las acciones o los acontecimientos y la condena que recae sobre la conducta pueden dañar la reputación de los individuos responsables (aunque no necesariamente ni siempre sea así el caso). En relación al primer elemento, las normas que son más susceptibles al escándalo son las que gobiernan la conducta en las relaciones sexuales, las que respaldan las transacciones financieras y las que regulan la búsqueda y el ejercicio del poder político. Sexo, dinero y poder. Hoy en día, los escándalos cada vez son más importantes en la estrategia y la táctica políticas, las razones son múltiples y de ellas destacaríamos: una atención mediática creciente a los actores políticos, pues su visibilidad es mayor, las tecnologías permiten una intromisión mayor en la vida privada, hay un cambio en la cultura periodística que ha roto con ciertas reglas de respeto a la privacidad de los políticos y la cultura política también se ha dejado impregnar de esta personalización de la política; además, se han incrementado los mecanismos legales en la vida pública y se ha acentuado la política de la confianza en los líderes frente a la tradicional confianza en los programas; todo ello ha permitido una significación creciente de los escándalos como prueba de falta de credibilidad (Thompson, 2001: 162). Por ello, por su importancia y presencia, conviene distinguir entre escándalo político y corrupción. Del contacto entre los dos conceptos surgen tres posibilidades: *a)* situaciones en las que se mezclan realmente el escándalo y la corrupción; *b)* situaciones en las que existe corrupción pero no hay escándalo porque los partidos consensuadamente la tapan, o porque no se llegan a conocer, o porque aunque se conozcan no generan un discurso de crítica socialmente compartido; *c)* situaciones donde existe escándalo pero no hay trazas de corrupción, como suele ocurrir en numerosos escándalos de naturaleza sexual o incluso en escándalos vinculados a la lucha por el poder o la financiación partidaria que se basan en datos falsos o falseados. En consecuencia, conviene ser cuidadosos con la mezcla de ambos conceptos.

En segundo lugar, es conveniente distinguirlo del *conflicto de intereses* y las incompatibilidades. El conflicto de intereses de los responsables públicos es un conflicto entre obligaciones públicas e interés privado que puede indebidamente influir en el cumplimiento de sus obligaciones y responsabilidades (OCDE, 2004). Por ejemplo, ser propietario de una empresa en un sector sobre el que se tiene la competencia de regular o decidir públicamente. El conflicto es un prerrequisito para la corrupción, pero no tiene por qué acabar en ella. El conflicto puede ser aparente, pueden darse pero no se dan los conflictos. O puede ser potencial, podría haber conflicto en el futuro si el funcionario/a asumiera ciertas responsabilidades. Pero para que exista corrupción el conflicto tiene que ser real y la actuación del responsable público tiene que desembocar en una decisión o inacción en la que prime el interés privado sobre el público. Por todo ello, nuevamente, surgen tres posibilidades: *a)* supuestos de conflicto de interés sin corrupción. Por ejemplo, un responsable público que tiene que tomar una decisión en la que están afectados familiares directos pide abstenerse de resolver, dado el conflicto; *b)* supuestos de corrupción donde el conflicto de intereses es un ingrediente claro del resultado final; por ejemplo, un consejero autonómico interviene en las actividades de su gobierno para que se regule a favor de una empresa propiedad de su esposa; *c)* casos de corrupción en los que no hay indicios de conflicto de interés; por ejemplo, un agente electoral de un partido compra el voto a unos campesinos a cambio de unos pesos. Dicho esto, a pesar de las diferencias, es obvio que cualquier país que quiera luchar contra la corrupción debe tener una legislación de conflictos de interés e incompatibilidades avanzada y rigurosa, que impida los conflictos de interés reales, posibles e, incluso, aparentes.

En el tratamiento de los conflictos de interés se pueden mantener dos tipos de estrategias, una sería la de intentar evitar que los conflictos se produzcan (opción preventiva), la otra consistiría en, reconociendo que inevitablemente existen y existirán conflictos, construir sistemas de normas y procedimientos para que, cuando surjan, se asegure que los responsables públicos actuarán defendiendo el interés público (opción reactiva). En realidad, ambas estrategias tienden en la vida real a mezclarse, sin que se opte normalmente por solo una de ellas. Además, lo lógico es que las políticas para prevenir y resolver los conflictos de interés se inserten en una política más amplia para prevenir y luchar contra la corrupción. Ciertamente, todo responsable público (político o funcionario) sufre o puede sufrir conflictos de interés, pero a efectos del sistema existen colectivos especialmente poderosos o vulnerables sobre los que hay que actuar prioritariamente; por ejemplo, los altos cargos, los responsables de contrataciones y compras, los jueces, etc. Entre las medidas que se vinculan a la prevención y sanción de los conflictos de interés se destacarían las siguientes:

a) Restricciones en el ejercicio de empleos adicionales al principal empleo público. Aquí pueden darse todo tipo de incompatibilidades tanto con otro empleo público como con empleo en el sector privado. Sobre todo, cuando se trata de altos cargos o de jueces, lo normal es la prohibición absoluta de cualquier otro empleo público o privado. Cuando se trata de funcionarios de nivel medio o subalterno esta prohibición en lo relativo al sector privado se puede flexibilizar, siempre que se cumplan las obligaciones del sector público.

b) Declaración de ingresos personales. Con esta medida, aplicable sobre todo a altos cargos y funcionarios en puestos de responsabilidad, se pretende conocer la procedencia de los ingresos, de manera que se controlen posibles fuentes de influencia indebida en su conducta. Por ejemplo, el vicepresidente de los Estados Unidos, Cheney, ha estado recibiendo durante su mandato ingresos procedentes de Halliburton, la empresa en la que ejerció cargos directivos previamente a su elección. De cara a la lucha contra la corrupción, la declaración de ingresos permite, también, conocer los movimientos de cuentas (al menos de las no situadas en paraísos fiscales) y descubrir enriquecimientos extraordinarios que necesitan explicación.

c) Declaración de ingresos familiares. Esta medida es muy similar en sus fines a la anterior, pero amplía la esfera subjetiva de control, de manera que se conozcan posibles conflictos derivados de las fuentes de ingresos de familiares muy cercanos. También en la lucha contra la corrupción el conocimiento de las fuentes de ingresos familiares es muy importante, porque extraordinarios enriquecimientos de hijos o cónyuge durante el mandato del alto cargo, por ejemplo, pueden estar vinculados a actividades ilícitas o inmorales. Así, si la esposa de un alcalde o presidente de una diputación se convierte de repente, coincidiendo con el mandato de su marido (el género podría ser también el inverso, aunque no es tan común, por ahora) en una empresaria de gran éxito, conocer qué tipo de negocios realiza puede ser muy importante de cara a luchar contra la corrupción.

d) Declaración de patrimonio personal. Hay personas que cuando ingresan en política o cuando ocupan puestos administrativos ya poseen una gran fortuna, de forma que la revelación de ese patrimonio puede ayudar a conocer fuentes de conflicto de interés. Además, el descubrimiento de tal fortuna durante el mandato podría ser fuente de un escándalo, basado en la manipulación de datos, si no existiera información previa. Conocer desde el inicio ese patrimonio reduce las posibilidades de escándalos innecesarios y dañosos para la imagen de lo público. Pero lo normal es que las personas no posean tal fortuna, y si durante el mandato se adquiriese un patrimonio incoherente con los ingresos conocidos, al conocerse el patrimonio de partida, existirían fundamentos para iniciar investigaciones sobre posible corrupción. El "caso Roldán" es un buen ejemplo de enriquecimiento injustificado en una persona que acudió a la política como medio de vida, sin patrimonio previo, y que tras su paso por la Dirección General de la Guardia Civil se convirtió en un acaudalado propietario. En todo caso, hoy en día es bastante normal que personas de clase media puedan tener acciones en empresas y su interés en que la empresa reporte beneficios puede condicionar su toma de decisiones en el sector público, de ahí la conveniencia de conocer sus activos financieros o participaciones en sociedades.

e) Declaración de patrimonio familiar. Aquí, como en el caso de los ingresos, el conocimiento del patrimonio del cónyuge o de los ascendientes y descendientes es importante para conocer fuentes de conflicto y para facilitar la lucha contra la corrupción. Por ejemplo, un ministro de Agricultura puede ver comprometida su imparcialidad si su esposa es propietaria de grandes explotaciones agrícolas o un funcionario encargado de contrataciones puede tener conflictos importantes si su esposa es propietaria de una empresa que contrata directamente con el Ministerio donde éste ejerce su función. En muchos casos, además, el patrimonio familiar es fundamental para la ocultación de ingresos indebidos: los pisos a nombre de hijos y familiares son prácticas demasiado comunes como para no tomar medidas para controlarlas.

f) Declaración de regalos. En el ejercicio del cargo, y como consecuencia del mismo, pueden recibirse regalos oficiales (de gobiernos extranjeros, por ejemplo) y privados. Esos regalos podrían comprometer la imparcialidad y, por ello, ser fuente de conflictos de interés, de ahí que, a partir de un determinado valor económico, se prohíba en algunos países la aceptación de regalos. No obstante, cuando por razones de cortesía y de respeto institucional sea conveniente aceptarlos, la normativa a menudo establece que es necesario declararlos e incorporarlos al patrimonio estatal. También es cierto que en la aceptación de regalos es diferente la aceptación antes de prestar el servicio o tomar la decisión que después; en el primer caso puede comprometer la decisión o la prestación, en el segundo puede ser una muestra de agradecimiento por una decisión tomada imparcialmente. En cualquier caso, para evitar pervertir la imagen de lo público conviene evitar ambos tipos de regalos, aunque la casuística puede obligar a matizar la regla en ciertos casos. Así, en el caso de que se dé por agradecimiento y con valor económico ínfimo, por ejemplo, unas flores a la enfermera que cuidó amablemente a un familiar, podría preverse una cierta condescendencia atendiendo a las circunstancias del caso.

g) Declaración de intereses privados relevantes para la gestión de contratos. La participación en empresas y los activos financieros que se posean pueden condicionar la toma de decisiones en un área como la de contratación, para ello se obliga, como antes vimos, a la declaración de patrimonio en múltiples legislaciones. Pero esa declaración no basta para conocer todas las fuentes de conflicto. Así, por ejemplo, un responsable público puede haber trabajado durante años en una empresa, antes de ingresar en la Administración, y tener una relación de amistad o de enemistad con sus propietarios. Si esa empresa contrata con la organización en que se trabaja, y el responsable público está encargado de la gestión de contratos, se presenta un caso de conflicto de intereses. Otro ejemplo de conflicto que puede darse es cuando el responsable de contratación ha sido abogado o representante legal de una empresa o de una asociación y tiene que tomar decisiones sobre si adjudicarle contratos o subvenciones o si denunciar un contrato por incumplimiento. De ahí que se obligue en algunas normativas a declarar las actividades previas realizadas en los últimos años y a abstenerse de decidir en ese caso.

h) Declaración de intereses privados relevantes para la toma de decisiones. En este caso, como en el anterior, se trata de evitar que patrimonio y actividades previas puedan condicionar la imparcialidad de la decisión actual. Por ejemplo, un funcionario de alto nivel que ha sido abogado de una gran empresa y que la defendió en un pleito con la Administración en la que ahora ocupa un alto cargo no puede tomar una decisión que pueda condicionar el resultado final del pleito. O un inspector de Hacienda en activo que ha sido previamente asesor fiscal de unas determinadas empresas no puede tomar ahora decisiones sobre expedientes que afectan a esas empresas. En ambos casos, el funcionario debería abstenerse de decidir en esos casos. Pero para controlar previamente la situación conviene que declare sus actividades previas de los últimos años.

i) Declaración de intereses privados relevantes para quienes participan en la toma de decisiones como consejeros o informantes. En estos casos, a quienes afecta la obligación es a personas que no toman decisiones pero que influyen con sus consejos e informes en la toma final de la decisión. Es innegable que si un experto tiene que informar sobre la compra de un avión de combate y su informe es muy relevante para la toma de decisión final, el hecho de que antes de ingresar en la Administración haya trabajado en una empresa de construcción aeronáutica o que posea acciones en la misma puede condicionar su informe y la decisión final si aquélla se presenta al concurso, de ahí que convenga conocer tal circunstancia.

j) Seguridad y control en el acceso a información privilegiada. Ciertas personas trabajan en áreas en las que se maneja información muy relevante para la economía nacional o para su seguridad, de ahí que convenga clarificar a quién y cómo podrían beneficiar estas personas si se decidieran a revelar tal información y, posteriormente, tomar medidas para evitar la posibilidad. Ello puede llevar a incompatibilidades muy exigentes y a declaraciones de intereses continuas y muy detalladas. Incluso, en ciertos países, ello da lugar a investigaciones oficiales sobre su vida privada.

k) Restricciones y control de actividades privadas con posterioridad al cese. Una forma de capturar políticas y decisiones, por parte de empresas, ONG y grupos de interés, es el de ofrecer altos cargos en dichas organizaciones a los responsables públicos para cuando abandonen el gobierno. Para evitar este tipo de situaciones, con toda su carga de conflicto de interés y también de soborno diferido, en las legislaciones de muchos países se establece una prohibición temporal (dos años, por ejemplo) de aceptar empleo en el sector privado, una vez abandonado el servicio público, cuando las organizaciones que ofrecen el empleo dependieron del funcionario correspondiente en decisiones o resoluciones de cualquier tipo. Este tipo de prohibiciones son muy importantes en las agencias reguladoras (como la Comisión Nacional del Mercado de Valores) donde las decisiones pueden tener efectos muy importantes sobre la cuenta de resultados de las empresas. Incluso, se puede prohibir al ex responsable público, durante un período temporal, celebrar como empresario contratos con la Administración Pública, en este caso para evitar un cierto tráfico de influencias.

l) Restricciones y control de nombramientos concurrentes fuera del gobierno. Un funcionario o responsable público puede, al tiempo que desarrolla su labor en la Administración, estar involucrado en puestos de responsabilidad en un partido político o en una asociación legal de cualquier tipo como un ciudadano corriente. Obviamente, en estos casos, no se desarrolla normalmente la labor por razones lucrativas, sino por razones ideológicas, o por preocupaciones sociales, culturales o medioambientales. Sin embargo, la militancia política y/o social puede provocar conflictos de interés, de ahí que, para determinados puestos, se pueda exigir información relativa a este tipo de actividades cívicas y, en ocasiones, se pueda prohibir la ocupación de puestos de responsabilidad en este tipo de organizaciones o, incluso, la mera militancia. Por ejemplo, para funcionarios del Senior Executive Service, en Estados Unidos y en otros países, se establece la prohibición de militancia partidista, dado que van a tener que trabajar como altos cargos para administraciones diferentes.

m) Publicidad de las declaraciones de ingresos y patrimonio. De cara a facilitar el control social de los conflictos de intereses y a facilitar la lucha contra la corrupción, en determinadas legislaciones se establece la obligación de que, salvados los datos confidenciales, se publiquen, incluso en Internet, las declaraciones de bienes y patrimonio de los altos cargos del gobierno y funcionarios relevantes.

n) La regulación detallada de la obligación de abstención en la toma de decisiones o de la participación en reuniones de comités, cuando la participación o presencia del responsable público en dichos actos pudiere comprometer la necesaria imparcialidad del acto, dado el conflicto de interés directo o indirecto (de familiares cercanos) que el funcionario tiene en el mismo.

ñ) Restricciones en la propiedad de acciones y de empresas privadas. Cuando un alto cargo o un funcionario con responsabilidades, o sus familiares cercanos, posean acciones o sean propietarios de empresas que tengan relación con la Administración pública, el conflicto de intereses puede ser real o, en todo caso, aparente. Para evitar tales conflictos, en muchos países se establece la prohibición de tener tales propiedades mientras se obstenta el cargo, por lo que es obligatorio o renunciar al cargo o vender las acciones o empresas. Si se trata de miembros del gobierno o responsables de agencias reguladoras, también se les puede exigir que, si tienen acciones en cualquier tipo de empresas no contratistas con el sector público, durante su mandato procedan a contratar con una entidad financiera registrada la gestión de dichos valores, sin que puedan darles instrucciones de inversión durante tal período.

En definitiva, como se puede ver, el conflicto de intereses abarca un área de decisión y de regulación extraordinariamente amplia, pero no puede confundirse con la corrupción, pues aunque muchas veces coinciden, no siempre lo hacen.

Tampoco es igual la corrupción y la *desviación de poder* del derecho administrativo (Nieto, 1997; Garrido Falla, 2002; Malem, 2002). A la Administración, en el derecho administrativo se le otorgan unas potestades para que las ejerza con unos fines precisos; aunque es obvio que existe un numeroso ámbito de decisiones en las que la Administración posee discrecionalidad, ello no obsta para que ésta deba actuar siempre considerando los fines para los que se le concedió tal discrecionalidad, pues de lo contrario se desvía del poder otorgado. Y esos fines son en esencia los del interés general o el interés público. De ahí que el fin de una medida policíaca, por ejemplo, sea restablecer el orden público, y el de convocar una prueba selectiva de acceso el de elegir al más apto, pero si quien adopta la medida policíaca la usa para entorpecer la labor pacífica de la oposición o el que convoca la prueba selectiva lo hace para poder contratar a una empresa de selección propiedad de unos amigos, estamos ante supuestos claros de desviación de poder. Además, en estos casos, estaríamos ante supuestos de corrupción, pues hay abuso de poder y beneficio extraposicional. Sin embargo, en ocasiones, los responsables públicos caen en la desviación de poder llevados de un exceso de celo en la persecución del interés público y no por interés personal. Por ello, en estos casos no estaríamos ante supuestos de corrupción. Además, existen casos de corrupción en los que no hay desviación de poder, como en los llamados "pagos de engrase", o pagos por acelerar determinadas resoluciones, en los que se pide celeridad pero sin incidir en el fondo de la resolución.

En cuarto lugar, no es lo mismo la corrupción que la *aceptación de regalos o propinas* (Noonan, 1984; Malem, 2002). Ciertamente, en numerosos casos el regalo es la consecuencia del abuso de poder beneficiando al corruptor, pero hay ocasiones en que el regalo expresa un agradecimiento por un acto plenamente legal y moral del funcionario público, o en otras expresa un deseo de influir que puede perfectamente ser rechazado. El regalo no genera una obligación reglada de retribución, aunque puede influir. En los casos de soborno, existe un acuerdo explícito o implícito de contraprestación, hay una cierta coacción porque hay un convenio, pero en los casos de regalos unilaterales o, más aun, en las modestas propinas, no existe convenio, sino que: en los regalos hay una cierta voluntad de influir a favor de los intereses propios o para no ser discriminado negativamente, y en las propinas hay un agradecimiento por un servicio que se ha dado sin mediación de interés privado alguno. Hay culturas en las que recibir algo sin dar algo a cambio es socialmente inaceptable, de ahí que se premie a los funcionarios con modestos regalos cuando cumplen con su obligación. No se pueden confundir, en dichas culturas, estos casos con la corrupción (Bouissou, 1995), aunque lo extendido de estas prácticas y la cultura subyacente a las mismas hace muy difícil separar los actos corruptos de los puramente corteses. Como los regalos pueden generar un conflicto de interés, en ocasiones su regulación se incluye dentro de la normativa de conflictos como ya antes se explicó. No obstante, para entender cómo incluso los pequeños regalos pueden distorsionar una política pública veamos el caso de los costes farmacéuticos en la política pública de salud en España.

De acuerdo con Martín García y Sánchez Bayle (Global Corruption Report 2006, en prensa), los gastos farmacéuticos en el sistema español de salud supusieron en 2003 un 30% del coste total, con un incremento del 12% respecto al año anterior. Su incremento anual ha supuesto que, en diez años, se haya acrecentado en un 53,3%. Ello implica que el porcentaje del PIB español dedicado al gasto farmacéutico es del 1,2% frente a la media europea del 0,9%, es decir, un 25% más, cuando nuestro gasto sanitario es un 14% inferior. Detrás de todo ello, entre otros factores, está el hecho de que los laboratorios gastan entre un 25 y un 40% de sus presupuestos en labores de comercialización, dirigida principalmente a doctores de atención primaria y a hospitales. Esta labor de comercialización, en teoría, se centra en la información directa y personal a los médicos y hospitales sobre los nuevos medicamentos pero, en realidad, se basa en ganarse la voluntad de dichas personas e instituciones a través de regalos, invitaciones a congresos, viajes, etc., para que recomienden los nuevos productos. Obviamente, cada nuevo medicamento cuesta más que el anterior y sobre todo más que los genéricos, con lo que el gasto se dispara, poniendo en peligro la viabilidad a medio plazo de todo el sistema. De ahí que la regulación de la aceptación de regalos, aunque tal aceptación no coincida con actuaciones claramente corruptas, sea un aspecto importante que no se puede ni se debe obviar.

En quinto lugar, no es lo mismo la corrupción que *la financiación ilícita de los partidos políticos*. Es cierto que la financiación de los partidos en general, y más aún la ilícita, está en el origen de una parte importantísima de las corrupciones conocidas y de las que todavía están ocultas, pero no siempre la financiación conlleva corrupción (Johnston, 1998). Como en el caso anterior, se puede financiar a un partido desde una empresa o grupo empresarial para que el partido haga suyas ciertas políticas que favorecen al financiador, pero no por ello hay certeza de que el partido vaya a ganar las elecciones, y, si las gana, tampoco hay certeza de que ya en el gobierno vaya a asumir ninguna obligación con respecto al financiador. La financiación ilegal o irregular implica una conducta impropia o ilegal en las operaciones financieras de los partidos o candidatos en beneficio particular de tal partido o candidato (Walecki, 2004), pero no exige abuso de posición tal y como la hemos definido. En el caso Filesa, que culminó con una serie de condenas penales a administradores y contables del PSOE, la sentencia determina que hubo un supuesto de financiación ilegal por parte del PSOE, a través de una trama de empresas cuya finalidad era obtener financiación para el partido, pero en ningún caso se demuestra que hubiera actuaciones desde el gobierno favoreciendo a los financiadores o perjudicando a los que se negaron a pagar; por ello, no puede hablarse de corrupción en sentido estricto en tal caso, pues falta el incumplimiento del deber posicional. Otra cosa es que moral y políticamente se pueda considerar tal actuación reprobable, pero no por ello cae en los supuestos de la corrupción en sentido estricto tal y como la hemos definido aquí, siguiendo a la doctrina más prestigiosa.

Sexto, el *fraude* no es corrupción. El fraude es una actividad ilegal que sólo puede existir desde el sector privado, pues de lo que trata es o del uso o abuso fraudulento de fondos públicos por personas que o no tenían derecho a los fondos, o que los usan para fines distintos a los requeridos, o de la evasión de impuestos o tasas (Meny y Rodhes, 1997). Ciertamente, puede darse el caso de que al fraude se añada corrupción, como en "el caso del lino" (generación de extensos cultivos de lino para cobros de primas de la UE) en España, pero no siempre es así. Se produce fraude y corrupción cuando los poderes públicos facilitan o se benefician del fraude, pero si los poderes públicos combaten el fraude no hay corrupción. Desde la Unión Europea hay una gran preocupación por este problema del fraude, y sus vínculos con la corrupción. El presupuesto de la Unión Europea es financiado por el dinero de los ciudadanos contribuyentes de toda la Unión. Las políticas europeas de agricultura, industria, medio ambiente, social, etc., tiene por objetivo la realización de proyectos de interés general. En consecuencia, eludir la colaboración con la financiación del presupuesto comunitario (impuestos y tasas) o utilizar abusivamente la financiación comunitaria en los programas nacionales se traduce en un perjuicio en la comunidad. Las autoridades europeas tienen el deber de garantizar el mejor uso de los recursos y, en particular, de luchar contra el fraude. Por ello, la protección de los intereses financieros de la Unión se ha convertido en una de las prioridades mayores de las instituciones europeas. Los fraudes fundamentales se dan en las aduanas, en las subvenciones y en la evasión fiscal. Para luchar contra la corrupción y otras actividades ilegales que afecten a las finanzas de la Unión se creó, en 1999 la Oficina Antifraude u OLAF.

Finalmente, y sin ánimo exhaustivo, no es totalmente lo mismo la corrupción en sentido estricto que *el clientelismo político*, aun cuando durante mucho tiempo no se hayan distinguido y exista una conexión extremadamente íntima. Una definición de clientelismo político que lo aleja bastante de la corrupción sería la que ofrece Susana Corzo: "una relación personal en el ámbito de la política que se establece de forma voluntaria y legítima, dentro de la legalidad, entre los que pueden ocupar u ocupan cualquier cargo público y los que desean acceder a unos servicios o recursos públicos a los que les es más difícil llegar, que no imposible, de no ser por ese vínculo o relación. Se trata de un intercambio extrínseco entre partes que beneficia a ambas, porque su situación de desigualdad funcional requiere de la otra parte para alcanzar sus objetivos" (Corzo, 2002: 28). Podríamos dar por aceptable la definición si tacháramos que la relación es legítima y que se hace dentro de la legalidad. Porque muchas veces, aunque no siempre, el clientelismo implica claras violaciones de la legalidad, por ejemplo, cuando se contrata a un militante del partido como interino en la Administración mediante un concurso del que no se da publicidad. Y no es legítima porque como muy bien señala Cazorla (1996: 300), el favorecimiento mutuo se suele hacer en perjuicio de terceros que tienen mejor derecho. Si corregimos la definición de acuerdo con lo dicho en las líneas precedentes, y la damos por buena, podemos estar de acuerdo con Cagliaci (1996) en que hay rasgos del clientelismo que no se dan en la corrupción; así, en el clientelismo puede no haber un incumplimiento del deber posicional, además, el clientelismo exige una desigualdad funcional que no siempre es precisa en la corrupción, donde los acuerdos se pueden dar entre agentes igualmente poderosos. Por ejemplo, un alcalde puede defender cierto tipo de ayudas sociales para personas de su municipio ante las autoridades regionales, consciente de que lo hace para asegurarse sus votos, pero no hay en ello corrupción pues no incumple claramente con dicha acción ningún deber propio de un alcalde, ni atenta contra el interés general de su municipio. Y, sobre todo, es más difícil hablar de corrupción y clientelismo en los supuestos de clientelismo interno de partido, por ejemplo, cuando alguien "vende" el control que tiene de una sección o agrupación del partido –y los votos que ello supone de cara a un congreso– al líder de una determinada corriente, a cambio de que se le promocione internamente dentro del partido.

De ahí que Corzo (2002) considere que una diferencia importante entre clientelismo y corrupción es que en esta última existe una conciencia de ilegalidad o inmoralidad, que no tiene por qué existir en el clientelismo. No obstante, es preciso destacar que el clientelismo genera desconfianza hacia las instituciones democráticas y a los principios de imparcialidad y objetividad de las Administraciones, y lo hace porque afecta al modo en cómo se distribuyen los recursos públicos y porque deteriora los canales legítimos que conectan al ciudadano con el Estado, generando incentivos para sustituir las vías legales por las personales (Máiz, 1996; Cagliaci, 1996). Por ello, aunque no exista conciencia de inmoralidad, hay inmoralidad.

En conjunto, podríamos concluir con Máiz (2004) en que los elementos constitutivos del intercambio clientelar y, sobre todo, la estructura de incentivos que conlleva, en contextos de alta competitividad entre patrones clientelares y en un mundo donde la necesidad del dinero para mantener la red es constante, es muy fácil que arrastre a un solapamiento entre corrupción y clientelismo, generando el llamado clientelismo corrupto.

A nuestros efectos, considerando el concepto de corrupción incorporado al texto, es muy difícil separar corrupción de clientelismo –excepto en ciertos casos de clientelismo interno de partido–, pues el concepto de deber posicional nos lleva a afirmar que corrupción es toda actividad de un empleado público que no se fundamenta en la promoción del interés general –lo que conlleva la preocupación por el pleno respeto de los derechos fundamentales y de la dignidad y la autonomía del ser humano–, sino en la priorización de sus intereses particulares. Y es obvio que el clientelismo incorpora, junto con una posible dominación arbitraria, una dimensión particularista y sesgada del ejercicio del cargo público incompatible normalmente con la promoción del interés general. Además, dado que no se considera que hoy en día el ocultamiento sea un factor ineludible de la corrupción, es más difícil separar ésta del clientelismo, donde la actuación suele ser pública.

Es cierto que, en algunos países, el uso de recursos públicos para favorecer a algún actor en particular puede hacerse a la luz, como es el supuesto de las reuniones con grupos de interés reconocidos, o con representantes de sectores afectados por decisiones públicas. La pregunta que surge ahora es si la posible corrupción implícita en los actos que favorecen a unos actores políticos o económicos y no a otros, a cambio de algún beneficio para los decisores, desaparece si se hace a la luz pública. Si un partido en el gobierno o un representante público favorecen con una decisión a un grupo de posibles votantes o contribuyentes en un acto que tiene carácter público, y se reconoce en el acto que el grupo favorecido entregará su voto o su aportación económica al partido o al candidato ¿estamos o no ante corrupción?

Pues bien, siendo coherentes con lo hasta ahora expuesto, hay que afirmar que para que no exista corrupción, además de la publicidad, se deben cumplir otras tres condiciones (Thompson, 2002): 1. Que no exista relación directa entre la toma de decisión y la aportación o el voto, es decir, la decisión se toma por razones de interés general y es justificable en tales términos. 2. Que la vía utilizada no deteriore el proceso democrático, de forma que se evite que sólo quienes tengan posibilidades económicas o estén dispuestos a vender su voto puedan acceder a exponer su caso o defender sus intereses. 3. Que exista una coherencia ideológica entre lo defendido por el político en relación al grupo beneficiado y los ideales y programa de su partido. Ciertamente, todo esto ya conecta con una forma de entender la política, lo que nos introduciría en el capítulo siguiente.

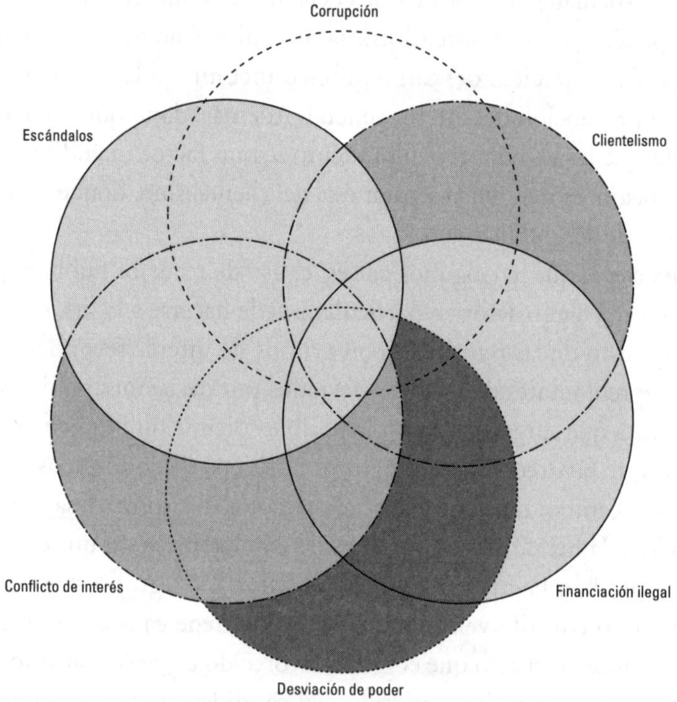

FIGURA 1.1. Corrupción y otros conceptos.

1.2. ¿Por qué hablar de corrupción hoy? Importancia y efectos

La preocupación por la ética en el sector público y el desarrollo de mecanismos de lucha contra la corrupción ocupan hoy en día un lugar prioritario en las agendas de numerosos gobiernos nacionales y organismos internacionales. Incluso puede decirse que los estudios sobre la materia no hacen sino incrementarse comparativamente año a año. Las razones de esta preeminencia son muy variadas. Algunos afirman que el origen es el incremento real de la corrupción en el mundo actual, mientras otros creen que la razón sería un cambio de estilo periodístico y un mayor activismo judicial, en gran medida posibilitado por las nuevas tecnologías (Castells, 1998), así como una mayor reflexividad y exigencia moral de nuestras sociedades (Giddens, 2000). Pero más allá de estas percepciones, en su conjunto, podríamos considerar que existen cinco tipos de razones para entender esta preocupación: razones políticas, económicas, institucionales, de gestión y sociales. Las analizaré un poco más detalladamente.

1.2.1. Razones políticas

En primer lugar, el fin de la "guerra fría", con el consiguiente abandono de la protección por parte de Estados Unidos y Europa de políticos corruptos pero útiles en la lucha contra el comunismo (Espinel, 2002). Si Somoza fue sostenido por Estados Unidos durante décadas, Alemán ha sido procesado inmediatamente a su salida del gobierno gracias también a Estados Unidos; ahora ya no era útil, pues la amenaza comunista desapareció de Nicaragua e, incluso, era disfuncional para la imagen estadounidense.

Al tiempo, los procesos de transición desde el comunismo han supuesto una explosión de fenómenos de corrupción en los antiguos países comunistas, como demostró el *Informe sobre el Ambiente de Negocios y de Rendimiento Empresarial,* realizado por el Banco Mundial y el Banco Europeo de Reconstrucción y Desarrollo, en 22 países en transición desde el comunismo. En dicho estudio se midieron tres tipos de interacción entre las empresas y el Estado: la corrupción administrativa o pago de sobornos por las empresas a funcionarios para alterar la aplicación de normas; la captura del Estado o el alcance de los pagos ilícitos realizados por empresas a funcionarios para influir en la redacción de normas y toma de decisiones; y la influencia o la capacidad de las empresas de influir en las normas y toma de decisiones sin pagos ilícitos. Los resultados de este informe demuestran el muy elevado nivel de corrupción existente en estos países, aunque con diferencias importantes entre unos y otros. No obstante, es de destacar que donde ya se ha alcanzado un umbral de reforma, la potenciación de las libertades públicas ha sido un elemento muy positivo para reducir la corrupción; también se demuestra en el estudio que allí donde la captura del Estado ha conseguido distorsionar el proceso de reforma para preservar o crear estructuras de monopolio, apoyadas por poderosos intereses políticos, el reto de luchar contra la corrupción es especialmente difícil; y por el contrario, donde el Estado tiene menores posibilidades de distorsionar la infraestructura legal de competencia, los beneficios de la captura son menores (Hellman, Jones y Kauffman, 2001). Dada la incorporación actual a la Unión Europea de algunos de estos países, y la previsible incorporación de otros en un futuro cercano, se hace necesario reducir la corrupción en los mismos ya casi como un asunto de política interna de la Unión Europea. Los daños futuros a la economía europea, como consecuencia de la corrupción en estos países, son un riesgo que no se puede admitir.

En segundo lugar, los cambios en la cultura política, con el declive gradual de la política ideológica y el ascenso de la política de la confianza. Los políticos tienen que ganarse la confianza de la gente, mediante una "venta" de su carácter y honestidad. Con ello se transforma la esfera política, dado el cada vez mayor peso del poder simbólico en ella. La esfera política es "aquella esfera de acción e interacción que se ocupa de la adquisición y del ejercicio del poder político mediante el uso, entre otras cosas, del poder simbólico" (Thompson, 2001: 141). En el poder simbólico es muy importante el capital simbólico, es decir, la reputación y la imagen; por ello, promocionar la propia imagen y luchar por destruir la imagen del rival político es fundamental hoy en la lucha política. Máxime cuando hemos entrado en una fase de democracia "mediática", en la que la personalidad televisiva de los candidatos es crucial para el éxito electoral, lo que, a su vez, provoca una creciente visibilidad de los dirigentes políticos (Manin, 1998). Todo ello hace que la exposición de la ética propia y la denuncia de la corrupción ajena sean esenciales en la lucha política actual. La confusión del escándalo político con la corrupción es consecuencia inevitable de esta tendencia.

Tercero, todo este proceso de mediatización y publicidad de la política está generando unas demandas de gastos de campaña y sostenimiento de los partidos cada vez mayor (Doublet, 2003). En Estados Unidos, los costes de las campañas electorales, a precios constantes, se han multiplicado por diez entre 1976 y 2000 en las elecciones a congresistas, y por veinticinco, entre 1960 y 2000, en las presidenciales. La campaña del año 2004 ha batido ya todos los récord anteriores, alcanzando la increíble suma de 1.400 millones de dólares en la lucha directa por la Casa Blanca y de 3.900 millones de dólares en la suma total de presidenciales y parlamentarias, un 30% más que la campaña de 2000.

La mayor parte de los gastos actuales de los partidos son de comunicación. Estos gastos son muy elevados, entre otras razones porque los precios lo son, dada la baja competencia que existe en este campo, donde muy pocas empresas solventes actúan. La consecuencia es que, a mayores gastos en comunicación, menor capacidad de autofinanciación de los partidos. Ante estas mayores necesidades, los partidos presionan por recibir mayores fondos públicos, pero también optan por obtener de forma encubierta e ilegal fondos privados. Las consecuencias de estas financiaciones sobre las políticas públicas no son despreciables.

Cuarto, la separación entre el poder y la política provoca la presencia cada vez mayor del negocio privado en la propia política (Bauman, 2001). Si quienes deciden en numerosos asuntos de naturaleza colectiva no se encuentran en las sedes gubernamentales, es normal que, dando un paso más, utilicen ya las propias sedes gubernamentales para tomar decisiones. Las múltiples privatizaciones, subcontrataciones, concesiones de todo tipo permiten que desde el sector privado se influya en la toma de decisiones públicas, pero más importante aún es la estrategia de *revolving doors,* que permite a los decisores del sector privado sentarse en despachos públicos durante un período de tiempo y, tras ayudar desde dentro de la política al negocio, retornar a recoger las ganancias en la empresa privada. Paul Krugman (2003) nos recordaba hace poco que quedaban muchas preguntas por responder sobre los negocios tejanos de Bush antes de convertirse en gobernador de Texas, y sobre el hábito de convertir instituciones tradicionalmente apartadas de la política en herramientas para recompensar a sus amigos y reforzar su control político.

Quinto, la conciencia de los efectos perversos de la corrupción en la política e instituciones democráticas. Así, la corrupción en Italia, por ejemplo, ha producido una erosión de la confianza en el Estado (Della Porta y Vanucci, 1997). Los políticos y los funcionarios corruptos tienen como estrategia la de destacar la ineficiencia de las instituciones públicas, de forma que ellos se muestren como la vía adecuada para sortear tanta ineficiencia y burocratismo. De cara a la Administración se hace racional buscar su parálisis o dificultar su funcionamiento, de forma que se personalicen las relaciones con los corruptos por parte de toda aquella persona que quiera obtener un permiso, una subvención o que quiera ejercitar cualquier derecho. Esta personalización implica un pago, pero también un rendimiento al pagador. Precisamente, la conciencia de la extensión de la corrupción es un fuerte incentivo para la búsqueda de relaciones privilegiadas con el poder político, ya que se adquiere la conciencia de que "sin pasar por el aro" no se consigue nada. Y, al tiempo, genera el abandono de la confianza en el Estado y sus políticas por parte de toda aquella persona que no quiera o no esté en condiciones económicas de pagar las cantidades exigidas. Lo cual culmina en una espiral de corrupción, pues todos pagan y los que no están dispuestos a pagar ni siquiera intentan ya ejercitar sus derechos.

Pero también la legitimidad política es deteriorada con la corrupción (Della Porta y Vannucci, 1997). Como ya dijimos, el clientelismo acaba a menudo en corrupción, pero, a su vez, la corrupción incentiva el clientelismo político, pues propicia las redes de amigos y clientes que colonizan las instituciones públicas. El metro de Milán, por ejemplo, era un depósito de empleo de camaradas de partido.

Los patrones políticos en instituciones corruptas tienden a usar ese poder para generar redes amplias de apoyo. Por una parte, consiguen intensificar y fidelizar las relaciones patrón-cliente de base local, especialmente a través del empleo y los contratos. Pero, además, esa base de poder les proporciona dinero para pagar las cuotas de afiliación de numerosos camaradas de partido, quienes les sirven en la consolidación de su poder dentro del partido, momento en el que el clientelismo ya puede dar el salto a redes de base institucional. Por ejemplo, este patrón ya puede vender su apoyo a patrones superiores dentro del partido y "comprar" de alguna forma su acceso a puestos públicos superiores en presupuesto y capacidad de decisión. Desde estos puestos superiores puede ampliar y consolidar más aún sus redes. Todo esto, en un contexto de competencia fiera por el poder, lleva a un permanente uso abusivo de las instituciones públicas, con empleados incompetentes pero fieles al patrón controlando los puestos directivos y con contrataciones innecesarias esquilmando el presupuesto, lo que culmina con el olvido de la eficacia y calidad en la gestión pública que, nuevamente, deteriora la imagen del Estado.

Además, desde una perspectiva de cultura cívica, la corrupción genera mal capital social (Levi, 1996), es decir, genera todo un conjunto de redes opacas y oscuras que tienen por objetivo el abuso de los fondos públicos, la adquisición de privilegios indebidos y la generación de unas reglas del juego que aseguran el funcionamiento de la actividad delictiva sin denuncias ni filtraciones. Cuando estas redes tienen éxito se expanden, destruyendo en la práctica el funcionamiento eficaz del Estado de derecho y la eficiencia gubernamental. La percepción de la existencia de esa corrupción generalizada arrastra a la pérdida de confianza en el gobierno, en sus instituciones e incluso a la pérdida de confianza en el sistema en general. A partir de ese momento de percepción, se producen dos efectos muy peligrosos para el sistema: 1. La mayoría de la gente asume que la forma de conseguir acceder a derechos es entrando en las redes de corrupción, con lo que se generaliza el sistema y se convierte en parte de la normalidad. 2. El voto tiende a sostenerse sobre bases de interés personal y directo en que un determinado patrón siga en el poder, no sobre principios de compromiso cívico y cercanía a unas ideas. Poca gente tiene confianza en el gobierno o en sus instituciones, pero sí hay mucho interés en votar a favor de los amigos distribuidores de prebendas. La sociedad se envilece políticamente, pues usa el voto para promocionar intereses particulares y directos, y no para buscar el bien común.

Con todo esto, la democracia pierde legitimidad y, por ello, se debilitan sus instituciones, con lo que se colonizan aún más por los partidos clientelistas y los políticos corruptos. La culminación de todo este círculo vicioso llega cuando el crimen organizado penetra en las redes políticas y la extorsión violenta se institucionaliza. El ejemplo italiano es muy ilustrativo, antes y después de *Mani Pulite*. En diciembre de 2004, el senador Marcello dell'Utri, fundador de Forza Italia y amigo íntimo de Berlusconi, fue condenado a nueve años de cárcel por colaboración externa con asociación mafiosa; un mafioso *arrepentido*, Salvatore Cancemi, comentó en 1994 que Dell'Utri había transferido dinero de Fininvest hacia empresas controladas por la mafia, y otros arrepentidos declararon que había intervenido en diversas operaciones de lavado de dinero negro procedente de actividades mafiosas.

1.2.2. Razones económicas

Como consecuencia de la globalización de la economía, facilitada enormemente por los avances tecnológicos, los intercambios comerciales se han expandido e internacionalizado; en la actualidad, los negocios internacionales permiten intercambios verdaderamente fabulosos, además, una parte importante de los intercambios se realizan sobre bienes sofisticados en los que la información sobre costes y precios es baja; con ello, los incentivos a la actuación corrupta son mayores, por el volumen de negocio en el primer caso y por la posibilidad de conseguir márgenes de beneficio extraordinarios en el segundo caso –el de los bienes sofisticados– (Moody-Stuart, citado por Malem, 2002).

Esta expansión ha provocado un aumento de situaciones de riesgo moral, es decir, situaciones en las que empresarios de países desarrollados se han enfrentado al dilema de sobornar a funcionarios de países subdesarrollados o en vías de desarrollo para asegurarse una inversión rentable en dichos países o bien quedarse sin negocio. Obviamente, la opción por el soborno ha sido muy seguida, con lo que el efecto "cascada" ha generado una situación en la que sin sobornos era prácticamente imposible obtener contratos (Lambsdorff, 1998).

Los "índices de países corruptores", elaborados por Transparency International, nos muestran lo extendido de estas actividades. También nos muestran las diferentes estrategias usadas por las empresas y sus gobiernos para conseguir los objetivos económicos que les interesan. En el último índice realizado, el de 2002, entrevistados 835 empresarios de países desarrollados, éstos manifestaron en un 68% que, aparte del soborno que realizaran las empresas de su sector, conocían la realización de otras prácticas ilegítimas para obtener ventajas deshonestas en los negocios internacionales, pero esta vez realizadas por los gobiernos. Estas prácticas eran muy variadas, según los 567 empresarios que manifestaron su conocimiento de las mismas (véase cuadro 1.1).

CUADRO 1.1
Prácticas corruptas en negocios internacionales

Presión diplomática o política	66%
Presión económica	66%
Medios comerciales, de estipulación de precios, etc.	66%
Condicionamiento de las ayudas extranjeras	54%
Amenaza de reducción de las ayudas extranjeras	46%
Negocios de armamento o defensa condicionados	41%
Favores y regalos a los funcionarios	39%
Becas, educación o sanidad condicionados	22%
Otros	8%
No responde	5%

Fuente: Peter Eigen, *Las redes de la corrupción*, 2004.

De acuerdo con la misma fuente, los cinco países en los que sus empresas son más propicias al soborno son, por orden: Rusia, China, Taiwan, Corea del Sur e Italia. Pero los cinco países en los que los gobiernos realizan más prácticas ilegítimas son: Estados Unidos, Francia, Gran Bretaña, Japón y China. Los sobornos se usan de tres formas, para "engrasar" los trámites burocráticos, para influenciar normas y para obtener directamente contratos.

Los costes de estas prácticas fraudulentas han hecho reaccionar a gobiernos y empresarios para intentar detener esta sangría. El instrumento fundamental ha sido el Convenio de la OCDE contra el soborno en negocios internacionales, al que ya hice mención previamente.

Pero, además, es importante considerar los múltiples fracasos en las estrategias de ayuda al desarrollo de los diferentes organismos internacionales, como causa también de la creciente preocupación por la corrupción. Dichos organismos han llegado a la conclusión de que las razones de tanto fracaso tenían que ver en gran medida con la corrupción y la falta de ética en el empleo público de los países financiados. Frente a la creencia de que la corrupción podía ser beneficiosa para la economía de países en desarrollo en determinadas situaciones, pues era como una desregulación no oficial (Huntington, 1989; Leff, 1964; Liu, 1985) o la idea de que los sobornos son beneficiosos porque complementan los bajos salarios de los funcionarios y reducen así el peso impositivo favoreciendo el desarrollo económico (Tullock, 1996), diversas investigaciones recientes, financiadas por organismos internacionales, han demostrado empíricamente que la corrupción impide o dificulta el desarrollo. Si analizamos sus efectos nos daremos cuenta rápidamente del grado de deterioro que puede producir en la economía, la sociedad y la democracia de cualquier país afectado seriamente por tal problema. Los estudios sobre los efectos perversos de la corrupción son ya muy numerosos.

El Instituto del Banco Mundial y otros investigadores (i.e. Mauro, 1995; Tanzi y Davoodi, 2001; Kauffman, Kraay y Zoido-Lobatón, 1999, 2000; Wei, 1997; Ades y Di Tella, 1997) han estudiado científicamente estos efectos y han dejado claro que la corrupción afecta negativamente al crecimiento y al desarrollo. En concreto:

1. Incrementa la inversión pública pero reduce su productividad; así, si la corrupción de Singapur ascendiera a la de Pakistán, ello incrementaría el gasto público como porcentaje del PIB en 1,6 puntos y reduciría los ingresos públicos sobre PIB en 10 puntos porcentuales. En otro ejemplo, tras los procesos italianos de Mani Pulite, en Milán, los costes por kilómetro en línea de metro cayeron un 57%, y la construcción de la terminal del nuevo aeropuerto redujo sus costes en un 59%.
2. Incrementa los gastos corrientes vinculados a políticas improductivas, aumentando el gasto público ineficiente; por ejemplo, ordenadores en lugares que apenas tienen luz eléctrica o equipos médicos muy sofisticados en hospitales que carecen de lo elemental.
3. Reduce la calidad de las infraestructuras existentes, pues el rápido deterioro favorece la repetición del negocio; así ocurre que las carreteras en países altamente corruptos están continuamente reparándose, por lo que el funcionario percibe comisión por cada contrato de reparación y el empresario corruptor se ahorra costes con la baja calidad de los productos usados. También fallan servicios públicos esenciales –agua, electricidad, etc.–dados los desincentivos para invertir en un adecuado mantenimiento de las infraestructuras y redes precisas para el servicio, pues la tendencia es sacar el máximo beneficio mientras se conoce al funcionario o político correspondiente, y evitar hacer previsiones a largo plazo, dados los cambios políticos y los posibles cambios en las redes de corrupción con la llegada de nuevos gobiernos.
4. Disminuye los ingresos del gobierno, pues favorece el dinero negro, el contrabando y la evasión fiscal. Además de obligar a esfuerzos importantes en el blanqueo de capitales, con los consiguientes costes de oportunidad. Los costes de oportunidad a que lleva la corrupción son elevados, pues se ha de

emplear bastante tiempo en ocultar datos, gestionar la información, lavar dinero, etc.

5. Actúa como un impuesto arbitrario, especialmente cuando la corrupción no está centralizada. Los actores económicos no saben muy bien cuánto les va a costar cada transacción y tampoco tienen asegurada la contraprestación cuando el negocio está muy fragmentado.
6. Distorsiona los incentivos y produce una selección adversa de elites, los más capaces y de más talento se dedican a la "búsqueda de rentas" en lugar de a la actividad productiva.
7. Reduce la capacidad del gobierno de imponer controles regulatorios e inspecciones para corregir los fallos de mercado. Es corriente escuchar en numerosos países latinoamericanos quejas ciudadanas sobre el comportamiento de empresas –muchas veces españolas– que tras las privatizaciones se han quedado con el monopolio u oligopolio de mercados de red, antes operados por empresas públicas, sin que los entes reguladores actúen ante las denuncias, dada la captura por esas empresas de los entes y los gobiernos que los dirigen. En Jamaica, por ejemplo, las pérdidas y mal funcionamiento de la compañía de aguas de la capital se debían en gran medida al soborno de los inspectores por parte de las personas y empresas más poderosas y al deficiente mantenimiento de la red, muchas veces voluntariamente consentido para poder justificar la discrecionalidad en el cobro de los precios.
8. Distorsiona el papel del Estado como garante de derechos de propiedad o asegurador del cumplimiento de los contratos. Aquí la corrupción judicial es fundamental para explicarse esta degradación del papel del Estado. La Corrupción judicial destruye la seguridad jurídica y crea un clima de arbitrariedad que impide toda previsibilidad y estrategia económica a medio y largo plazo. Lo mismo ocurre con un sistema corrupto de registro de propiedad o fe pública en los contratos. Los datos sobre corrupción judicial precisamente han

empeorado en los países de la OCDE en los últimos seis años (Kauffman, 2005).

9. Reduce la inversión y, por ello, la tasa de crecimiento. Si Filipinas redujera su corrupción a la de Singapur, incrementaría la inversión como porcentaje del PIB en 6,6 puntos porcentuales.
10. Reduce los gastos en educación y salud, por ser áreas donde es más difícil obtener grandes beneficios, y aumenta los gastos militares, por ser una partida de gasto donde los beneficios por soborno son muy altos.
11. Reduce la inversión extranjera directa, pues la corrupción opera como un impuesto a las empresas. De hecho, si a Singapur le aplicáramos el nivel de corrupción de México sería como incrementarle el tipo impositivo marginal sobre las empresas en 20 puntos porcentuales.
12. Frente a la idea de que la corrupción engrasa el sistema burocrático y permite a las empresas ser más productivas, diversos estudios muestran que la corrupción tiende a incrementarse naturalmente, y que los cohechos exigidos son cada vez mayores y más extendidos, ahogando finalmente a las empresas: la corrupción es arena y no aceite para la economía de un país y de las propias empresas corruptoras. En un estudio de Kauffman y Wei (citado en Thomas *et al.*, 2000), tras usar datos de dos encuestas independientes que entrevistaron a más de 6.000 empresas en 75 países, se halló que las empresas que pagan más sobornos administrativos pierden más tiempo con los burócratas que aquellas que no pagan, y además, no por ello ganan más.

Desde una perspectiva más teórica, la corrupción atenta contra el funcionamiento del mercado, basado en la confianza y en el respeto a las reglas del juego. Es imposible la existencia de mercado sin derechos de propiedad, y éstos deben ser garantizados por instituciones sólidas que los amparen (Stiglitz, 2002). La corrupción favorece la deslegitimación de las instituciones, pues éstas ya no garantizan las reglas del juego; además, las instituciones socavadas por la corrupción incentivan la aparición de corruptos que presionan para romper, más aún, con la equidad del sistema. Con ello, el mercado desaparece en sus términos ideales, pues la competencia y la infor mación perfecta dejan lugar al abuso de poder, al fraude y a la manipulación de las reglas del juego. En ese contexto, la inversión privada nacional e internacional se retrae y deja a los países menos desarrollados estancados en su situación previa o la empeora.

Pero incluso en los países más desarrollados, esa conexión perversa entre dinero y política está generando escándalos constantes y una pérdida de confianza en los mercados muy peligrosa, como ya anticipamos previamente. En un dossier especial dedicado al estado del capitalismo y la democracia, el 28 de junio de 2003, *The Economist* destacaba una larga lista de escándalos de corrupción empresarial que se habían producido en los últimos años –Enron, WorldCom, Werox, Adelphia, Tyco, ImClone, Qwest, Global Crossing, HealthSouth, Ahold, Investment Banks– y destacaba, con palabras de Alan Greenspan, que, en gran parte, dichos escándalos se producían no por una expansión de la codicia de los gestores de las grandes compañías, sino por el incremento en las oportunidades de ejercitar una conducta codiciosa, es decir, porque no se aseguraba el cumplimiento de las leyes existentes y porque las lagunas existentes en ellas no se estaban cubriendo. Las razones de esta negligencia son diversas, pero una de ellas es la más preocupante: la captura del Estado por el dinero empresarial, o la permanente relación de privilegio que algunas grandes empresas y grupos de interés consiguen gracias a sus especiales relaciones con el gobierno correspondiente o con los altos funcionarios de dicho gobierno. Por ejemplo, el gobierno estadounidense, ideológicamente tan pro-mercado, gasta al año más de 90.000 millones de dólares en subsidios y subvenciones a sectores empresariales. En consecuencia, la corrupción política pone en riesgo el normal funcionamiento del mercado y, con ello, de la economía mundial.

En economías en transición, como ya antes expusimos, la corrupción ha permitido el desarrollo de los oligarcas que manipulan la formulación de políticas e, incluso, configuran nuevas reglas del juego para su propio beneficio (Hellman y Kauffman, 2001). Cuanto más se deteriora el sistema, los incentivos para la captura del Estado son mayores, pues los beneficios son más evidentes. Desde un estudio de los efectos perversos que sobre la equidad social genera la corrupción (Rose-Ackerman, 2001; Della Porta y Vannucci, 1997; Thomas *et al.*, 2000; Della Porta, 2000) los datos son muy negativos de nuevo. Así: 1. La corrupción afecta a la definición e implantación de políticas. Las políticas se definen no para beneficiar a la mayoría o resolver un problema socialmente relevante, sino para beneficiar a aquéllos con más voluntad de pagar. La corrupción genera una demanda pública alejada de las verdaderas necesidades sociales; por ejemplo, en Italia el consumo anual de cemento *per capita* es de 800 kg, el doble que el de Estados Unidos o el triple que el de Alemania o Reino Unido, y, como poco, el 80% de las obras a las que se destinaba eran innecesarias. Los más débiles son los más perjudicados por estas actuaciones que sustraen dinero público que podría emplearse en políticas sociales. 2. También, si se permite, incentiva el desarrollo de burócratas que, en lugar de ayudar, "crean problemas" a los ciudadanos para extraerles recursos. 3. Promociona la presión para el impago de impuestos a cambio de beneficios económicos a los recaudadores, además de la eliminación de normas que perjudiquen fiscalmente a los corruptores. 4. La corrupción incentiva el pago de sobornos para la obtención de contratos o para la concesión de empresas privatizadas, pero estos contratistas o adquirentes tienden a maximizar el beneficio a corto plazo, dada la inseguridad con la que operan en un mercado donde todo depende del mantenimiento en el poder de políticos amigos. Los resultados para la economía nacional y los destinatarios son muy perjudiciales. 5. La corrupción incrementa la desigualdad de ingresos y la pobreza; en concreto, incrementa la mortalidad infantil y reduce la esperanza de vida y la alfabetización. En Ecuador, por ejemplo, los hogares más pobres deben gastar cuatro veces más en sobornos, como porcentaje de sus ingresos, que los hogares más ricos, si quieren acceder a servicios públicos.

1.2.3. Razones institucionales

En primer lugar, existe una creciente presencia de mecanismos legales en la vida política (Tompson, 2001). Ello implica que diferentes normas empiezan a regular la conducta de los políticos y altos funcionarios con cada vez mayor detalle, circunstancia que permite descubrir hechos hasta ahora desconocidos. Así, la obligación de hacer público su patrimonio o sus rentas y las de su cónyuge, o la obligación de pasar por un proceso de investigación antes de su nombramiento hace a los políticos y altos funcionarios más vulnerables. Además, surgen organismos públicos que se dedican a llevar a cabo estos controles, los cuales intentan justificar su presencia con una actividad que pone de relieve más fallos en el sistema y la necesidad de mejorar de nuevo los controles. En suma, las instituciones crean nuevas necesidades de control y generan nuevas normas, lo cual permite descubrir más escándalos que, sucesivamente, exigen mayor control. En esta dinámica, el papel de la judicatura es cada vez más importante. Algunos jueces luchan desde dentro del sistema para desvelar y sancionar casos de corrupción que, en ocasiones, afectan a las más altas autoridades del Estado. Esta lucha tiene una gran repercusión mediática, con lo que la sensibilización social frente a estos problemas se agudiza.

Thierry Jean-Pierre, un juez de instrucción que ejercía en la ciudad de Le Mans, el 8 de enero de 1991, en el marco de una investigación rutinaria por un caso de accidente de trabajo mortal, al interrogar a un antiguo responsable socialista se encontró con la declaración de éste afirmando que diversos gabinetes de estudio próximos al Partido Socialista (PS) cobraban comisiones de empresas deseosas de obtener contratos públicos. Frente a la opción habitual en la época de tapar esos asuntos, Jean-Pierre decidió iniciar una investigación que le enfrentó con la cúpula del entonces gobernante PS. Meses más tarde, el juez es despojado de sus competencias, pero el escándalo que se produce en la prensa hace que un juez superior se tenga que hacer cargo del caso y que finalmente Henri Emmanueli, tesorero del Partido Socialista y posteriormente presidente de la Asamblea Nacional sea condenado a 18 meses de cárcel. Hoy, pasado este tiempo, Thierry Jean-Pierre ha afirmado: "En 15 años la situación ha cambiado mucho. El poder de los jueces ha aumentado" ("Los incorruptibles", *El País Semanal,* 9 de noviembre de 2003).

Incluso en un país de corrupción sistémica, como Nicaragua, la actuación valiente de dos juezas –Juana Méndez y Gertrudis Arias– ha permitido el procesamiento y condena del ex presidente Arnoldo Alemán. Ciertamente, ese procesamiento no ha sido sencillo; de hecho ambas juezas han convivido con serias amenazas de muerte y han vivido permanentemente acompañadas de guardaespaldas, pero como dice Juana Méndez: " El caso Alemán es un examen para nuestra democracia. Es un caso que parece decirnos: no basta hablar de democracia y hacer promesas. Lo que construye una sociedad justa e igualitaria es la actitud de cada uno. En Nicaragua hay demasiada demagogia y pocos hechos. Estos escándalos son una lección. Van a permitirnos hallar un equilibrio entre el poder político y la justicia. Son los dos pilares de nuestra sociedad, pero tienen que ser iguales. Queramos o no, el aparato legal es el guardián del sistema. Las dos instancias deben colaborar y no ser enemigas" ("Los incorruptibles", *El País Semanal,* 12 de octubre de 2003).

Además, los jueces y fiscales han empezado a utilizar las nuevas tecnologías, lo que ha permitido descubrir la forma en que operan los corruptos y pillarles "con las manos en la mermelada" como dijo Antonio di Pietro en el caso Chiesa. El lunes 17 de febrero de 1992, a las 17,30, un empresario de 32 años, Luca Magni, se presentó en Vía Marostica 8, en Milán, en la oficina de Mario Chiesa, presidente del Pio Albergo Tribulcio, una residencia de ancianos fundada en 1700. Magni tiene una empresa que trabaja para el albergue y Chiesa es un claro ejemplo de actor de la red de extorsión que el Partido Socialista de Craxi había montado en Italia. Tras esperar media hora en la antecámara, Magni es recibido. Debe entregar a Chiesa 14 millones de liras, el soborno pactado por la concesión de 140 millones asignada a la empresa de Magni. En el desarrollo de la entrevista, Magni tiene en el bolsillo de la chaqueta un bolígrafo que esconde una grabadora y a su vez, tiene una microcámara en el maletín que lleva en la mano con la que graba la entrevista; en ella, el empresario le asegura que sólo tiene ahora 7 millones. Chiesa le pregunta que para cuándo los otros siete y Magni le promete que para la semana siguiente. Tras el acuerdo, acaba la entrevista y mientras el empresario telefonea a su familia, un grupo de policías detiene a Chiesa que asegura que el dinero es suyo. Pide acudir al baño y allí se libera de un cheque de 37 millones de otro soborno. Después, ingresa en prisión. Todo este operativo ha sido organizado con extremo cuidado por el fiscal Antonio di Pietro, a quien había acudido desesperado Magni unos días antes. Es el comienzo de *Mani pulite,* el inicio del fin de todo un sistema político basado en el soborno institucionalizado (Barbacetto, Gómez y Trabaglio, 2002).

La segunda explicación es el redescubrimiento de las instituciones. A mediados de los años noventa se produce una nueva reevaluación de las teorías y estrategias vigentes sobre el desarrollo. Sobre este análisis van a pesar dos procesos históricos de gran importancia. Por una parte, la constatación, a través del milagro asiático, de que el estado desarrollista, si va acompañado de buenas políticas e instituciones, puede ser un factor clave de progreso económico y social. Por otra parte, los efectos devastadores que tuvo la transición al mercado de los antiguos países socialistas de Europa del Este y la antigua Unión Soviética, en ausencia de instituciones públicas eficaces. De ambas experiencias se deduce que las instituciones importan y, en particular, aquellas que son coherentes con el desarrollo de los mercados, proporcionando un marco de seguridad y estabilidad a las inversiones y el tráfico económico. Conscientes de esta importancia, diversos organismos internacionales se han preocupado de elaborar índices agregados de calidad institucional por países. De entre ellos, es de destacar el Índice de Gobernabilidad del Banco Mundial, formado por seis indicadores agregados que son: rendición de cuentas, estabilidad política, eficacia del gobierno, calidad de las regulaciones, Estado de derecho y control de la corrupción (véase figura 1.2). Ahora, para el Global Competitiviness Report de 2005, dicho Índice se ha mejorado y sofisticado mucho más, incorporando una enorme cantidad de datos y resultados de encuestas, de forma que ha mejorado su validez y fiabilidad.

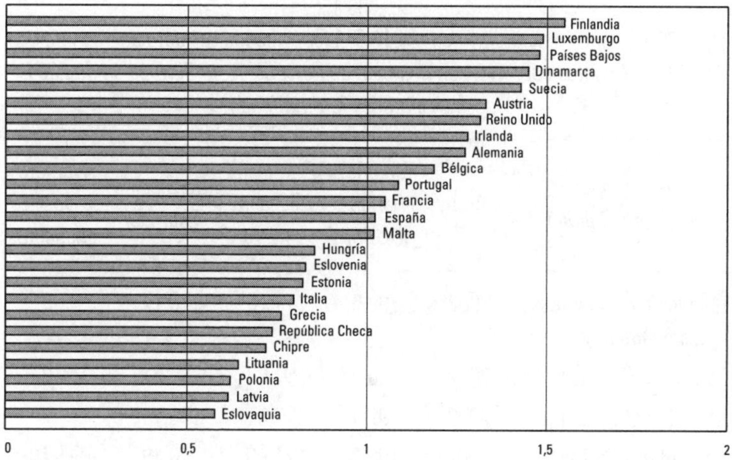

Fuente: Banco Mundial, *Metodología: Índice agregado,* 2003.

FIGURA 1.2. Índice de gobernabilidad de los países de la Unión Europea.

En suma, que las instituciones tienen valor intrínseco: las instituciones tienen valor constitutivo, son portadoras de valores importantes en sí mismas (por ejemplo, las instituciones democráticas); y tienen valor extrínseco: las instituciones son importantes porque producen efectos valiosos –reducción de incertidumbre, habilitación de comportamientos, cooperación y calidad de las políticas– (Echevarría y Villoria, 2004).

Precisamente en la debilidad institucional encuentran las bases para la expansión de la corrupción numerosos autores. Como un ejemplo de estos estudios, se ha demostrado que, en Bolivia y Paraguay, en aquellas instituciones públicas donde había mayor ausencia de meritocracia –empleados públicos reclutados por razones de confianza política– los servicios se distribuían de forma mucho más discriminatoria contra los pobres, limitando su acceso a servicios públicos o ignorando los objetivos de alivio de la pobreza, que donde la meritocracia era mayor –empleados reclutados por su competencia para desempeñar el puesto– (Thomas *et al.,* 2000: 149). Como un mero ejemplo de lo dicho sirvan de muestra los cuadros 1.2 y 1.3, en los que se puede comprobar la correlación existente entre desarrollo institucional, medido por la serie de indicadores de gobernabilidad del Banco Mundial y nivel de corrupción.

Cuadro 1.2
"Governance Indicators" de FINLANDIA (país menos corrupto del mundo, nº 1 –9,7 puntos sobre 10– en el Índice de Percepción de Corrupción de 2004 de Transparency International)

Indicadores de gobernabilidad	*Año*	*Percentil Rango (0-100)*	*Estimación (-2,5 a + 2,5)*	*Desviación Estándar*	*Número de encuestas*
Rendición de cuentas *(accountability)*	2002	99,5	+1,70	0,17	9
Estabilidad política	2002	100,0	+1,63	0,21	8
Eficacia del gobierno	2002	97,4	+2,01	0,16	7
Calidad regulatoria	2002	100,0	+1,93	0,18	7
Estado de derecho	2002	98,5	+1,99	0,13	11
Control de la corrupción	2002	100,0	+2,39	0,16	8

Cuadro 1.3
"Governance Indicators" de BOLIVIA (país de corrupción sistémica, nº 122 –2,2 puntos sobre 10– en el Índice de Percepción de Corrupción de 2004 de Transparency International)

Indicadores de gobernabilidad	*Año*	*Percentil Rango (0-100)*	*Estimación (-2,5 a + 2,5)*	*Desviación Estándar*	*Número de encuestas*
Rendición de cuentas *(accountability)*	2002	50,0	+0,01	0,18	9
Estabilidad política	2002	36,8	–0,20	0,22	7
Eficacia del gobierno	2002	34,5	–0,53	0,17	7
Calidad regulatoria	2002	50,5	–0,11	0,18	7
Estado de derecho	2002	32,5	–0,60	0,14	10
Control de la corrupción	2002	25,3	–0,82	0,16	8

Fuente de ambos cuadros: D. Kaufmann, A. Kraay y M. Mastruzzi, *Governance Matters III: Governance Indicators for 1996-2002*, 2003.

La tercera explicación nos la facilita la teoría del isomorfismo institucional (DiMaggio y Powell, 1983, 1991). Según esta teoría, las organizaciones funcionan en retículos o campos interorganizativos, en los que se agrupan por entornos de referencia; desde esa perspectiva, las organizaciones públicas pertenecerían a un mismo retículo. En esos campos, la tendencia de las organizaciones es a adoptar arreglos y reglas institucionales consolidadas. Las organizaciones que inician un proceso de estructuración tienen que afrontar un conjunto de situaciones nuevas y, ante ello, recurren a soluciones que ya se conocen y han tenido éxito en el retículo al que pertenecen. El isomorfismo tiende a incrementarse cuanto mayor es el grado de institucionalización del campo interorganizativo. Por ello, numerosos países, frente a problemas de corrupción, adoptan medidas de promoción de la ética o de lucha contra la corrupción que han tenido éxito o simplemente se han implantado en países más desarrollados. En los países menos desarrollados, como consecuencia de la presión de los organismos internacionales, existe además un isomorfismo coercitivo, es decir, se les obliga a implantar ciertas reglas o prácticas si desean recibir ayuda financiera multilateral.

1.2.4. Razones de gestión

A partir de finales de la década de 1970, las Administraciones Públicas de los países más desarrollados comenzaron un proceso de cambio desde el paradigma burocrático a una nueva forma de gestión y dirección pública. La Nueva Gestión Pública incorpora una serie de propuestas (Olías de Lima, 2001) entre las que destacan, a nuestros efectos: la reducción del tamaño del sector público, con las consiguientes privatizaciones y contrataciones externas de servicios; la ruptura del monolitismo y la creciente especialización mediante agencias; la introducción de mecanismos de competencia en el sistema público; la clientelización, y la expansión de mecanismos de evaluación, sobre todo de eficiencia. Pues bien, todas estas propuestas, junto con sus efectos positivos, generaron también efectos imprevistos.

Así, las privatizaciones y las subcontrataciones han sido campo propicio para episodios de corrupción. La creciente competencia y evaluación económica en las agencias públicas ha provocado fenómenos de corrupción ante la reducción de controles previos, esa reducción precisamente se implantó para facilitar la gestión y dejar que los gestores pudieran gestionar, no obstante, algunos se aprovecharon de esta confianza. Ante este tipo de circunstancias no previstas una reacción ha sido el desarrollo de nuevos mecanismos de prevención y lucha contra la corrupción.

Así, en Europa, el Consejo de Europa, desde la creación del Grupo GRECO, en 1999, ha desarrollado una intensa labor en la lucha contra la corrupción, con sus iniciativas de Convención civil y Convención penal, su propuesta de Código de Conducta para empleados públicos, sus informes por países o, en 2003, su propuesta de iniciativas modelo sobre ética pública en el nivel local. Finalmente, la OCDE comenzó en 1994 a trabajar sobre la corrupción en los negocios internacionales y en 1997 publicó el documento *Corruption: The Issues* y también en dicho año realizó la "Convención para el combate del soborno de empleados públicos extranjeros en las transacciones vinculadas a negocios internacionales", Convención que estableció, como ya dijimos, para los países firmantes la penalización del soborno a funcionarios extranjeros, de forma que quedara incluido en los Códigos penales nacionales dicho tipo penal como un delito con el mismo castigo que el soborno a funcionarios nacionales. En 1998, la Junta del Consejo de dicho organismo solicitó un informe sobre la implantación de la Recomendación del mismo año relativa a la "Mejora de la conducta ética en el servicio público"; dicho informe, que incluye estudios sobre 29 países se publicó en 2000 con el título: *Trust in Government: Ethic Measures in OECD Countries.*

1.2.5. Razones sociales

Para empezar, en los países más avanzados se ha desarrollado una cultura de desconfianza frente al poder y una mayor preocupación por la forma en que se ejerce el gobierno (Inglehart, 1998). Estos valores posmodernos hacen que la ciudadanía sea más exigente y crítica frente a las distintas variantes de corrupción. Pero en los países menos desarrollados también existe una conciencia cada vez mayor del problema, por la incorporación a la agenda pública del mismo, por la propia dinámica de confrontación y acusación mutua de corrupción entre políticos locales, y por el papel de la prensa en esta materia. De hecho, en el último Latinobarómetro la corrupción aparece, agregadamente, como el cuarto problema más importante en los países encuestados.

Además, y reforzando lo anterior, los cambios producidos en las tecnologías de la comunicación y la vigilancia, cada vez más sofisticadas y más al alcance de cualquiera, provocan que la privacidad y el secretismo hoy sean más difíciles, a lo cual se añade que la cultura periodística ha cambiado (Thompson, 2001). Los códigos y convenciones periodísticos que hasta hace poco disuadían de penetrar en las vidas privadas de los políticos o funcionarios hoy se han relajado y en algunos medios se han abandonado totalmente, lo que hace que las denuncias de corrupción y las informaciones sobre la ausencia de virtudes morales de los políticos sean hoy moneda corriente en la prensa.

Todos estos aspectos en su conjunto nos llevan a afirmar que la corrupción es hoy, por desgracia, uno de los temas estrella de la política y de la economía nacional e internacionalmente.

CAPÍTULO 2

La corrupción política

UNA VEZ QUE HEMOS ANALIZADO el concepto de corrupción en sentido estricto, pasaremos a continuación a estudiar el concepto de corrupción política. En este texto la corrupción política no se entiende como una variante de la corrupción en sentido estricto, sino como una realidad distinta que, unida al concepto antes estudiado, puede aportarnos una visión integral de la corrupción en todas sus posibles modalidades. Para desarrollar esta afirmación tendremos, en primer lugar, que aclarar qué entendemos por corrupción política y en qué se distingue de la corrupción en sentido estricto, a la que hemos dedicado las páginas precedentes. Posteriormente, se situará la corrupción política en el marco de diferentes discursos ético-políticos, a los que se denominará "discursos de integridad", para comprobar cómo su extensión y naturaleza es diferente según el discurso en el que se sitúe. Y, finalmente, iniciaremos una reflexión normativa sobre qué debe ser la política y qué implica la corrupción política en el marco de un discurso deliberativo y republicano. Esta opción normativa ciertamente genera un reto epistemológico.

El reto epistemológico tiene que ver con la generación de "verdades objetivas" en este complejo mundo de la ética. Para empezar, en el campo de la ética es preciso reconocer que no existe un concepto del "bien" que sea universalmente compartido, reconocido y accesible por vía de conocimiento empírico; sobre qué sea "lo bueno" o lo correcto ya desde principios del siglo XX existen críticas muy fundadas a la opción naturalista que pretendería que en ética existe una única verdad y que es posible llegar a ella científicamente. La conciencia de que el conocimiento ético es especial y distinto al empirismo científico es hoy mayoritaria en esa disciplina de conocimiento. En 1903, Moore escribió sus *Principia Ethica* y en ellos claramente postulaba la diferencia entre conocimiento científico y ético, destacando además que el concepto de "lo bueno en sí o lo bueno como fin" era indefinible y no analizable (Moore, 1997: 60). En esa línea, Wittgenstein afirmaba que no se puede escribir un libro científico sobre asuntos sublimes y, dado que el lenguaje sólo expresa hechos, la ética, que trata de asuntos sobrenaturales, como el significado de la vida o el bien absoluto, choca contra los límites del lenguaje; en suma, trata de superar las paredes de la caja –la cárcel del lenguaje en términos de Nietzche–, y por ello no es ciencia (1997: 70). Hoy se han matizado esas opiniones y, por ejemplo, Scanlon (1982) considera que la ética es parecida a la filosofía de las matemáticas; en ambas la verdad parece ser alcanzable simplemente pensando o razonando sobre ella, la observación o la experimentación pueden ayudar pero no son el método estándar. En ambos casos existe una definición de principios arbitrarios o justificados arbitrariamente y el razonamiento consiste en comprobar qué surge a partir de ellos. Rawls, por su parte, considera que la ética no debe buscar la verdad, sino los principios más razonables –que permiten mejor el acuerdo– para nosotros, en tanto que personas libres e iguales y miembros plenamente cooperativos de una sociedad democrática. El método que defiende es el del constructivismo kantiano, un razonamiento práctico que debe producir principios razonables sobre la base de generar unos procedimientos sociales adecuados, y coherentes con el concepto de persona moral y de "sociedad bien ordenada". En este texto se adoptan estas posiciones constructivistas –tanto en la versión de Rawls como en las de Scanlon y Habermas–, desde el punto de vista de la epistemología de la moral. Por ello, la objetividad de las reflexiones éticas que aquí surjan debe comprobarse mediante la coherencia del método y del razonamiento empleado, dados unos conceptos-modelo previamente asumidos, y que son los propios del discurso deliberativo.

2.1. Distinción por su naturaleza

A continuación vamos a intentar diferenciar la corrupción política de la corrupción en sentido estricto; para ello buscaremos cuál es el método más adecuado de diferenciación, aquel que nos permita identificarla más plenamente.

2.1.1. Por el sujeto que la ejecuta

Como ya dijimos previamente, para ciertos autores e instituciones la corrupción política sería una parte de la corrupción en general que se diferenciaría del resto por la naturaleza de sus autores. La corrupción política sería la que realizan los políticos y la corrupción administrativa la que realizan los funcionarios. Según Robin Hodess, editor del *Global Corruption Report* de Transparency International la corrupción política es "el abuso del poder, que la ciudadanía a ellos confía, por parte de los líderes políticos con fines de beneficio privado, y con el objetivo de incrementar su poder o su riqueza" (2003: 11). Esta opción es legítima y probablemente muy operativa, además de conectar muy bien con la concepción estricta de corrupción a la que hemos dedicado las páginas precedentes, ya que sitúa la corrupción política como un incumplimiento del deber posicional de los líderes políticos –esencialmente de los jefes de gobierno–, como una grave ausencia de ética profesional que tiene objetivos de beneficio privado extralegal.

Pero esta distinción tiene dos problemas, uno secundario y otro principal. El secundario es que no añade nada a la definición estricta de corrupción, que el corrupto sea un jefe de Estado tal vez le da más relieve a la corrupción pero no deja de ser un caso de corrupción. El problema esencial es el de la identificación de los actores específicos de este tipo de corrupción: qué y quién es un político no es ni mucho menos sencillo de diferenciar. Y quién es un líder político tampoco es sencillo de definir. Por ejemplo, políticos somos todos el día en el que votamos, es decir, somos personas preocupadas por la política. Un líder político puede no tener cargo público alguno y sin embargo influir desde su prestigio, y en ese caso, por muy corruptamente que influya, no habría corrupción política, dado que el político no ocupa puesto público. Pero si por político consideramos sólo a aquellas personas que viven de la política, nos encontraríamos con que ciertos alcaldes en pequeñas localidades no serían políticos, ni los concejales de esos municipios pequeños tampoco, pues no cobran por ese trabajo. Pero sí sería un político el director de los servicios informáticos de un gran partido, que cobra un buen sueldo del citado partido y desarrolla su actividad en las sedes del mismo. Además, tendríamos que considerar políticos a personas que ocupan cargos muy relevantes en el aparato del Estado, pero cargos a los que accedieron por su competencia técnica, y que probablemente ni militan en partido alguno ni tienen especial preocupación por la actividad política. Los magistrados de un Tribunal Supremo no parecen ser líderes políticos, pero las posibilidades que tienen de intervenir en las luchas de poder y de generar corrupción a gran escala o ampararla son muy amplias. Y si entendemos que lo que define a una persona como política es el tiempo dedicado a dicha actividad, podremos considerar políticos a personas que ni ocupan cargo público alguno, ni cargo institucional aunque dediquen una gran energía y tiempo a su militancia. Por ejemplo, un parado o un jubilado pueden dedicar a la actividad partidista una enorme cantidad de tiempo sin cobrar por ello ni tener cargo relevante. Finalmente, para seguir insistiendo en lo nebuloso de esta distinción, habría que recordar la difícil separación entre lo político y lo administrativo.

Una nueva forma de plantear la distinción entre política y administración es la de separar la corrupción política de la administrativa, pero esta vez aplicada a la reflexión sobre ética y corrupción. Algunos autores consideran que la ética en el nivel político de la Administración es peculiar y que lo que se diga para tal nivel no es aplicable al nivel de los empleados públicos profesionales. Unos tienen que tomar decisiones, los otros simplemente las aplican. En cuanto a la corrupción, hay autores que afirman que la única corrupción relevante es la política, pues la administrativa es siempre función de aquélla. Sin embargo, todo esto en la vida real no es tan sencillo de demostrar.

Históricamente, los estudios sobre Administración Pública surgieron con la premisa de que los empleados públicos aplicaban lo que los políticos decidían. Y lo aplicaban con criterios técnicos. Esta separación, además, era considerada muy positivamente. La Administración era una actividad técnica y científica, que funcionaba mejor sin política que distorsionara la eficaz aplicación de la ley. En resumen, la política, con su patronazgo y negociación permanentes, dificultaba una buena Administración; la Administración podía y debía separarse de la política para el bien de la sociedad; la Administración era un campo técnico, donde la investigación experimental lograba sacar leyes universales que, adecuadamente seguidas, generarían bienestar; un ejecutivo fuerte e implicado debía aplicar esas leyes eliminando la apatía y corrupción (Terry, 1995). Esta tendencia no duró mucho, en realidad hasta el comienzo de la década de 1940, pero impregnó el futuro de la Ciencia de la Administración y el de la propia Administración Pública, donde todavía hoy tienen influencia en su funcionamiento diario esos criterios: en la Administración no hay problemas políticos, ni éticos, sino problemas técnicos y legales.

Pero con el pleno desarrollo del *New Deal* en Estados Unidos y, posteriormente, con el Estado de bienestar europeo un cierto cambio había comenzado a instalarse en la política democrática, participación, debate e intervención pública eran sus armas; por ello, no tardarán mucho en llegar las llamadas hacia un mayor control entre los poderes y la advertencia sobre el poder descontrolado de la burocracia. A su vez, diversos estudios demuestran desde hace más de sesenta años que la burocracia interviene de forma decisiva en la toma de decisiones políticas, o que la implantación de políticas es un campo donde la política sigue jugando un papel decisivo. Así, Friedrich (1940) dijo que las políticas públicas son un proceso continuo cuya formación es inseparable de su ejecución. Implacablemente se demostró que en todo el método científico-burocrático faltaba un factor clave: la política. Gaus es quien de forma explícita lo dice: "una teoría de la Administración Pública implica, en nuestro tiempo, también una teoría política" (1950: 168). Para demostrar esto surgen, un poco más tarde, los estudios de Selznick (1957), el texto de Wildavsky sobre la política en el proceso presupuestario (1984), el de Allison (1971) sobre la política burocrática en la crisis de los misiles con Cuba, etc.

En ese momento histórico, tras negar la separación entre política y Administración, nace, en consecuencia, una nueva preocupación: la pérdida de control democrático de la Administración. El primer académico en lanzar el mensaje en tal sentido fue Burnham quien destacó cómo las "leyes en los Estados Unidos [...] ya no son hechas por el Congreso [...], sino por las agencias ejecutivas [...]. La soberanía se ha situado en los despachos administrativos" (1941: 147-148).

Mosher (1975) continuó ese sendero de investigación que, posteriormente, daría lugar a la abundante bibliografía sobre el poder de la burocracia: por sí misma (Peters, 1989; Rourke, 1986); o en conexión con el legislativo y los grupos de interés, a través de los famosos "triángulos de hierro" o, ya en modalidades más sofisticadas, en conexión con los generadores de conocimiento, a través de los *issue networks* (Heclo, 1979). En España, Baena (1999; 2000) ha analizado las redes de poder y demostrado la presencia burocrática en ellas.

En suma, la separación entre políticos y funcionarios desde la perspectiva de su importancia en la toma de decisiones que afectan a los ciudadanos no es siempre real. Hay funcionarios que influyen en tomas de decisiones importantísimas; hay funcionarios de bajo nivel jerárquico que, a través de la implantación de las políticas, pueden dejar sin efecto tomas de decisiones del máximo nivel político (como los policías, los maestros, los enfermeros, los auxiliares de atención al público, etc.); hay funcionarios que tienen más información clave que políticos de nivel superior; hay políticos que no toman decisiones y actúan como funcionarios en el sentido más weberiano del término; hay ministros que actúan como meros jefes de equipo de burócratas de elite, etc. Es cierto que entre el presidente del gobierno y un ordenanza de ministerio hay enormes diferencias, pero aparte de estos casos extremos, la realidad de los estudios empíricos sobre toma de decisiones en el sector público y funcionamiento de los gobiernos nos indican que ambos grupos –políticos con responsabilidad de gobierno y funcionarios– tienen responsabilidad en la real satisfacción del interés general y, por ello, ambos grupos pueden estar sometidos a unos principios éticos comunes y a unos sistemas de controles compartidos. Aunque para ciertos colectivos (políticos y funcionariales) existan algunas reglas específicas que no se dan en otros.

Resumiendo lo dicho, en este texto no se afirma que la ética profesional del empleado público sea plenamente aplicable a la "profesión" política, ni mucho menos. Lo que se afirma es que, cuando los políticos desarrollan su labor como dirigentes de la Administración, la ética del servidor público, en esa faceta de administradores públicos, les es aplicable plenamente. Del mismo modo, separar la corrupción de los políticos y la administrativa es imposible, donde se da una se da la otra. Si los políticos son honestos no pueden permitir la corrupción administrativa. Y si los funcionarios son honestos pero los políticos no, el sistema de incentivos que se genera hace que, al final, siempre participen funcionarios en las prácticas corruptas. Por ejemplo, en Italia, la operación "manos limpias" supuso procesar a un número muy importante de políticos, pero el número de funcionarios procesados fue muy superior. En suma, luchar contra la corrupción es algo a realizar con visión de conjunto. Centrarse en políticos relevantes por minucias puede no llevar a ninguna parte, excepto a conseguir una sucesión de escándalos políticos. Priorizar el ataque a la pequeña corrupción de funcionarios de bajo nivel jerárquico sería otro ejemplo de estrategia errónea. Lo importante es el bien dañado, no quiénes ejecutan los actos.

2.1.2. Por el fin perseguido

Frente a la opción subjetiva, otra posibilidad es definir la corrupción política por el fin que se persigue con ella. Así, la corrupción política sería aquella que se refiere a las actuaciones dirigidas a la adquisición y mantenimiento del poder político por medios ilegítimos. No se incluirían, en este supuesto, las actuaciones exclusivamente tendentes al enriquecimiento personal. Pero la adquisición del poder político incluye actuaciones tremendamente diversas, y entre ellas puede estar el control de determinadas empresas o bancos, u obtener el apoyo de políticos extranjeros en la campaña, etc. Qué es legítimo o no para la adquisición del poder político es algo que depende de qué se entienda por legítimo en una sociedad y momento dados. Ahora bien, esta opción nos sitúa en un relativismo moral que en esta materia es letal. Porque si admitimos que legítimo es lo que la sociedad entienda por tal, nos encontraríamos con que era legítimo exterminar judíos para mantener el poder político en la Alemania nazi. Y, sin embargo, es ilegítimo pedir como ministro del Interior que se agilice el permiso de residencia a una niñera.

La lucha contra la corrupción se basa en la definición de unas reglas universalmente válidas para la acción política y de gobierno, traspasadas las cuales es legítima la crítica y la presión internacional. De ahí que no podamos admitir ese relativismo. Mas si no podemos admitir el relativismo, ¿quién define las reglas? En este texto se considera que las reglas sobre lo que es o no legítimo en política están insertas en la propia concepción de la política, aunque existen diversas visiones de lo que debe ser la política. Si la política es confrontación y dialéctica amigo-enemigo entonces mentir para dañar al contrario será plenamente legítimo; y ejercer el poder para eliminar al contrario también. Por el contrario, si la política se entiende como búsqueda de espacios deliberativos para definir el bien común, entonces la mentira y la manipulación serán actuaciones corruptas. Estas visiones deben someterse mutuamente a debate para encontrar los puntos comunes y las razones inatacables en cada una de ellas, si no se quiere caer de nuevo en el relativismo. Pero, en definitiva, la distinción por el fin es demasiado tributaria del concepto de política subyacente como para que nos sea útil por sí misma.

2.1.3. Por el bien esencial dañado

Por todo ello, la tercera opción, y en este texto la opción elegida, es la de considerar distintiva la corrupción política por el bien esencial dañado (Philp, 1997). Y ese bien no es otro que la propia política. En la corrupción empresarial el bien esencial dañado es la eficiencia y la confianza en el mercado, en la corrupción administrativa sería la eficacia en la consecución del interés general, pero en la corrupción política lo que se daña es la legitimidad de la política. En el concepto estricto de corrupción existía siempre como elemento de referencia moral una ética profesional, es decir, que de lo que se trataba es de que quienes ejercían determinados puestos y profesiones incumplían los deberes derivados de ellas para beneficio privado; esencialmente, abusaban del poder que se les reconocía funcionalmente para usarlo en beneficio propio, directo o indirecto. Pero en la corrupción política, lo que aparece como elemento moral de referencia no es una ética profesional, sino una ética pública. Más aún, no existe un incumplimiento de deber profesional sino un incumplimiento de deber cívico. Y esto afecta no sólo a los líderes políticos –sean éstos los que sean–, sino a toda la ciudadanía. Si una persona vende su voto a cambio de una recompensa económica –salvo casos de pobreza extrema, donde la necesidad reduce la libertad de elección–, está actuando de forma corrupta políticamente. Y desde luego, si un partido quiebra las reglas del juego democrático e intenta abusar de su poder mediático para ganar las elecciones, también actúa de forma corrupta. En la corrupción política se está dañando la política, y se está dañando la política porque se olvida su razón de ser y porque se incumplen los principios en que se fundamenta este instrumento de concertación y diálogo para la resolución de problemas comunes. Ahora bien, estas afirmaciones nos obligan a definir qué es la política y dónde se sitúa en cada uno de los grandes discursos sobre la justicia, el Estado y la democracia.

2.2. Discursos de integridad

Para hablar de corrupción política es preciso tener claro qué no es corrupción; en última instancia es necesario conocer qué es la integridad política. Sobre este concepto hay diferentes visiones. Los teóricos del discurso consideran que, en la actividad política, las prácticas y proyectos adquieren sentido en el marco de unos sistemas de significado que de forma compleja articulan elementos dispersos y les dan dicho sentido. Los conceptos, aisladamente, pueden significar cosas muy diferentes, de ahí que, si se quiere convertirlos en mensajes, es preciso situarlos en el marco de unos sistemas de significado complejos que son los discursos. Ahora bien, esos discursos políticos no precisan tener elementos ideológicamente cerrados, pueden construirse de forma abierta, articulando elementos dispersos en un discurso común, siempre que respeten las reglas propias de configuración discursiva. Su dimensión es temporal e intencional, generan sus propios límites y sus oposiciones, sus enemigos y sus dialécticas. En este texto se defiende que la corrupción se enmarca en discursos de integridad diversos, contingentes y variables, pero que podríamos definir cuatro tipos puros de discurso de integridad en torno a los cuales surgen y se desarrollan los debates fundamentales.

Los discursos de integridad, tal y como aquí se definen, son sistemas de significado que tratan de explicar qué es la ética pública, qué es y qué implica la corrupción, qué es la política y la democracia y qué es y qué papel debe jugar el Estado. En su conjunto nos explican qué deben hacer y qué no deben hacer, qué pueden hacer y qué no pueden hacer las instituciones y los responsables públicos. Estos discursos son diversos y compiten entre sí por lograr la hegemonía. Precisamente el debate entre discursos en la esfera pública es uno de los componentes clave de la democracia (Dryzek, 2002).

Los discursos de integridad surgirían en torno a dos grandes líneas de fuerza. La primera es la que se sitúa entre aislacionismo e inclusivismo con sus diferentes variantes; y la segunda, la que se sitúa entre deontologismo y transaccionalismo. Por aislacionistas se entienden aquellas concepciones éticas y políticas que consideran que los intereses colectivos surgen de la agregación de preferencias individuales que son previas y exógenas a las decisiones públicas. Por inclusivismo entiendo aquellas otras concepciones en las que la presencia de otros seres humanos, sus razonamientos y sus circunstancias se entiende que afectan y deben afectar al sistema de preferencias, en consecuencia, no hay un interés prepolítico que la política deba reflejar. Por deontologismo entiendo aquellas concepciones de raíz ética que creen que existen derechos individuales universales por encima de cualquier fin o que nuestros intereses y preferencias deben ser sacrificados cuando su realización entre en conflicto con el respeto a derechos intangibles del ser humano. Y por transaccionalismo aquellas otras que entienden o que los fines pueden justificar el sacrificio de derechos individuales o que los derechos individuales universales no existen, sino que existen derechos específicos en el marco de culturas identitarias cuya existencia es anterior y de igual valor a los derechos individuales.

De esa doble confluencia surgen cuatro posibilidades.

- Aislacionismo-deontológico: *discurso de integridad libertario.*
- Aislacionismo-transaccionalista: *discurso de integridad liberal-utilitario.*
- Inclusivismo-transaccionalista: *discurso de integridad comunitarista.*
- Inclusivismo-deontológico: *discurso de integridad deliberativo.*

Obviamente estamos ante tipos puros, por lo que en la práctica no se encontrarían perfectamente reflejados en ningún discurso público, además, algunos de los autores que situemos en un discurso podrían también situarse en otro discurso en algunas de sus manifestaciones; sin embargo, en términos generales, los cuatro seleccionados se entiende que pueden ser los referentes más omnicomprensivos de los discursos existentes en la vida real de las democracias actuales. Es cierto que algunas personas podrán considerar un grave vacío la no inclusión de los discursos marxistas en este repaso, pero la razón de su no inclusión es doble. Primero, que, al menos en sus versiones clásicas, no se inserta en la tradición democrática de pensamiento, que a nuestros efectos es la única tradición con base moral suficiente. Segundo, que para el marxismo ni la ética, ni la política son importantes. La ética es una superestructura justificatoria de la explotación y debe ser superada por leyes científicas basadas en las fases de desarrollo económico. La conveniencia de que el proletariado acceda al poder no está basada en fundamentos éticos o de justicia, sino en leyes históricas que exigen que, ante un determinado tipo de organización de la producción, una determinada clase gobierne. Y la política trata de cómo acceder y conservar el poder, pero no de cómo ejercerlo. La política es compatible con la represión. Lenin afirmaba que la policía y el ejército son los instrumentos clave del poder estatal (1975: 316). Por supuesto que el

Estado no tiene tampoco una estructura autónoma, es, simplemente, un instrumento en manos de la clase dominante para ejercer el poder. Los conflictos entre Estado y clase dominante son imposibles (Skocpol, 1979: 26-27). Por todo ello, nos reafirmamos en la reducción de los discursos analizables a cuatro. Pasemos a describirlos.

2.2.1. Discurso de integridad libertario

En este discurso, el referente *ético* está fundamentalmente en la teoría libertaria. Tal vez su mejor exponente teórico sea Nozick (1974). Este autor considera que la adecuada concepción del principio de autonomía kantiano es, si se acepta en su plenitud, que no es posible utilizar a los seres humanos como un medio, sin su consentimiento, para alcanzar fines pretendidamente elevados como la distribución de los bienes (Glaser, 1997). Para Nozick (1974) el derecho individual de propiedad es tan absoluto que excluye cualquier interferencia, ya sea de otros individuos ya del Estado. Los derechos asumidos por Nozick son: sólo derechos negativos, actúan como restricciones laterales frente a las acciones de los demás, y son exhaustivos (Gargarella, 1999).

En cuanto a la *política,* para los libertarios, es una esfera de actividad carente de verdadera autonomía. En las versiones de la Escuela de Virginia y de Chicago, se asume que las preferencias de los ciudadanos son exógenas y están prefijadas, y que el equilibrio se alcanza instantáneamente; en consecuencia, no hay prácticamente espacio para ningún proceso de diálogo. La política es "ruido" y sirve para distorsionar los procesos de formación de equilibrio (Philp, 1997). En sí la política ya es algo corrupto, pero podría considerarse como actividad aceptable si se dedica a asegurar que las preferencias no se distorsionan y a asegurar la paz interna. Ahora bien, en el momento en el que la política se exceda y empiece a modelar y guiar la formación de preferencias, entonces la corrupción aparece, porque los políticos se guían por su propio interés y ponen por delante sus intereses a los de la comunidad.

Frente a esta teoría ética y política, *la corrupción* pública en sentido amplio, si se siguieran sus principios, aparece como toda actividad en la que los responsables públicos abusan de su cargo violando los derechos individuales de los ciudadanos, derechos que son esencialmente civiles y parcialmente políticos. Sobre todo, sería altamente corrupto atentar contra los derechos de propiedad de la ciudadanía y contra las reglas del mercado; indirectamente, dado que los impuestos deben ser mínimos y suponen un sacrificio enorme del principio sagrado de propiedad, parece que la corrupción más grave es aquella que tiene naturaleza económica y, en concreto, aquella que distorsiona las reglas del mercado, como ocurre con el soborno y la extorsión, salvo que la burocracia sea tan ineficiente que pueda ser conveniente "engrasarla" para alcanzar el bien general. Ahora bien, la realidad actual, para los seguidores de este discurso, es la de la corrupción casi permanente de los responsables políticos, pues el sistema existente les permite actuar de forma monopolística e incontrolada en muchas áreas, con abuso permanente de la información que poseen, con continuos intercambios de favores en perjuicio de la comunidad, etc. Luchar contra la corrupción es, sobre todo, luchar contra el excesivo papel del Estado y su burocracia en las decisiones colectivas.

El concepto de *Estado* es el del Estado mínimo liberal. La razón de fondo es el conjunto de teorías que demuestran los "fallos del Estado". En cierto modo, el Estado de referencia es el que surge en el Congreso de Viena en 1815, un Estado que se encarga de la seguridad externa e interna, que reconoce los derechos civiles y políticos básicos, al aceptar la soberanía popular, y que asume un cierto compromiso de ayudar a expandir la riqueza material en la nación. Pero ese Estado, hoy, se encuentra con una realidad política mucho más internacionalizada y una economía más globalizada, con lo que el nuevo orden constitucional nos lleva a un Estado-mercado, un Estado que ya no distingue entre el bienestar de cada Estado y el global, pues busca que se expanda la riqueza en términos globales, un Estado que "depende de los mercados de capitales internacionales y, en menor grado, de las redes de modernas empresas multinacionales para crear estabilidad en la economía mundial, preferiblemente a la gestión por entes políticos nacionales o transnacionales [...]" y que, contrariamente a la Nación-Estado tradicional, ya no ve en el Estado más que un proveedor y redistribuidor mínimo (Bobbitt, 2002: 229). Privatizar, desregular y externalizar hasta dejar un Estado vacío es una buena opción para modernizar la gestión pública.

Finalmente, la teoría de *la democracia* que promueven es la de la democracia de mínimos, pues desconfían de la capacidad agregativa y representativa de ésta. Los análisis de la escuela de la elección racional son muy ilustrativos. Su análisis se basa en la idea de que los ciudadanos calculan racionalmente cuando toman decisiones y que sus decisiones agregadas, realizadas en las condiciones adecuadas, tienden a ser eficientes. Los actores maximizan sus intereses y las instituciones sociales son, fundamentalmente, conjuntos de actores individuales. Su conclusión es que, dado que, en sociedades complejas y muy pobladas como las presentes, los ciudadanos no pueden tomar decisiones por ellos mismos, dejan en manos de la clase política y de la burocracia las decisiones que afectan al interés colectivo, y que este necesario ejercicio de delegación comporta graves problemas para un comportamiento eficiente de la economía. La razón, para empezar, es que no existe ningún sistema de votación o de elección colectiva que no sea altamente vulnerable a comportamientos autoritarios o a la manipulación de agendas y reglas por astutos actores, que lo que pretenden es favorecer los productos o impactos que a ellos les interesan. En realidad, toda democracia tiene un componente populista. Según Riker (1982: 241), no existe una voluntad popular independiente del mecanismo utilizado para medirla, diferentes mecanismos darán lugar a diferentes elecciones con idénticas distribuciones de las preferencias individuales. Las elecciones son útiles tan sólo porque periódicamente permiten expulsar a los tiranos del poder, pero no porque permitan tomar decisiones competentes. En suma, la democracia se reduce fundamentalmente a una competición entre elites que sigue las reglas básicas del mercado para atraer a los votantes-clientes. Y a esas elites hay que embridarlas con constituciones que les limiten mucho más que actualmente su capacidad de decisión (especialmente en materia impositiva) y les reduzcan sus posibilidades manipulatorias.

2.2.2. Discurso de integridad liberal-utilitario

Este discurso tiene muchos puntos en común con el libertario, pero no es lo mismo. Esencialmente, la diferencia está en la *teoría ética* de referencia. El utilitarismo no es deontológico, es una ética consecuencialista. Para un utilitario lo importante es definir claramente lo que es bueno o valioso y los valores consecuentes, y a partir de ahí, fomentar de forma consistente esos valores en cada toma de decisión. De ahí que si el valor esencial a defender es la felicidad, las conductas a elegir en la vida diaria deben siempre realizarse calculando identificando los diferentes pronósticos para cada opción, el valor asociado a cada pronóstico y el resultado de aquellos diversos cálculos para lograr el valor esencial. Si un pronóstico realiza mis valores más que otro, entonces acredita su valor y debo optar por él (Pettit, 1995: 334). En la actualidad, el utilitarismo tiene representantes como Harsanyi (1999), para quien las únicas bases racionales para nuestra obediencia a las distintas reglas morales son los beneficios que esto nos procurará a nosotros, a otras personas y a la sociedad entera. Este principio se basa en que los seres humanos tienen dos preocupaciones básicas –y racionales–: una es su propio bienestar; la otra, es el bienestar de otras personas. Las reglas morales óptimas serán aquellas que sean capaces de producir los máximos beneficios para la sociedad, juzgada desde un punto de vista moral, equitativo e imparcial; esta perspectiva otorga el mismo peso a cada interés individual.

El utilitarismo, aplicado a la actuación *política,* nos lleva lógicamente a la elección racional. En la arena política lo que encontramos son actores que persiguen estratégicamente sus intereses y fines. Estos actores son *homo economicus* que salen del mercado y se introducen con sus mismos esquemas cognitivos en el ámbito político. El *homo economicus* es un egoísta instrumentalmente racional, que se preocupa tan sólo de maximizar un conjunto predefinido de elementos de acuerdo con una función de utilidad (Dryzek, 2002). De ahí que, ante el pluralismo de intereses, la política sea negociación; eso sí, negociación dirigida a la búsqueda del interés de la mayoría. Y ese interés, para empezar, es evitar el conflicto y la violencia colectivas. De ahí que el utilitarismo considere importante que la política nos ayude a perseguir pacíficamente nuestro interés.

El concepto de *corrupción* coherente con estas ideas sobre la ética es un concepto más amplio que el de los libertarios. En principio, se podría afirmar que la corrupción política se refiere a todo tipo de actos realizados por responsables públicos en los que prima el interés particular de éstos o de una minoría sobre el interés de la mayoría, siempre que ésta resulte dañada, pues en estos supuestos ni se respeta el principio de que hay que seguir aquellas conductas que promuevan el mayor bien para el mayor número, ni el principio de que hay que seguir aquellas conductas que concuerden con el código moral que promueve el máximo de bienestar colectivo. Y la corrupción en sentido estricto se referiría al abuso de confianza, a una utilización fraudulenta del poder, otorgado a ciertos actores para que defiendan el mayor bien del mayor número, y, sin embargo, ejercido para beneficio de unos pocos y en perjuicio de la mayoría.

El problema argumentativo principal que nos plantea esta opción es el de cómo conseguir que personas que actúan racionalmente y, por ello, intentan maximizar su beneficio personal, cuando están en el gobierno o ejercen poderes públicos actúen pensando más en el interés colectivo que en el suyo propio. La respuesta es: generando un sistema de sanciones e incentivos de todo tipo que haga irracional embarcarse en conductas corruptas, además de implantar un sistema de controles diverso y coordinado, y de fomentar una transparencia en la acción pública que permita el continuo conocimiento de la actividad de los gestores.

En cuanto al modelo de *Estado,* este discurso es más ambiguo y menos radical que el libertario, aunque comparta alguno de sus postulados. Para empezar, a diferencia del libertarismo, reconoce la necesidad de un Estado fuerte –no expansivo, ni caro– por diferentes razones, así (Axtmann, 2004: 271): da respuesta a la necesidad de regulación de los mercados globales; proporciona un entorno seguro a las empresas para que prosperen, se responsabiliza de la ley y el orden internos, de la protección de los derechos de propiedad y de la lucha contra las amenazas del terrorismo global; asegura el desarrollo de las infraestructuras de comunicación, y proporciona una fuerza de trabajo preparada mediante el aseguramiento de la educación y la formación. La conclusión es que el Estado del futuro debe ser un Estado-mercado, aun cuando la forma de serlo admita modulaciones, pues un Estado-mercado como el japonés descansa fuertemente en el papel homogeneizador e impulsor del Estado, sobre todo en cultura, educación, investigación y fomento del ahorro. Y un peculiar Estado-mercado como la Unión Europea mantiene aún algunos restos de la idea de protección social como elemento cohesionador, aunque ello unido a una política fiscal y de déficit público fuertemente restrictiva. En suma, el modelo de Estado debe ser fruto de decisiones económica y políticamente racionales y someterse a los diversos análisis coste-beneficio para concretar su acción específica.

En relación a *la democracia,* el discurso liberal-utilitario sufre una cierta contradicción entre su opción por la democracia representativa y por la agregativa. En la primera –representativa–, su visión coincide más con visiones elitistas que con visiones soberanistas de la representación. Los representantes tienen su propia agenda, que no siempre coincide con la de la ciudadanía. En la segunda –agregativa–, se considera que el objetivo de la democracia es agregar preferencias individuales en una decisión colectiva de la forma más eficiente y justa posible. En esta democracia, la igualdad de los ciudadanos se funda en que se considera que todos los intereses son equivalentes y "las decisiones son colectivas siempre que surjan de disposiciones de elección colectiva que otorguen esa igual consideración a cada persona vinculada por las decisiones" (Guerrero, 2003: 128). La forma de superar esa dicotomía es hacer más representativos a los elegidos e influir más en sus decisiones. En consecuencia, no es sencillo conjugar elitismo con igualdad, interés con altruismo.

2.2.3. Discurso de integridad comunitarista

En esencia, el comunitarismo *ética* y políticamente ataca al liberalismo por sus abstracciones, en concreto le ataca (Cortina, 2005: 82 y ss.): primero, por entender que el yo es un individuo racional, que elige su forma de vida entre planes y proyectos, cuando en realidad su identidad está ligada a comunidades no elegidas. Segundo, por el universalismo formal, que hace que el liberal acabe perdiendo toda sensibilidad hacia el contexto. Tercero, por el individualismo, es decir, la prioridad del individuo y sus derechos, cuando los derechos son fruto de las capacidades que cada comunidad más valora. Cuarto, por la idea de la suficiencia de la voz de la conciencia, cuando la moralidad es una cuestión de la comunidad y es ella la que debe auxiliar a llevar adelante la moral asumida.

Según Taylor (1987), la idea atomista del sujeto es un empobrecimiento respecto a la idea aristotélica del hombre como animal fundamentalmente político que sólo en el seno de una comunidad humana aprende su verdadera naturaleza. Para él, el sujeto se convierte en persona moral y desarrolla su racionalidad en virtud de su participación en una comunidad de lenguaje y con un discurso sobre lo bueno y lo malo.

MacIntyre, por su parte, reprocha a Rawls y a Nozick que su visión de la justicia no deja espacio a la noción de "virtud". Esto se debe a la idea de un individuo que se construye con independencia de sus vínculos morales y sociales con la comunidad en que habita. Pero la noción de virtud sólo opera en el contexto de una comunidad en la que existe un vínculo fundamental, y es la comprensión compartida de lo bueno para el hombre y para la propia comunidad (MacIntyre, 1984). En ese contexto, el mejor régimen es aquel cuyo orden mejor conduzca a la educación en las virtudes en interés del bien de todos. El rechazo del liberalismo a buscar un bien común culturalmente mediado y a rechazar las virtudes que permitirán el bien común es la fuente del nihilismo y la falta de valores de nuestras sociedades.

Sandel defiende que para los miembros de una comunidad, ésta "describe no meramente lo que poseen en cuanto ciudadanos, sino también lo que son, no una relación que eligen –como en una asociación voluntaria–, sino una ligazón que descubren, no meramente un atributo, sino un elemento constitutivo de su identidad" (1982: 150). En definitiva, para todos ellos, la ética no es meramente procedimentalista, sino que posee unos componentes "sustanciales", vinculados a la comunidad en la que surge y se desarrolla y sin esos componentes simplemente es inviable.

La *política* para el comunitarismo es integración, una búsqueda compartida del bien común de una comunidad. Esta búsqueda es propia, autóctona y está inserta en las tradiciones de cada comunidad. Pero en sociedades pluriculturales o pluriétnicas la política debe asegurar, además, el respeto de visiones diversas de la realidad social, es decir, política debe ser tolerancia.

De forma coherente con estas ideas éticas y políticas, *la corrupción* para los comunitaristas no puede abstraerse de la comunidad donde se enjuicia. La corrupción pública no es la misma cosa para todas las comunidades, en cada comunidad existen una prácticas sociales, unas reglas asumidas, una historia y un compromiso sobre lo aceptable y no aceptable en el comportamiento de los representantes públicos, y el único juicio posible se hace desde dentro de la propia tradición. En términos generales, la corrupción, como ya dijimos, tiene que ver con una desviación de carácter, una ausencia de virtudes de los responsables públicos, virtudes que la sociedad necesita y demanda.

En todo caso, una visión pura del comunitarismo nos vendrá a decir que lo que sea o no corrupción en cada comunidad sólo lo pueden decidir los miembros de tal comunidad, dado que lo contrario sería intentar implantar modelos morales occidentales y de países desarrollados en comunidades que merecen el pleno respeto. No obstante, estas visiones radicales son matizadas por opciones más moderadas que reconocen la necesidad de que, al menos dentro de cada Estado, existan unas reglas comunes y básicas, no dejadas a la decisión autónoma de cada grupo étnico, sino normativa y universalmente definidas, sobre qué es corrupción y las consecuencias que acarrea. La corrupción política, en cualquier caso, sería dirigir sin buscar el bien común de la comunidad y, a nivel de Estado pluricultural, corrupción sería, además de lo anterior, imponer una visión ética o cultural unitaria a todos los grupos sociales.

Con respecto a su visión del *Estado*, los comunitaristas han defendido un modelo de Estado plural, un Estado que reconozca las comunidades nacionales y étnicas, las distintas lenguas, tradiciones, historias y culturas confluyentes en el territorio estatal. Esta realidad lleva a que el Estado tenga que abrir vías de participación a los ciudadanos, pero también a sus naciones, regiones y etnias. En las políticas públicas y la acción de los gobiernos será inevitable la presencia de políticas simbólicas de protección lingüística o cultural, será imperiosa la introducción de instrumentos de discriminación positiva en las organizaciones públicas y será necesario fomentar el respeto a la diversidad.

En cuanto a la *democracia,* para el comunitarismo ya no puede ser vista como un asunto de un único cuerpo de ciudadanos que constituyen un pueblo diferenciado, sino más bien como un asunto de ciudadanos que constituyen una pluralidad de diversos pueblos, grupos, etnias, religiones y asociaciones. La tendencia a fragmentar la representación territorialmente y a promover agregaciones parciales, en función de etnias, nacionalidades y culturas específicas está presente en la democracia multicultural comunitarista. También la defensa de mecanismos de participación directa o no mediada. Pero, sobre todo, el modelo de democracia comunitarista, en su versión más moderada, se fundamenta en la idea de que la democracia no es sólo un sistema basado en el gobierno de las mayorías, sino que, además, es un sistema fundado en la protección de los derechos individuales y, por ello, también en la protección de las minorías. De acuerdo con Kymlicka (1998), las naciones cívicas no pueden tratar por igual a las religiones que a las culturas dentro de su territorio. Con respecto a las religiones es posible y deseable que el Estado sea neutral, que proteja el derecho a la libertad religiosa, pero que no asuma ninguna religión como oficial. Pero con respecto a la cultura la neutralidad es imposible. Un Estado no puede evitar optar por una cultura cuando tiene que decidir qué lengua es la que se usará en la

Administración, en la educación o en el Derecho. Al elegir una lengua ya elige una cultura. Y al elegir una cultura ya privilegia a quienes la poseen naturalmente frente a los que no pertenecen a esa cultura mayoritaria en ese territorio. De ahí que haya que proteger lenguas y culturas diversas en el marco del mismo Estado y auxiliar a quienes las usan para evitar su discriminación.

2.2.4. Discurso de integridad deliberativo

En este discurso confluyen al menos tres corrientes de pensamiento: el liberalismo progresista, el republicanismo y la teoría crítica. Ciertamente, estas tres doctrinas difieren bastante entre sí, pero confluyen precisamente en su defensa de la política y de la democracia como deliberación, así como en su rechazo del *homo economicus* como referente de la acción política.

Para empezar, en las tres existe una conciencia del pluralismo, es decir, de la existencia de múltiples visiones de lo que se considera bueno y razonable. Precisamente ese pluralismo es consecuencia de la preocupación por la libertad y los derechos inherentes a ella, pues los derechos humanos reconocidos son los que permiten la expresión de las diversas concepciones de lo bueno y producen en la práctica la plural concepción del bien. Cómo justifican esos derechos ya difiere entre una y otra teoría. Ahora bien, esa pluralidad de preferencias, para el liberalismo utilitarista, podía ser agregada y reconciliada mediante el voto, eso sí, sin que hubiera la más mínima interacción entre las personas participantes; sin embargo, para el discurso deliberativo las preferencias se transforman a través del diálogo y el ejercicio de la razón pública. La deliberación permite alcanzar acuerdos mutuamente aceptados, dado que dichos acuerdos son los que han superado la prueba de la mejor argumentación en un debate abierto entre personas libres e iguales.

Para el liberalismo progresista, representado obviamente por Rawls, hay que buscar un punto de vista imparcial y común sobre lo que sería universalmente bueno y justo, punto de vista que respete el pluralismo y la irreductible libertad de cada ser humano. Ahora bien, ese punto de vista, esos fundamentos constitucionales aplicables a todos deben ser elaborados a través de la deliberación, mediante el ejercicio de la razón pública –una razón no meramente egoísta, sino con voluntad de llegar a acuerdos basados en el mejor argumento, con voluntad de situarse en el lugar del otro para entenderle, etc.–. En consecuencia, para Rawls (1993), la constitución y la legislación que afecta a la "justicia básica" –aquella que se refiere a la igualdad de oportunidades y a la distribución de bienes materiales– debe ser elaborada a través de la deliberación

Por su parte, la teoría crítica tiene como principal preocupación la organización de la progresiva emancipación de individuos y sociedades de las fuerzas opresivas. Estas fuerzas son más contingencias ideológicas que necesidades estructurales. Sus agentes son una coalición de discursos e ideologías dominantes y fuerzas económicas estructurales. La emancipación surge de la comprensión de esas fuerzas por parte de los que las soportan, sobre todo cuando entienden que tienen un carácter contingente y encuentran vías para contraatacarlas (Dryzek, 2002). Nuevamente, frente a los liberales utilitaristas los teóricos críticos consideran que la participación democrática puede transformar a los individuos, quienes a través de la política discursiva se pueden transformar en más responsables públicamente, más tolerantes, más considerados y atentos a los intereses de los otros y más seguros de su propio interés (Warren, citado por Dryzek, 2002).

En cuanto al republicanismo (Pettit, 1999), la idea básica es la de que la libertad es no dominación. Lo esencial en una sociedad es que todos los ciudadanos disfruten de esta no dominación y, para ello, deben existir protecciones sociales, políticas y legales que protejan a la ciudadanía de la dominación arbitraria. En esta teoría es básico que todos los ciudadanos puedan mirar a los ojos de los demás sin tener que bajarlos sumisamente. Es una libertad como independencia. Ni las instituciones públicas, ni las corporaciones privadas ni otros seres humanos pueden dominar arbitrariamente a los ciudadanos; en consecuencia, necesitamos un poder público que garantice la no dominación. Ahora bien, este Estado es en sí también peligroso, si se le otorga poder absoluto se corromperá, y las elecciones periódicas no son suficientes para evitar su corrupción. Por ello, es absolutamente necesario que el poder esté fragmentado, dividido y controlándose mutuamente, así como que el Estado de derecho esté plenamente vigente. Pero eso no basta, de ahí que en la visión republicana sea preciso que el ejercicio del gobierno se realice en constante consulta con la ciudadanía y con plena transparencia. La participación aquí es esencial para que el sistema no se corrompa. Y aún más, es necesario que se abran caminos para que la ciudadanía pueda contestar al gobierno, es preciso que el gobierno y sus actos sean "disputables".

En cuanto a la *política,* para los representantes de este discurso política es deber y deliberación. El proceso democrático, para los liberales, tiene como función la de programar al gobierno en interés de la sociedad, y, en su acción, "el gobierno se representa como un aparato de Administración Pública y la sociedad como una red de relaciones entre personas privadas, de estructura similar al mercado" (Habermas, 1998: 273). En tanto que, para los republicanos, en la tradición harringtoniana y del civismo rousseauniano, la política presupone algo más, forma parte de los procesos de la sociedad como un todo. La política se concibe como la forma reflexiva de la vida ética sustancial, como el medio en el que los miembros de comunidades integradas de alguna manera toman conciencia de su dependencia mutua y, actuando con plena deliberación como ciudadanos, favorecen la transformación y el desarrollo de las relaciones de reconocimiento recíproco existentes en una asociación de miembros libres e iguales bajo la ley. En esta tradición, la solidaridad y la orientación hacia el bien común aparecen como una fuerza básica de integración social (Habermas, 1998).

La política para este modelo se basa en la supremacía de la deliberación sobre la negociación. Algunos piensan que los políticos, en una democracia, lo que deben hacer es negociar con los distintos grupos de presión o con aquellos otros políticos que entran en el parlamento. En definitiva, que la gran virtud del político es saber negociar y regatear astutamente. Sin perjuicio de que siempre sea mejor negociar que imponer, la deliberación implica embarcarse en un intercambio deliberativo de información y discusión acerca de los requisitos del bien público en cualquier área, así como de las medidas que prometan mejor promoverlo. A la deliberación se va a escuchar y convencer, a la negociación a obtener el mejor resultado para alcanzar unas metas prefijadas, que no se suspenden ante los mejores argumentos (Sunstein, 2004).

En relación con la *corrupción en sentido estricto,* este discurso de integridad genera un concepto muy riguroso: el uso abusivo de los recursos públicos para beneficios privados, a través de transacciones clandestinas que implican la violación de algún modelo de comportamiento o incluso a través de transacciones públicas que no justifiquen el interés general, violen el principio de igualdad política y comunicativa o no superen discursivamente la prueba de la coherencia. Y la corrupción política sería el abandono de la búsqueda del interés común a través de la deliberación y el libre encuentro de pareceres.

En relación con el modelo de *Estado,* el discurso deliberativo incorpora tres posibilidades confluyentes: Estado de bienestar, Estado federal, Estado de derecho. Con respecto al primero, su necesidad surge de la defensa de ideas de justicia social presentes en casi todos los teóricos deliberativos. Es sobre todo Rawls quien más y mejor lo explicita, dejando claro que una sociedad justa debe garantizar en primer lugar los derechos civiles y políticos fundamentales, pero que, en segundo lugar, respetando el principio meritocrático, debe garantizar también la igualdad de oportunidades, redistribuyendo y protegiendo especialmente a los más débiles.

Además, el Estado de referencia, especialmente cuando el país tenga un carácter plurinacional y/o pluriétnico debe ser un Estado federal. Un Estado que (Máiz, 2000: 73-74) garantiza y reconoce la división vertical de poderes y la pluralidad cultural de las naciones que lo integran; una distribución de poderes que ha de atender a la diversidad cultural e institucional de cada unidad y, por ello, ha de ser asimétrica; con una estructura política abierta a la renegociación, que alcanza sucesivos equilibrios gracias a la deliberación; con una estructura institucional que garantiza el autogobierno pero, además, el gobierno compartido y la corresponsabilidad solidaria; fundado en una lealtad sostenida por la deliberación, la conversación y la negociación constructiva; que promueve la solidaridad interterritorial, garantizando la justicia y la igualdad básicas. Frente a la versión comunitarista de las naciones, la versión deliberativa considera las naciones un ámbito de discusión, no sólo cultural, sino también político. Este discurso considera las culturas como algo abierto, con pluralidad de valores también hacia dentro. Cada cultura tiene subculturas, en cada cultura hay intereses diversos y contradictorios. Las culturas son procesos históricos y sociales, espacios de poder y pluralidad. En definitiva, las culturas deben ser también deliberativas hacia dentro y hacia fuera.

Finalmente, el Estado deliberativo es un Estado de derecho y un Estado en el que la división de poderes y los equilibrios y contrapesos se expanden a lo largo del sistema. El poder legislativo se divide en dos, el poder territorial se distribuye federalmente y localmente, el poder judicial genera sistemas de revisión superior de las sentencias y mecanismos de revisión constitucionales, el poder ejecutivo crea órganos de control interno diversos y poderosos, y establece sistemas integrales de evaluación.

Finalmente, en relación con la *democracia*, considera que la democracia es, en esencia, deliberación, como algo opuesto al mero voto, a la agregación de intereses, a los derechos constitucionales cosificados, al autogobierno sin debate. La deliberación es un proceso social que se distingue de otras formas de comunicación en que, quienes deliberan, son conducibles a cambiar sus juicios, preferencias y puntos de vista durante el proceso de sus interacciones, lo que implica persuasión en lugar de coerción, manipulación o mentira (Dryzek, 2002). Para Elster (2001: 21) la democracia deliberativa incluye la toma colectiva de decisiones con la participación de todos los que han de ser afectados por la decisión o por sus representantes; ésta es la parte democrática. Y, además, incluye la toma de decisiones por medio de argumentos ofrecidos por y para los participantes que están comprometidos con los valores de racionalidad e imparcialidad: ésta es la parte deliberativa. La visión deliberativa descansa en una concepción de la naturaleza política humana claramente distinta de la visión liberal. "Mientras ésta subraya la importancia de dar el peso debido a cada una de las preferencias individuales, aquélla se basa en la capacidad de las personas para ser influidas por argumentos racionales y abandonar intereses y posiciones particulares a favor de la justicia general y el interés común de la colectividad, para aceptar que es más importante que la decisión alcanzada sea genuinamente democrática que el que sea la que ellos propugnan" (Miller, citado por Guerrero, 2003: 129).

2.3. Corrupción política y ética pública

En cualquier caso, sea cual sea el discurso seleccionado, si queremos hablar de corrupción, existe una línea divisoria que es preciso trazar. Hay países en los que los regímenes políticos existentes se fundan en la fuerza y no en el consentimiento, donde no se reconocen derechos básicos de la persona y donde falta la libertad de ejercer la oposición. En esos países no hay financiación ilegal de los partidos porque no hay partidos o sólo hay uno oficial, tampoco hay, normalmente, necesidad del clientelismo político, pues no hay que asegurarse votos, pero sí hay criminalidad gubernamental. Sería absurdo comparar la corrupción política de esos regímenes con la de la democracia, esencialmente porque donde hay democracia al menos la política tiene un fundamento moral. Tal vez en muchas democracias –¿incluso en todas?– los políticos no estén a la altura de los deberes que les exige tan esencial actividad humana, pero, al menos, tienen que respetar los derechos civiles y políticos de los contrarios; la actividad política, en consecuencia, respeta unas reglas que forman parte intrínseca de ella, que la sustentan de una forma moral. Sin embargo, los regímenes no democráticos carecen de fundamento moral. Y carecen de fundamento moral porque niegan una ética pública que les limite y legitime su autoridad. En tales supuestos, por ello, toda la actuación política tendente a reforzar el régimen es corrupta. La corrupción política se expande sin control; carente de referentes de integridad, ya todo vale, no hay límites para la maldad.

Frente a ello, es necesario insistir en que los grupos humanos necesitan reglas justas de conducta para poder convivir y progresar –ética pública–. Definir cuáles serían estas reglas ya sería objeto de un debate mucho más complejo. No obstante, creo que se puede llegar a alguna conclusión compartida, incluso utilizando vías discursivas diferentes.

Siguiendo a Habermas (1991; 1994; 2000), cualquier grupo de personas racionales y razonables, en condiciones ideales de comunicación, pueden establecer reglas de convivencia con validez moral; en el marco de un Estado, éste puede producir normas jurídicas moralmente válidas y que, por ello, pueden ser obligatorias y exigibles coactivamente, si los posibles afectados asienten o aceptan dichas normas a través de discursos o argumentaciones que respeten los principios del discurso. De ahí surge una conclusión importante a efectos de nuestra argumentación: el respeto a los derechos humanos, esencialmente a los derechos pragmáticos que son los que permiten el diálogo y el discurso (Cortina, 2005), que está implícito en la teoría del discurso, es una precondición para la definición de reglas con validez moral; y desde una perspectiva política, los derechos humanos (derecho a la vida, derecho a expresarse libremente sin coacción, derecho a participar, derecho a unas condiciones materiales y culturales que permitan discutir y decidir en pie de igualdad, etc.) establecen con precisión las condiciones bajo las que las diversas formas de comunicación, exigibles para la elaboración de leyes justas, pueden institucionalizarse legalmente.

Según Rawls (1971; 1993; 1998), la idea de que cada individuo, por sí mismo, puede imparcialmente definir el bien colectivo o común y actuar en consecuencia es inútil y puede ser muy negativo para la sociedad. Por ello, como ya dijimos previamente, es preciso buscar un punto de vista común sobre lo que sería universalmente bueno y justo, respetando el pluralismo y la irreductible libertad de cada ser humano. La consecuencia lógica de esta búsqueda es llegar a la conclusión de que no puede haber un único punto de vista sobre lo bueno y que lo universalmente bueno es que existan principios y reglas básicos que permitan a cada uno perseguir su bien respetando el de los demás. Partiendo de la intuición de que la sociedad es un sistema de cooperación entre personas libres e iguales a través del tiempo y de las generaciones, Rawls se pregunta por los principios que deben regir esa sociedad de forma justa, es decir, los principios que permiten realizar la libertad y la igualdad. Dichos principios de justicia no pueden ser sino imparciales, de forma que otorguen igual peso a cada persona. Y por ello son los que resultarían de una elección realizada por personas libres, racionales y autointeresadas, pero no envidiosas, situadas en una posición de igualdad. Para construirlos se inventa una peculiar situación que denomina "posición originaria". En ella, nos encontramos sujetos que necesitan por su vulnerabilidad esquemas de cooperación, que comprenden que tienen intereses que se complementan y necesidades similares. Estos sujetos son racionales y autointeresados y discuten para elegir por unanimidad, y tras las deliberaciones que sean necesarias, los principios sociales que habrán de regir la sociedad. Estos principios habrán de ser generales, universales, completos –deben ordenar todas las pretensiones– y definitivos –no se remiten a principios superiores–. Para garantizar la consideración imparcial de todos los puntos de vista y evitar que nadie juegue con ventaja, estas personas actúan con un "velo de ignorancia", por virtud del cual dichos sujetos comprenden los asuntos políticos, sociales y económicos a nivel básico, pero desconocen el lugar que ocupan socialmente, sus habilidades y sus dotes particulares, su concepción del bien, la generación a la que pertenecen y los accidentes particulares de su sociedad. Los principios que esas personas, en dichas condiciones elaborarían, según Rawls serían: 1. Reconocimiento de que toda persona tiene el mismo derecho a la libertad básica más amplia posible y compatible con esa misma libertad para los otros. 2. Los bienes sólo son distribuidos de forma desigual cuando *a)* esa distribución desigual redunda en el mayor beneficio de los más desfavorecidos, o *b)* está ligada a cargos y posiciones abiertos a todos con plena limpieza de oportunidades (1971: 302).

Ello implica que, como personas libres e iguales, para poder perseguir sus concepciones del bien necesitan los mismos bienes primarios, es decir, los mismos derechos, libertades y oportunidades básicos, así como los mismos medios para todos los fines –bienes sociales primarios–, tales como ingresos, riqueza y las bases sociales de autorrespeto. Los bienes sociales primarios deben distribuirse por igual, a no ser que la distribución desigual de estos bienes redunde en beneficio de los menos favorecidos (1971: 303). Los principios citados tienen unas reglas de prioridad. Así, sólo se puede limitar una libertad en función de otra libertad, las libertades básicas son prioritarias frente al desarrollo socioeconómico. En suma, Rawls llega a resultados parecidos a Habermas, los derechos humanos –incluidos derechos civiles y sociales– y su respeto son la base de la convivencia y de la legitimidad política.

Nozick (1974), por su parte, afirmaba, como ya indicamos, que toda sociedad y todo Estado se deben construir respetando el principio kantiano de que las personas deben ser tomadas como un fin en sí mismas y nunca como un medio, de ahí su defensa de la existencia de unos derechos básicos inviolables, que nadie puede violentar ni siquiera a favor del mayor bienestar de otros. El Estado tiene que aceptar para este filósofo que los únicos derechos positivos serían aquellos que surgen de las transacciones voluntarias de la gente, de la misma forma que en la sociedad la esfera de los derechos propios debe actuar como un ámbito inviolable frente a las pretensiones de los demás. Y, además, estos derechos son exhaustivos, es decir, que vencen cualquier otra consideración moral. Los derechos para Nozick son fundamentalmente los derechos civiles propios del liberalismo clásico.

El utilitarismo, en sus versiones más depuradas (Harsanyi, 1999), considera que los seres humanos tienen dos preocupaciones básicas –y racionales–: una es su propio bienestar y la otra es el bienestar de los demás, empezando por los más cercanos. Las reglas morales óptimas son aquellas que sean capaces de producir los máximos beneficios a la sociedad, juzgada desde un punto de vista moral, equitativo e imparcial. En términos técnicos, las reglas morales óptimas serían aquellas que maximicen la utilidad social esperada –principio de la utilidad social–. La utilidad social sería la media aritmética de los niveles de utilidad de todos los individuos de una sociedad, aunque algunos utilitaristas la definen como la suma de los niveles de utilidad. Para el utilitarismo de la regla una acción moralmente correcta es aquella que concuerde con un código moral óptimo; un código óptimo es aquel que nos produciría el máximo nivel de utilidad esperada, si fuese cumplido por todos los miembros de la sociedad, o al menos por los más responsables. Este código moral óptimo es muy semejante, en los utilitaristas más destacados, a los derechos humanos. El respeto a la libertad humana, de donde se derivan los derechos humanos, es la regla que produce la máxima utilidad esperada en una sociedad. Así lo reconoce Amartya Sen (1999) reflexionando sobre las bases del desarrollo de los países. Para él, la libertad no es solamente el objetivo primario del desarrollo, sino su principal medio; porque la capacidad real que tienen las personas para alcanzar logros están influenciadas por las oportunidades económicas, las libertades políticas, las facilidades sociales y las condiciones habilitantes de buena salud, educación básica, así como del incentivo a sus iniciativas. Estas libertades y oportunidades se refuerzan mutuamente como las evidencias empíricas demuestran, haciendo que en el fomento de la libertad esté la base del desarrollo.

Scanlon (2003), por su parte, insiste en la presencia de otros como un factor esencial para el desarrollo de reglas morales de carácter universal y generalizable. Según este autor, lo correcto sería aquello que podría justificarse ante los demás sobre bases que ellos, si estuviesen adecuadamente motivados, no podrían rechazar razonablemente. Y lo incorrecto precisamente lo contrario, aquello que no podríamos justificar ante otros. Nuevamente, los derechos humanos no son rechazables razonablemente; su violación, por el contrario, no se puede justificar sobre bases irrechazables.

Incluso una gran parte del comunitarismo actual coincide también en la defensa de los valores democráticos, pues al defender una "comunidad de comunidades" se hace preciso un núcleo sustantivo de valores compartidos por la plural sociedad correspondiente, y esos valores serían: el compromiso con la democracia, el respeto de la diferencia, la potenciación de diálogos abiertos en la sociedad, el fomento de los medios necesarios para reconciliar a los individuos que han dañado a la comunidad (Etzioni, citado por Cortina, 2005).

Todas estas teorías que muy resumidamente he expuesto nos llevan a la misma conclusión, los derechos humanos –al menos los derechos civiles y políticos– son el patrón moral básico de carácter universal y generalizable, dado lo racional y razonable de sus fines, valores y prescripciones de conducta, patrón que es compatible con la búsqueda individual, privada y razonable del bien.

Ahora bien, es cierto que ni las condiciones ideales de comunicación, ni la posición originaria, ni la definición del código moral óptimo utilitario, ni el principio de justificabilidad de Scanlon se han producido históricamente, son construcciones intelectuales y, por ello, esas referencias teóricas marcan unas circunstancias de producción de los principios morales que en la vida real no se han formalizado nunca. Sin embargo, en las democracias liberales hemos llegado a conclusiones semejantes a través del aprendizaje histórico. Rawls (1993), por ejemplo, consciente de esta realidad, intenta explicar el fenómeno y nos hace un itinerario histórico de cómo se han construido los grandes acuerdos morales en las democracias occidentales. Así, su teoría del "consenso superpuesto" parte de la idea de que las sociedades actuales se caracterizan por un pluralismo de doctrinas incompatibles entre sí, pero, aun así, razonables (1993: XVI). El acuerdo entre estas doctrinas sólo es posible yendo más allá de ellas, pero desde dentro de las mismas; la búsqueda de una teoría de la justicia que pueda ser compartida por los ciudadanos como un fundamento para un "acuerdo político razonado, informado y querido" (1993: 9) sólo puede conseguirse buscando un punto de equilibrio entre los requerimientos de todos –que todos están dispuestos a aceptar– y las exigencias de cada concepción del bien. A este consenso se llega posiblemente a través de un pasaje gradual; en una primera etapa, de mero *modus vivendi,* se incorporan ciertos principios de justicia para evitar permanentes conflictos civiles: es el momento de introducir el principio de tolerancia; en la segunda etapa ya se empiezan a aceptar los principios de justicia establecidos en la Constitución, y hasta el momento reconocidos como un mal menor, con lo que empieza a surgir un consenso constitucional; dicho consenso es, en esta fase, sólo procedimental, garantiza derechos y libertades muy básicos, pero no llega a los elementos sustantivos. La tercera fase surge cuando los ciudadanos van tomando confianza unos en otros y, aquí, el consenso ya es: *a)* más profundo, pues se basa en ciertas ideas particulares sobre las personas y la sociedad; *b)* más amplio, pues llega a abarcar principios relativos a toda la estructura básica de la sociedad –incluye derechos sustantivos a una equitativa igualdad de oportunidades y principios de equidad social–, y *c)* más específico, concentrándose en una peculiar concepción de la justicia (Gargarella, 1999: 199-200).

En una línea similar, Valcárcel (2002), tras destacar el hecho histórico de la firma en 1948 de la *Declaración Universal de Derechos Humanos,* opina que, aun aceptando el multiculturalismo de nuestras sociedades actuales, los derechos humanos son la tabla de mínimos, de forma que no podemos aceptar ningún multiculturalismo que no respete los derechos individuales, ninguno que no incorpore dicha *Declaración.*

Y, para concluir con las citas, diremos con Victoria Camps que los derechos humanos ocupan hoy el lugar de "los mandamientos y deberes morales inspirados en la revelación divina. Son la instancia legitimadora de los programas políticos. El más alto tribunal de apelación en las disputas sobre la justicia de la ley. La educación ha ido sustituyendo la formación religiosa por una formación ética cuyo horizonte lo constituyen los derechos fundamentales" (1989: 111).

Por todo ello, los regímenes que no respetan los derechos humanos, al menos en su dimensión civil –derecho a la vida, a la libertad de movimientos, a la seguridad, etc.– y políticos –derecho a asociarse políticamente, a votar, a expresarse libremente, etc.– son regímenes carentes de legitimidad moral. En ellos, la política se hace moral como instrumento de lucha contra la dictadura, como avenida para la adquisición de la libertad.

2.4. Corrupción política, legitimidad y regímenes políticos

Así pues, la referencia ética fundamental para el ejercicio de la correcta actividad política y para la construcción de un régimen político moralmente legítimo está contenida en la *Declaración Universal de Derechos Humanos* y en los valores y principios que la sustentan. No obstante, si personas que asumen ideas libertarias consideraran que dicha *Declaración* ha ido demasiado lejos en la concreción de derechos sociales, y que ello podría justificar intromisiones autoritarias del Estado en sus esferas de libertad, podríamos coincidir con ellos en que, obviando las concreciones, los valores sustentadores de la misma y, ante todo, la idea de la dignidad humana sí constituyen un punto de anclaje moral común en el que todos nos podríamos sustentar.

Ello nos lleva a afirmar, seguidamente, que sólo la democracia, como régimen político, es compatible con el respeto a los principios morales que incorporan los derechos humanos. No se conoce actualmente ningún otro sistema político que respete plenamente tales derechos, de ahí que se pueda afirmar que, fuera de la democracia, los sistemas políticos incumplen las referencias morales fundamentales. Es más, la democracia sólo es defendible cuando respeta plenamente tales valores y principios, que son los que fundamentan moralmente su desarrollo y ejercicio. No obstante, de los gobiernos democráticos hay que esperar no sólo que respeten los derechos humanos, sino que, además, esperamos que los promocionen y los hagan reales y vigentes.

Por ello, no cualquier régimen que se defina como democrático puede ser aceptado como tal. No bastan las elecciones, ni la regla de la mayoría. Una lectura completa de lo que implican las reglas morales fundamentadoras de la democracia permite extraer toda una serie de requisitos mínimos para que un régimen pueda ser considerado como democrático hoy en día. Las experiencias con democracias fallidas nos obligan a separar lo que es una democracia liberal de lo que son meros intentos, cuando no falsos ejemplos. Desde una concepción realista, basada en lo empíricamente comprobable, es democrático un régimen que reúne, como mínimo, los siguientes requisitos:

1. Un sistema político para gobernar basado en la libertad legal para formular y proclamar alternativas políticas en una sociedad.
2. Con las libertades de asociación, de expresión y otras básicas de la persona que hagan posible una competencia libre y no violenta entre líderes.
3. Con una revalidación periódica del derecho para gobernar.
4. Con la inclusión de todos los cargos políticos efectivos en el proceso democrático.
5. Y que permita la participación de todos los miembros de la comunidad política, cualquiera que fuesen sus preferencias políticas, siempre que se expresen pacíficamente (Linz, 1998: 226).

En consecuencia, debemos considerar legítimo moralmente a un régimen que, como mínimo, respeta los principios que acabamos de enumerar. Esta afirmación creemos que es muy importante para el estudio de la corrupción política, pues la situación de un político en el gobierno y de un funcionario en un régimen que no respete tales principios es la de la imposibilidad de servir el interés general objetiva e imparcialmente. En suma, es una situación de ilegitimidad originaria que hace imposible hablar de ética *dentro* de tal sistema –sí de ética *contra* tal sistema– y que envuelve en corrupción política toda actividad realizada por el sector público. Volveremos sobre esta afirmación posteriormente.

No obstante todo lo afirmado, existe una crítica bastante extendida a esta opción universalista y homogeneizadora de la democracia y los derechos humanos. Esa crítica considera que los derechos humanos son eurocéntricos e individualistas. De hecho, en 1993 algunos gobiernos autoritarios asiáticos acusaron a Occidente de prepotencia y ausencia de respeto por tratar de imponerles unos derechos humanos que no respetaban sus marcos culturales ni sus tradiciones. En concreto, consideraban que esos derechos olvidaban los deberes que las personas también deben de asumir, que dejaban en lugar subsidiario los derechos sociales y culturales y que atentaban contra la cohesión social de sus comunidades, dado su carácter individualista. A nuestros efectos, es necesario destacar cómo la defensa de regímenes autoritarios se realizaba atacando los derechos humanos como derechos universales y permanentes; precisamente, por la misma razón que en este texto los defendemos como el fundamento moral de la democracia. Reconocer los derechos humanos exige, inmediatamente, democracia. En respuesta a esas críticas podríamos aseverar lo siguiente: 1. Los derechos sociales y culturales son también derechos humanos, dado que, para ejercer la autonomía, estos derechos son esenciales, además de que garantizan que los derechos a la libertad e igualdad son reales. 2. Estos derechos humanos que ciertos defensores del mercado critican son los que permiten precisamente el desarrollo del mercado, al otorgar seguridad jurídica y garantías a los derechos de propiedad. 3. Es cierto que todos los derechos individuales requieren de una comunidad que los soporte y defienda, pero la verdadera comunidad, la comunidad fundada en reglas justas sólo se crea con el respeto a los derechos humanos (Habermas, 2000b). 4. En todo caso, cualquier intento de construir un sistema justo de convivencia ha de respetar los principios que permiten la construcción de decisiones basadas en el libre consentimiento.

Haciendo, ahora, un primer resumen de lo dicho hasta aquí, es preciso destacar tres elementos de la argumentación ofrecida: primero, existe un marco de referencia moral de carácter universal y generalizable; este marco está expresado en los derechos humanos. Segundo, el único régimen político que asegura el respeto a los derechos humanos y a los principios y valores que los sustentan es la democracia. Tercero, no puede haber ética en el gobierno fuera de un régimen democrático; la dimensión ética de la política sólo puede desarrollarse en una democracia. Como consecuencia, la lucha contra la corrupción política que olvide el fortalecimiento de la democracia está condenada al fracaso.

2.4.1. Corrupción política y regímenes políticos

La corrupción política se puede situar a lo largo de un *continuum* –véase figura 2.1– en el que nos encontraríamos con situaciones que irían desde la corrupción del régimen o corrupción total a la corrupción propia de democracias avanzadas y de calidad, en las que los supuestos de corrupción suelen vincularse a la peligrosa conexión entre dinero y política. De ello se deduce que la corrupción política es una variable en gran medida dependiente del régimen político existente en cada país, no sólo del grado de inmoralidad de los líderes políticos. Las instituciones cuentan, y cuentan enormemente, para fomentar, dificultar o impedir la corrupción política. Por ello, a mayor calidad de la democracia la corrupción política será menor –también será menor la corrupción en sentido estricto– y a mayor autoritarismo mayor será tal corrupción –aquí sin embargo no hay plena correlación entre corrupción en sentido estricto y autoritarismo, como el caso de Singapur nos muestra–. Se pueden combatir los sobornos y mantener un régimen autoritario, lo que es inviable es tener un régimen autoritario y reducir la corrupción política.

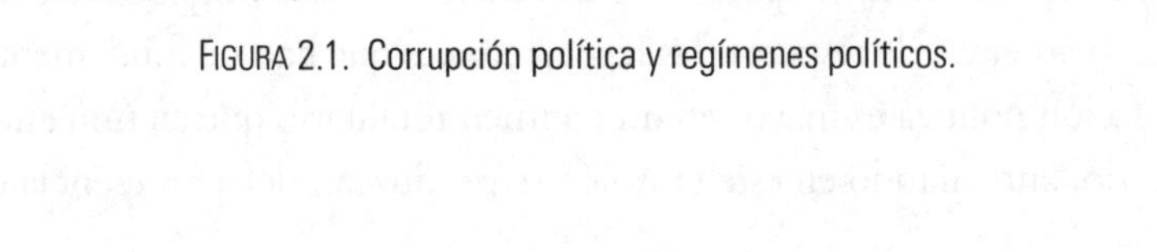

Fuente: Elaboración propia.

FIGURA 2.1. Corrupción política y regímenes políticos.

A) Regímenes totalitarios y autoritarios

En los regímenes totalitarios y autoritarios la acción política se desenvuelve carente de legitimidad moral; esa carencia de legitimidad hace que la mayoría de sus acciones sean corruptas, al no respetar las reglas básicas que justifican la actuación política, y que son, a su vez, consecuencia de la propia ética pública. No obstante, es cierto que existe una posible gradación. Esa gradación viene dada por la mayor o menor posibilidad de que existan reglas respetadas e instituciones que obliguen a respetar las reglas. En los regímenes autoritarios (Bealy, 1999: 21, 59, 243) en sus diferentes variantes –sultanismo, caudillismo, caciquismo, autoritarismo puro– el gobierno se adjudica el derecho de imponer sus valores y decisiones sobre los ciudadanos, y no reconoce derechos políticos como el de expresión, asociación, oposición al gobierno; no obstante, sí puede existir pluralismo dentro del modelo de Estado –pluralismo limitado–, dado que hay distintos grupos que ostentan y compiten por el poder dentro de la misma estructura política. Esos participantes en el pluralismo limitado pueden ser una elite burocrática militar o tecnocrática que precede al régimen–como ocurrió en el franquismo–, un partido dominante, entes corporativos diversos, etc. En general, los regímenes autoritarios no buscan la movilización política, ni se preocupan por la ideología. Frente a ellos, los regímenes totalitarios se caracterizan porque: 1. Hay un monismo político frente al pluralismo limitado, es decir, el control del poder es férreamente monopolizado por una persona al frente de un partido de masas. 2. Existe una movilización intensa y periódica frente a la despolitización del autoritarismo, con ello se busca asegurar la obediencia activa y la muestra de apoyo constante al régimen. 3. El adoctrinamiento ideológico se busca como fuente esencial de legitimación del poder. Arendt (1987) añade a estos rasgos el del uso del terror como arma política. Pues bien, de estos rasgos se deduce que la ausencia de respeto a las reglas morales que han de fundamentar la acción política es mayor en un régimen totalitario que en uno autoritario, aun cuando en éste también se produzcan defectos esenciales.

B) Democracias defectuosas

Las democracias defectuosas (Merkel y Croissant, 2001) son aquellas que incumplen con alguno de los requisitos fundamentales de un régimen democrático. Pueden clasificarse en: democracias excluyentes, en las que se limita el voto a ciertos colectivos; democracias de dominios, en las que actores no legitimados democráticamente condicionan sustancialmente la toma de decisiones, como el ejército o ciertas multinacionales; y democracias iliberales, en las que elementos esenciales del Estado de derecho no se respetan, como la separación de poderes o el imperio de la ley, o no se garantizan plenamente los derechos constitucionales. Las razones fundamentales de estos déficit en las democracias iliberales son dos: la primacía de las reglas y prácticas informales derivadas del pasado autoritario, que se superponen sobre las instituciones formales de la democracia, y la acumulación de problemas económicos y políticos heredados. En los países en que estas democracias se instalan se producen constantes ejemplos de corrupción política. Así, las redes clientelares son casi el único medio de acceso a bienes y servicios públicos, el principio de igualdad política es sacrificado continuamente en aras de la devolución de favores a los grupos que tienen capturado el Estado, el populismo se instala en el discurso político, la compra de votos se institucionaliza, el crimen organizado y el narcotráfico consiguen niveles de impunidad manifiestos, etc.

C) Democracias liberales

Finalmente, las democracias liberales serían los regímenes donde la corrupción política es menor, aunque existen diferencias en función de la calidad de la propia democracia. Por democracia de mínimos se entiende aquella que respeta los elementos constitutivos básicos de una democracia, de acuerdo con la tipología de Linz que ya expusimos. Ahora bien, aunque dicha definición nos permite separar lo que es democracia de lo que no lo es, no deja de ser una definición de mínimos. En ella se establecen los requisitos mínimos para que un régimen sea considerado democrático. Por fortuna, hoy hay un número bastante elevado de Estados que cumplen todas esas condiciones, y no hay que olvidar que en 1921, cuando

James Bryce realizó su estudio sobre las democracias modernas, tras la Primera Guerra Mundial, sólo encontró seis países que cumplieran los requisitos mínimos (Tarschys, 2004). Pero la democracia puede y debe ser algo más que todo lo anterior. Como nos demuestra Maravall (2003), el control de los gobiernos mediante las elecciones no es suficiente para asegurar que aquéllos no abusan de su poder e información, ni obvian el interés general para primar sus intereses partidistas. Es preciso incorporar otros elementos de control y participación para asegurar que la democracia no es pervertida. Es preciso avanzar hacia una democracia de calidad para reducir, aún más, la corrupción política.

Según Dahl, la democracia parte de un principio, el de que todos los miembros de la comunidad política deben ser tratados –bajo la Constitución– como si estuvieran igualmente cualificados para participar en el proceso de toma de decisiones sobre las políticas que vaya a seguir la asociación. Y, de ahí, surgen unos criterios que marcan el camino a una democracia de calidad, que son:

1. La participación efectiva.
2. La igualdad de voto.
3. Alcanzar una comprensión ilustrada de las políticas existentes y de las alternativas relevantes y sus consecuencias posibles.
4. Ejercitar el control final sobre la agenda del sistema y del gobierno.
5. La inclusión de los adultos, o la plena concesión de sus derechos de ciudadanía –derechos sociales–, con la consiguiente profundización democrática (1999: 47-48).

De esta última consideración se sigue, como consecuencia, que la democracia tiene un camino por recorrer para poder alcanzar los ideales que están ínsitos en su proyecto. En resumen, la idea de una democracia de calidad no deja de ser sino la consecuencia de clarificar cuáles son los principios básicos que sostienen el sistema democrático, y de tratar de desarrollar qué componentes institucionales, normativos y culturales son necesarios para que dichos principios no sean olvidados o maltratados en el funcionamiento real de las democracias existentes.

Pues bien, considerando que la democracia es un concepto político, dos principios fundamentales que dicho concepto incorpora son: el control popular y la igualdad política (Beetham, 1994). El *control popular* se sostiene en una idea clave para la democracia; esta idea es la de que creemos que las personas son agentes autónomos que pueden definir cuál es su proyecto de vida, y que por ello deberían ser escuchados en los asuntos públicos que afectan a sus vidas. Por su parte, la *igualdad política* se basa en la asunción de que toda persona adulta tiene una capacidad igual para la definición de su modelo de vida y, por ello, tiene un igual derecho a influir en las decisiones colectivas, y a ser tenidos sus intereses en cuenta cuando se toman dichas decisiones. Por ello, la evaluación de la democracia se debe hacer en relación a estos principios; cuanto más se respeten mayor calidad democrática habrá en un país.

Siguiendo al propio Beetham (1994), a partir de dichos principios se pueden definir cuatro dimensiones que surgen lógicamente de ellos, y para cada dimensión se pueden extraer unas variables a analizar:

1. *Elecciones libres y justas*. Aquí, lo que hay que ver en cada país es: *a)* la extensión de las elecciones, a qué órganos afecta, qué instituciones quedan fuera, etc.; *b)* la inclusividad de las elecciones, es decir, quiénes pueden quedar excluidos de elegir o ser elegidos; *c)* la equidad formal y real entre partidos, candidatos y votantes, su igual o desigual acceso a los medios económicos y de comunicación, el igual valor del voto, etc.; *d)* la independencia del sistema electoral con respecto al gobierno existente.
2. Un *gobierno abierto y que rinde cuentas*. En esta dimensión se habrá de comprobar el nivel real de rendición política de cuentas frente al parlamento, la rendición de cuentas legal frente al poder judicial, la rendición de cuentas financiera y presupuestaria, el nivel de evaluación de políticas existente, el gra-

do de descentralización, la imparcialidad y transparencia de las Administraciones, la capacidad real y legal de los ciudadanos de defender sus derechos frente al gobierno, la calidad y rigor de las estadísticas gubernamentales, etc.

3. *Derechos civiles y políticos reconocidos y respetados.* Aquí se trata de comprobar no sólo el reconocimiento legal de los derechos, sino también la posibilidad real de ejercicio de los mismos, incluyendo la consideración de que los derechos sociales pueden ser condición para poder ejercer derechos políticos. Así, el derecho a la educación o a la salud son componentes fundamentales de una democracia de calidad.
4. Una *sociedad cultural y estructuralmente democrática.* Finalmente, en esta dimensión se trataría de comprobar el grado de desarrollo de una sociedad democrática en el país estudiado. Ello implica analizar el nivel de capital social existente, el grado de control de las asociaciones por sus socios o miembros, el poder de las grandes corporaciones y sus sistemas internos de gobierno y control, el desarrollo de una cultura cívica y la extensión de la participación ciudadana, su representatividad real de todos los sectores de la sociedad, y hasta qué punto está limitada por factores sociales o económicos.

Pues bien, dicho esto, creo que se puede afirmar, de forma coherente con todo lo hasta aquí expuesto, que la corrupción política tiene más dificultades de realizarse cuanta mayor sea la calidad de una democracia. Cuanta más calidad tenga una democracia mayor será el respeto a los derechos humanos, mayor será la posibilidad de autonomía de las personas y mayores niveles de libertad real existirán; es decir, habrá menores posibilidades de dominación arbitraria de unos seres humanos sobre otros (Pettit, 1999). Y, consecuentemente, los niveles de corrupción política serán menores.

Estas afirmaciones se pueden intentar demostrar empíricamente. En el Barómetro Global de Corrupción de 2004 de Transparency International, al que ya hemos hecho mención, si analizamos qué países, de entre los 64 incluidos, son los que otorgan una puntuación menos negativa en corrupción a los tres poderes del Estado –legislativo, judicial y ejecutivo– nos encontramos con los siguientes: Austria, Dinamarca, Finlandia, Islandia, Luxemburgo, Holanda, Noruega, Suiza y Reino Unido. Si posteriormente se analizan detalladamente las cuatro dimensiones antes enunciadas como propias de una democracia de calidad en dichos países, con todas sus variables, los resultados son bastante positivos en casi todos ellos. Es decir, hay una correlación entre calidad democrática y baja percepción de corrupción (comparativamente) en las instituciones públicas. Otros estudios también sacan conclusiones semejantes sobre la calidad de las democracias en los países nórdicos o en Suiza (Lijphart, 2000) y precisamente dichos países están a la cabeza del Índice de Percepción de Corrupción de Transparency International como los menos corruptos del mundo. Por ello, podemos afirmar que la calidad de la democracia correlaciona con la ética en el sector público positivamente y con la corrupción negativamente. En cualquier caso, para un estudio científicamente más depurado que demuestra esta correlación lo mejor es comparar el Índice de Ética Pública y Corporativa y el Índice de Gobernanza, ambos del Banco Mundial (Kauffman, 2005; Daniel Kaufmann, Aart Kraay y Massimo Mastruzzi, 2005). El Índice de Ética Pública y Corporativa mide, basándose en la Executive Opinion Survey del World Economic Forum, seis variables para 104 países: 1. La corrupción ilegal corporativa, que se refiere a la mayor o menor participación de las empresas del país correspondiente en financiación ilegal de los partidos, en la captura de políticas, en la frecuencia de sobornos en sus contrataciones, en la frecuencia del lavado de dinero. 2. La corrupción legal de las empresas, que se refiere a la mayor o menor participación de las empresas en buscar influencia política indebida a través de la financiación legal de los partidos. 3. El índice de ética corporativa, que es la suma de las variables 1 y 2. 4. Él índice de ética del sector público, que se refiere a la honestidad percibida de los políticos, a la imparcialidad del gobierno en la contratación, a la frecuencia de sobornos en permisos, licencias e impuestos. 5. El índice de eficacia legal/judicial, que trata de medir la independencia judicial, el soborno judicial, la

CUADRO 2.1

Índice de Ética Pública y Corporativa

Países	*Corrupción ilegal corporativa*	*Corrupción legal de las empresas*	*Índice de ética corporativa*	*Índice de ética del sector público*	*Índice de eficacia legal/judicial*	*Índice de gobernanza corporativa*
Dinamarca	97,1	74,7	85,9	93,6	95,3	94,8
Finlandia	96,9	72,6	84,8	93,8	92,1	95,4
Islandia	95,3	69,6	82,4	92,6	91,1	78,6
Nueva Zelanda	96,4	68,7	82,5	89,7	87,6	90,2
Bangladesh	12,3	18,9	15,6	9,0	12,6	24,3
Chad	18,7	14,4	16,6	11,6	9,6	17,3
Mozambique	18,3	17,1	17,7	12,7	18,2	26,4
Ucrania	18,0	22,5	20,3	18,8	9,6	22,4

Fuente: Kauffman, 2005.

calidad del marco legal, la protección de la propiedad, la eficacia del parlamento y la de la policía. 6. El índice de gobernanza corporativa, que mide la protección a los accionistas minoritarios, la voluntad de delegar autoridad, calidad de la formación, el nepotismo y la gobernanza corporativa. La medición se realiza contando el porcentaje de empresas que dan respuestas satisfactorias (5, 6 y 7), es decir, que indican su percepción de una baja corrupción y alto nivel de ética en el país correspondiente, a las preguntas sobre las seis variables. Pues bien, los países con mejor puntuación son todos democracias de calidad y los países con peor puntuación son o regímenes autoritarios o democracias defectuosas (véase cuadro 2.1).

Si sintetizáramos lo que ocurre en los países con estos niveles comparativamente bajos de corrupción nos encontramos con que (véase figura 2.2), en ellos, tenemos un régimen político en el que se sustentan los derechos civiles y políticos con derechos sociales, es decir, son países comparativamente con bajo nivel de desigualdad económica. Además, se trata de sociedades con cultura cívica, es decir, con confianza intersubjetiva, consenso sobre las instituciones políticas y las políticas públicas esenciales, y tolerancia (Almond, 1998).

Estas sociedades que confían en su gente tienen una densa red de organizaciones y asociaciones voluntarias con vocación cívica y social que favorecen el desarrollo económico y el funcionamiento del mercado (Putnam, 1993). La confianza intersubjetiva y la asociatividad cívica también favorecen la existencia de votantes bien informados, participación y preocupación por la política, implicación ciudadana en la elaboración de las leyes, respeto al derecho y control del poder político y de la Administración (Boix y Posner, 2000). Los partidos políticos tienen mecanismos claros de democracia interna y grados aceptables de transparencia en su funcionamiento y financiación. El Estado de derecho se manifiesta diariamente en la acción de gobierno, pues el Ejecutivo respeta las normas y procura garantizar el respeto colectivo de las mismas. Para ello, es fundamental un servicio civil de carrera estable, profesional y no sometido a los cambios políticos. Cuando fallan los mecanismos de control interno en la Administración y surgen casos de corrupción, la prensa libre los airea y denuncia. El Ministerio público lleva adelante con imparcialidad las investigaciones sobre corrupción y los jueces juzgan con independencia los casos. No existe impunidad, y la corrupción demostrada es sancionada severamente no sólo desde una perspectiva legal, sino también social.

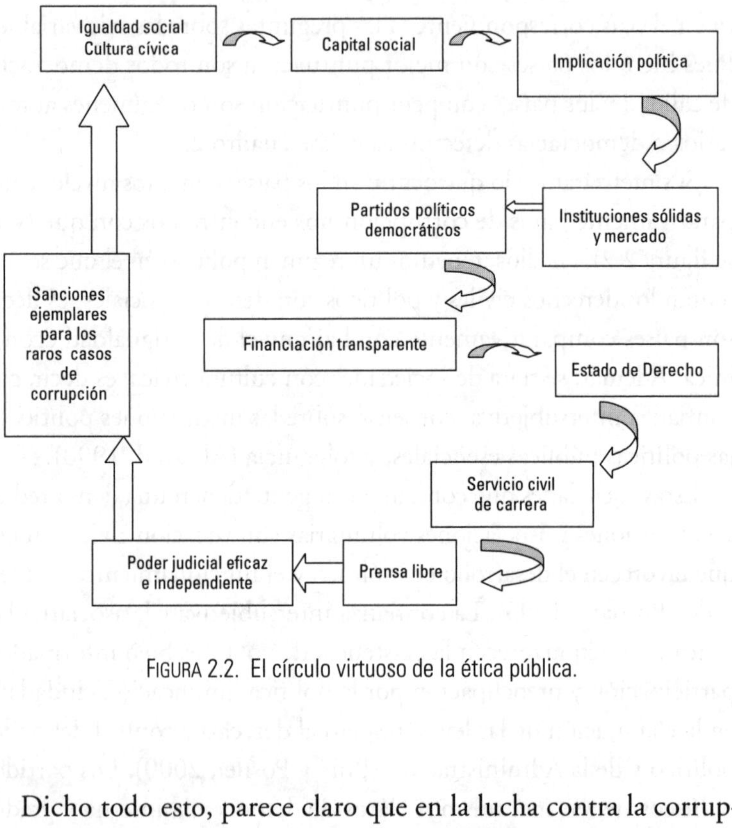

FIGURA 2.2. El círculo virtuoso de la ética pública.

Dicho todo esto, parece claro que en la lucha contra la corrupción política los elementos institucionales, tanto formales como informales juegan un papel esencial. No se trata tanto de rogar a la clase política que incorpore a su conducta principios y reglas éticas derivadas de la propia esencia de la democracia, que también, sino esencialmente de construir sistemas políticos que incentiven la moralidad pública y promover sistemas sociales que sancionen eficazmente la inmoralidad en la actuación política.

2.5. ¿Qué política?

La corrupción, como ya dijimos, siempre se define en relación a un concepto de integridad. Antes también afirmamos que la corrupción política implica la corrupción de la política. De ello se deduce que en este texto consideramos que el concepto de política ya porta en sí valores y deberes que quienes se implican en política deben respetar. La política es hacer algo, pero hacerlo de una determinada manera, no de cualquier forma. De hecho, la política no es un concepto con una definición universalmente admitida. Existen diversas definiciones que, a su vez, conectan con concepciones de lo político muy diferentes, como vimos. Para cualquier demócrata la política exige libertad y si no hay libertad no puede haber política. Pero existen concepciones de la política que no consideran la libertad como ese aire que permite la subsistencia de la propia política. No obstante, las concepciones actuales de la política tienden a alcanzar un cierto consenso sobre el fin último de la política y su razón de ser. Por todo ello procederemos ahora a exponer qué no entendemos por política y qué entendemos por política en su acepción moderna.

2.5.1. La política: distinciones y principios comunes

Para empezar, siguiendo a Philp (1997), la política se distingue de las *relaciones comunales*, las cuales están basadas en relaciones familiares y grupales y son generadoras de solidaridad espontánea; en estas relaciones la pertenencia es fruto de circunstancias "naturales", no de actuaciones voluntarias, y las relaciones de intercambio están regidas por pautas simbólicas, tradiciones y reglas de estatus, estima y confianza. La conformidad, la estabilidad, el respeto y la jerarquía son bienes esenciales en estas relaciones. Si alguien viola estas reglas la sanción es el aislamiento y la propia vergüenza social.

También se distingue del *mercado,* dado que éste se caracteriza por la existencia de agentes autónomos e iguales que, buscando maximizar sus beneficios, entran en relaciones de intercambio económico.

En él no hay liderazgo, no hay acción colectiva, las relaciones son instrumentales y no hay solidaridad, ni lazos afectivos. Pero hay igualdad entre los agentes e información distribuida homogéneamente. Si se quiebra la igualdad, se falsean las cuentas o existe información privilegiada el mercado resulta dañado y sus agentes pierden confianza en el mismo.

Y, finalmente, la política se diferencia de las relaciones entre patrón y cliente. El patronazgo es asimétrico, basado en la desigualdad de poder; tiende a ser permanente y a extenderse en red; se sitúa fuera de los cauces de la moralidad proclamada oficialmente en la sociedad en la que se desarrolla, aunque puede no actuar ilegalmente (Gellner, citado por Philp, 1997). Cuando el mercado falla, o cuando la descentralización es defectuosa y el poder central no llega a determinadas partes del territorio, entonces surgen los patrones, los cuales aseguran a sus clientes un acceso a determinados servicios que por sí mismos no podrían alcanzar; en contraprestación, estas personas sirven al patrón y le apoyan políticamente. Las relaciones de intercambio son individuales y se procura la inexistencia de información compartida entre los clientes (Máiz, 2004). El bien esencial aquí es la fidelidad y la estabilidad jerárquica.

Pero la política es diferente a todas estas formas de relación social. Siguiendo a Vallés (2000), la política son acciones o prácticas que realizan las personas para regular los conflictos sociales y cuyo resultado son decisiones obligatorias incluso por la fuerza para la comunidad. Si imaginamos una comunidad mínimamente compleja sin política nos daremos rápidamente cuenta de la razón de ser de la política. En esa comunidad surgen intereses diversos, visiones diferentes del interés común, necesidades distintas y, como consecuencia de ello, conflictos. Sin política esos conflictos llevan inevitablemente a una guerra de todos contra todos, a la destrucción mutua y a la provisional ley del más fuerte (Hobbes, 1980). De ahí la necesidad de un orden comúnmente aceptado y unas reglas y, por ello, la inevitabilidad de un Estado para asegurar tal orden.

Es decir, que la política implica como resultado la elaboración de normas de obligado cumplimiento, pero estas normas no provienen de una tradición intocable, sino de una voluntad activa de los miembros de la comunidad –que se ejecuta fundamentalmente a través de sus representantes– de evitar la guerra civil permanente y encontrar principios de convivencia. Además, frente al mercado, es preciso destacar que en política hay conflicto e intereses diversos que no pueden resolverse mediante el intercambio económico y que, por ello, exigen de una autoridad, de un poder que decida obligatoriamente. Los miembros de la comunidad política no se relacionan transacción a transacción, negocio a negocio, sino que mantienen una permanente relación de comunidad, pero, a su vez, esta relación no se fundamenta en relaciones familiares o solidarísticas, sino de ciudadanía. Tampoco se fundamenta la relación en intercambios particularistas, privilegiados, con el patrón, sino en la asunción y el cumplimiento de unas reglas universales y comunes, obligatorias para todos.

Los distintos actores políticos luchan por alcanzar el poder político. Aunque otros poderes les puedan ayudar a alcanzar ese fin, como el poder económico y el poder simbólico, el fin último es el poder político, el poder de las instituciones políticas desde donde legítimamente se puede decidir. El objetivo de la acción política, así pues, es adquirir o mantener el poder, pero esta adquisición necesita justificarse. En las relaciones comunales el poder se justifica por tradición, en el mercado no hay, en principio, jerarquía, en las relaciones patrón-cliente el poder se legitima por el acceso privilegiado a servicios que permite a los clientes tal relación, pero el poder político se justifica por la necesidad de que alguien se preocupe del interés común, del bienestar colectivo o de la supervivencia de la comunidad en su conjunto. En política no hay ni puede haber fidelidad al poder si no hay una justificación por parte de éste de que actúa buscando el bienestar colectivo, ni siquiera los partidos más prebendalistas cuando llegan al poder se ahorran las justificaciones universalistas para sus políticas. Los gobiernos totalitarios y autoritarios de derecha, claramente racistas o sectarios, tomaron y toman la retórica nacionalista como justificatoria de sus políticas, es la defensa de la nación en su conjunto la razón de ser de sus políticas. Los gobiernos comunistas, impulsados por la lucha de clases, no se ahorran tampoco apelaciones a la defensa nacional y al interés común de la clase obrera –ya idealmente la única existente en sus territorios–. *Por todo ello, se puede decir que la corrupción política, en el imaginario colectivo, es, sobre todo, el abandono de esta voluntad de servicio común por parte de los gobiernos y de los partidos, como referentes simbólicos de una clase gobernante.*

Es cierto que esta concepción de la política que aquí se expone no expresa una realidad intemporal; es más bien una concepción moderna de la actividad política. Aunque Aristóteles ya distinguía entre las formas políticas y personales de ejercer el poder y Maquiavelo anticipa el análisis moderno del poder político, la política como ejercicio racional del poder en aras del bien común es consecuencia de la modernidad. Este modelo de política es coherente con el desarrollo de las sociedades modernas y, en gran medida, ha sido un instrumento de apoyo indispensable para la efectiva realización de los principios de la modernidad en nuestras sociedades. Las sociedades modernas, de forma progresiva, han ido consolidando, entre otros elementos destacables: la racionalidad instrumental, la especialización, el desarrollo de la ciencia aplicada, el avance del capitalismo, la consolidación y supremacía del sector industrial, el Estado-Nación, el desarrollo de los servicios públicos, los partidos de masas, el creciente papel de la mujer en el mundo del trabajo, etc. Pues bien, la concepción de la política como reguladora de conflictos y del poder político como búsqueda del bienestar común es parte y causa de todo este movimiento cultural, social, tecnológico y económico.

No obstante, aun cuando se consiga compartir una idea de la política como búsqueda del bien común, otra cosa es, dentro de las sociedades modernas, cómo se determine ese bien común, o qué concepciones de la buena política –dentro de los parámetros ya definidos– existan. Porque la realidad es que en el pensamiento político de la modernidad, como ya vimos, existen ideas muy diferentes de lo que es la buena política.

La política premoderna identifica voluntad del monarca y voluntad del reino. La política moderna separa interés particular del gobernante –como ser humano autointeresado– e interés general. La política premoderna no cree en los conflictos sociales, pues cree en unidades orgánicas identificadas con el monarca. La política moderna reconoce la diversidad social y de intereses y, por ello, busca cómo regularla. La política premoderna unifica política y religión, de forma que el liderazgo se justifica extrarracionalmente, se transcendentaliza la relación gobernante-súbdito, de forma que se obedece no a personas sino a representantes divinos. La política moderna se seculariza y busca en la razón –evitar la guerra civil, sobre todo– la justificación de su existencia. Hoy en día todavía hay países en los que la concepción moderna de la política no es asumida ni aceptada. El resultado es, también, la dificultad de esos países regidos de forma premoderna para acceder a la modernidad y a formas democráticas de gobierno.

Todo esto no implica que la política moderna, por el hecho de ser moderna, tenga éxito en la práctica; fracasa a menudo y, en otras ocasiones, se corrompe. Cuando fracasa por incompetencia, el propio sistema se encarga de buscar repuesto, sin dañarse en exceso; pero a veces fracasa por corrupción y entonces el daño se hace a la propia concepción de la política como instrumento racional de resolver conflictos.

Resumiendo lo dicho, y tomando como referencia los discursos de integridad, podemos concluir que la política implica de forma casi generalizada el evitar conflictos violentos y asegurar un orden. Pero para ello debe buscar el interés común; ciertamente, qué sea el interés común es muy diferente en función de los discursos, para unos es algo que surge de la suma de preferencias individuales, para otros surge de la búsqueda interesada del bien propio adecuadamente institucionalizada, para los comunitaristas surge de la implicación emocional de los gobernados y gobernantes con una comunidad y su destino, y finalmente, para los deliberativos, de la búsqueda razonable del mejor argumento a través del respeto a las reglas del discurso. Pero todos coinciden en la ineludible relación entre la política y el interés general, si se pretende que ésta esté legitimada.

2.5.2. La necesidad de la política (democrática)

En numerosos países la corrupción política es muy elevada, en las dictaduras ello lleva a menudo a la generación de movimientos de resistencia no siempre exitosos. Pero en las democracias, donde dicha corrupción de la política no tiene por qué ser aceptada forzosamente, dicha situación genera movimientos de protesta expresa o tácita –a través de la baja participación en elecciones, a través de las encuestas de opinión, etc.–. Por desgracia, en ocasiones, la protesta lleva a la defensa o aceptación de opciones autoritarias de gobierno y en otras lleva a un desencanto o apatía con la democracia.

Pues bien, este tipo de respuestas tienen el inmenso peligro de que, manifestando un lógico rechazo de la corrupción política en las democracias, acaben generando mayor corrupción política: la propia de los regímenes autoritarios o de las democracias iliberales. Como indicamos antes, la crítica al funcionamiento de la democracia de mínimos debe llevar a demandar una democracia de más calidad, no una ausencia de democracia. Frente a la corrupción política no se puede pedir menos política, sino política de mayor calidad. Por desgracia, la tendencia actual de nuestras sociedades es a olvidar que la política nace para evitar la guerra civil, y que su fin es generar un gobierno que promueva el interés general. Porque ¿quién si no lo promoverá? El hecho de que la política democrática no funcione bien en la práctica no implica que no sea necesaria y que sus fundamentos no sean nobles.

Un rasgo del autoritarismo es la promoción de la despolitización; con ello se consigue que los ciudadanos no cuestionen las decisiones del gobierno. Un rasgo de la actual despolitización y apatía democráticas es que se cede a opacos espacios de decisión la toma de decisiones fundamentales sin ningún control democrático.

Por ello, la defensa de la democracia de calidad en este momento histórico responde también a un temor ante la pérdida de capacidad del sistema político para procesar demandas y dar respuestas coherentes. Cuando la gente vota, elige representantes y políticas, y espera una cierta coherencia en la actuación de los elegidos con las políticas que prometieron defender. Ahora bien, si todos los aspirantes a representantes defienden lo mismo, si no hay opciones reales de políticas alternativas, dado el control sistémico de la agenda de gobierno; o si, existiendo alternativas, éstas son ficticias, pues, al final, en su ejercicio como representantes electos los gobernantes actúan dominados por prioridades y criterios ajenos a lo que la sociedad demanda y necesita, olvidando la lealtad a sus promesas y la preocupación por su sociedad, la pregunta obvia es para qué votar. La democracia de calidad pretende restaurar el derecho de los ciudadanos a gobernarse, y el derecho a hacerlo eligiendo gobiernos que los traten como iguales.

Uno de los rasgos de la sociedad moderna es que la agenda de opciones para el que elige se acorta peligrosamente. Esa agenda se define a través de las leyes, las leyes determinan qué es o no posible para los ciudadanos. Pero las leyes hoy están cada vez más predeterminadas en sus grandes opciones. Y, además, el código de elección, es decir, las reglas que le indican al que elige cuándo lo hace bien o mal, y por qué debe preferir una sobre otra opción, empiezan a ser muy débiles. Hay una crisis de los valores que guían nuestras opciones porque la educación pública ha perdido esa capacidad codificadora. En general, como dice Bauman (2001), las instituciones políticas están dejando de ejercer esa labor de definir la agenda y el código de elección, y la están cediendo a fuerzas ajenas a ellas mismas, más en concreto la están cediendo al mercado. Hay una separación del poder y de la política. El poder está en opacos espacios de decisión fuera del ámbito político, y la política sólo legitima decisiones externas a ella.

En suma, la defensa de una democracia de calidad es un intento, tal vez inútil pero éticamente ineludible, de rebelarse frente a esta pérdida de espacio de la política, ante esta colonización de la razón económica y su expansión invasora.

Por otra parte, subyace en el fondo de numerosas críticas actuales a la política la expresión de un pensamiento "impecable", un pensamiento que cree que en política es posible maximizar todos los valores, al mismo tiempo y de manera continua; un pensamiento falso que nos convierte en "ciudadanos insatisfechos irresponsables de nuestras decisiones, creyentes en la fe de la armonía política, incapaces de enfrentarse a las escisiones a las que conducen las decisiones políticas, sin posibilidad de desarrollar su autonomía de juicio en el medio de autocomplacencia en el que se mueven, sin tensión ciudadana alguna y en minoría de edad permanente, viviendo el sueño sin límites de la adolescencia política en la que todo es posible y, además, sin costes" (Del Águila, 2000: 22). Se pide a la política y a los políticos que resuelvan todos los problemas pero, a la vez, que lo hagan de forma simultánea y con respeto de todos los derechos, valores y principios. Las circunstancias excepcionales no existen, los conflictos de valores se superan mágicamente, los diferentes intereses se conjugan perfectamente. La consecuencia, obviamente, es que, para los impecables, la política no funciona, no resuelve problemas o lo hace con sacrificios excesivos para la ciudadanía. Este discurso es deslegitimador por necesidad, impide la satisfacción con modestos resultados. Sus rasgos demagógicos son fruto de un intento claro de sustitución de los políticos en la toma de decisiones, pero sin asumir las responsabilidades por los errores.

Pero, a su vez, otro tipo de pensamiento sobre la política resurge continuamente. Éste, más complejo y sutil, pero todavía más peligroso. Kart Schmitt (1992) fue un gran defensor de la política, sus escritos refrendan la idea de que la política se refiere a las decisiones más serias y transcendentales de nuestra vida y, por ello, la huida de la política es una irresponsabilidad que nos llevará a la explotación y represión. Pero, para él, la política se fundamenta en la distinción entre amigo y enemigo, se basa en la idea de un ser humano dominado por el mal y que amenaza. La vida adquiere sentido y propósito cuando identificamos claramente al enemigo. De la misma forma, la manera de estar seguro con otros se produce cuando el enemigo es común. Toda la pretensión del liberalismo de poder compartir unos principios éticos comunes nos aleja de la política, que exige confrontación y lucha. El intercambio económico tampoco puede guiar nuestras vidas, pues nos hace dependientes del dinero, dominados por intereses bajos. Los grandes momentos históricos de un pueblo se producen cuando adquiere clara conciencia de su enemigo; en ese momento la política externa guía a la interna y las posibilidades siempre presentes de guerra civil desaparecen. La adquisición del poder, por ello, llevará a intentar reforzar la unidad del Estado en una lucha contra el enemigo interno y externo. Esta lucha hace que sobren las instituciones de representación y que se busque el contacto directo del líder con el pueblo.

Este resumen del pensamiento de Schmitt creo que nos permite situarnos ante los peligros de concepciones trágicas de la política. La política es esencial para nuestras vidas, sí, pero no podemos hacer que la política lo justifique todo. La idea de un enemigo externo justificó al régimen nazi la invasión de Polonia, la idea del enemigo interno permitió la eliminación de la oposición y el intento de exterminio judío. Esta idea de la política puede arrastrar, finalmente, a un pensamiento totalitario en el que la esfera privada es aniquilada y que genera un "helado razonamiento" (Arendt, 1987) que niega hasta los más mínimos derechos a la población que se protege. En versiones más o menos edulcoradas, este pensamiento lleva al pensamiento "implacable" que se basa en la idea de que existe una prioridad absoluta de los imperativos centrados en la conservación y protección de la autoridad estatal sobre los derechos individuales y la justicia (Del Águila, 2000).

En consecuencia, frente a las opciones apáticas, implacables e impecables, es preciso seguir reivindicando la política, la política como "la actividad mediante la cual se concilian intereses divergentes dentro de una unidad de gobierno determinada, otorgándoles una parcela de poder proporcional a su importancia para el bienestar y la supervivencia del conjunto de la comunidad" (Crick, 2001: 22). Y frente al avance de la economía, como expresión de las nuevas ideologías tecnológicas, podríamos decir, de nuevo con Crick, que la economía es ciertamente una ciencia, pero "sólo en el importante sentido de que puede indicarnos el coste de cada demanda social, calculado en términos de las otras demandas que obliga a desoír. Lo que no puede hacer es decidir la legitimidad de las demandas, ni siquiera de las que sean económicamente restrictivas o disparates económicos" (Crick, 2001: 122). Recuperar la política es, hoy en día, recuperar también el timón de nuestras vidas como colectividad.

Como conclusión, hemos de insistir en que la política no nos permite alcanzar ideales como por ensalmo, ni nos permite anclarnos en estados de felicidad permanentes, porque es una realidad continuamente en marcha, que construye cada día acuerdos y desacuerdos, que, en frase de origen kantiano, nos genera una tensión inevitable y enriquecedora entre los consensos alcanzados y los inevitables desacuerdos, entre los insaciables intereses individuales y los actos de acuerdo razonable en los que cada parte cede para alcanzar el interés común. Y, sobre todo, es "el único recurso capaz de armar una verdadera acción colectiva, de adicionar fuerzas humanas dirigidas a la consecución de fines comunes" (Vallespín, 2000: 227).

En consecuencia, hemos llegado a la asunción de una idea de política, que indudablemente tiene componentes normativos, pero que creemos que, en gran medida, es la asumida por la mayoría de la ciudadanía mundial. La política en sentido normativo requiere democracia, donde no hay democracia se niega la política y, con ello, se niegan todos los valores y principios que ésta conlleva, de ahí que podamos afirmar que al rechazar y negar tales valores la corrupción es total. Todos los seres humanos cometemos actos inmorales alguna vez, pero los amorales viven en la inmoralidad permanente. Del mismo modo, en democracia se cometen múltiples actos de corrupción, pero en una dictadura la corrupción es la esencia de su actividad pública. Si no, veamos el cuadro 2.2, donde la presencia de dictadores entre los cleptómanos más destacados del siglo XX es muy ilustrativa. En este texto vamos a hablar de variantes de corrupción política, pero nuestro ámbito político de referencia serán las democracias, aunque sean defectuosas. Si habláramos de corrupción política en dictaduras tendríamos que hablar precisamente de cómo se ejerce diariamente el poder, y ése no es el objetivo de este libro.

CUADRO 2.2
Ranking de políticos más corruptos

Jefes de Gobierno	*País*	*Estimación de fondos sustraídos*	*PIB per cápita (2001)*
Mohamed Suharto	Indonesia 1967-1998	US$ 15 a 30 mil millones	US $ 695
Ferdinand Marcos	Filipinas 1972-1986	US$ 5 a 10 mil millones	US$ 912
Mobuu Sese Seko	Zaire 1965-1997	US$ 5 mil millones	US$ 99
Sani Abacha	Nigeria 1993-98	US$ entre 2-5 mil millones	US$ 319
Slovodan Milosevic	Serbia-Yugoslavia 1989-2000	US$ 1 mil millones	No disponible
J.C. Duvalier	Haití 1971-1986	300-800 millones	US$ 460
Alberto Fujimori	Perú 1990-2000	600 millones	US$ 2051
Arnoldo Alemán	Nicaragua 1997-2000	100 millones	US$ 490

Fuente: Transparency International, *Global Corruption Report*, 2003.

Dicho lo anterior, la idea de política democrática que tenemos en mente es la de una actividad que debe buscar el bien común y que debe hacerlo respetando los principios constitutivos de la democracia. Cuanto menos se busque el interés común y menos se respeten los principios democráticos más corrupción política habrá. En la práctica, las posibilidades de que se corrompan las personas más implicadas en política, los activistas políticos, y, de entre ellos, sobre todo los que ejercen el gobierno es muy alta, porque los incentivos para que lo hagan en esta sociedad-red son también elevados y porque como colectivo las demandas morales que se les hacen son muy rigurosas. En cualquier caso, los datos nos indican que la ciudadanía percibe que la clase política está fracasando en su lucha por actuar moralmente, y las encuestas lo reflejan patéticamente.

2.6. ¿Qué políticos creemos que tenemos?

El 9 de diciembre de 2004 se celebró el Día Mundial contra la Corrupción, y con ese motivo Transparency International presentó el Barómetro Global de la Corrupción de 2004. Este excelente instrumento de análisis mundial de la corrupción se basa en más de 50.000 entrevistas realizadas por Gallup International en 64 países, entre los meses de junio y septiembre de 2004. De entre las diferentes preguntas que se realizan en la entrevista, una de las más relevantes es la de: "¿en qué medida considera que los siguientes sectores se ven afectados por la corrupción en su país/territorio?". Los sectores seleccionados son 15. Y la respuesta posible se sitúa en una escala de 1 a 5, siendo 1 la respuesta a dar a las instituciones totalmente libres de corrupción y 5 la correspondiente a las instituciones radicalmente corruptas. Pues bien, en 36 de los 62 países, los encuestados situaron a los partidos como la institución más corrupta, y a continuación se situó al poder legislativo. De media, los partidos políticos obtuvieron un 4 en todo el ámbito encuestado, aunque en algunos países, incluso, su calificación fue inferior (véase figura 2.3).

Ciertamente, esta respuesta social nos refuerza en la idea expresada en el texto. Los ciudadanos consideran que la corrupción anida en los partidos y en los representantes electos del pueblo. Pero los partidos son instituciones con miles de militantes en muchas ocasiones, y la idea de considerar como corruptos a todos los miembros no parece ser socialmente compartida. Por ejemplo, un militante del PRI mexicano puede ser un autónomo que se dedica a vender "fajitas" en un mercado, y que hace su trabajo con honestidad y recibe las recompensas que la ley de la oferta y la demanda le otorga. No posee puesto público desde el que abusar. Sin embargo, los partidos son los instrumentos de selección de los líderes políticos y los principales actores de la política democrática, y la ciudadanía está diciendo que en su labor social están fracasando, y están fracasando porque no son coherentes con el deber ser de la política democrática, porque como actores colectivos están incumpliendo las obligaciones que se derivan de la acción política en una democracia.

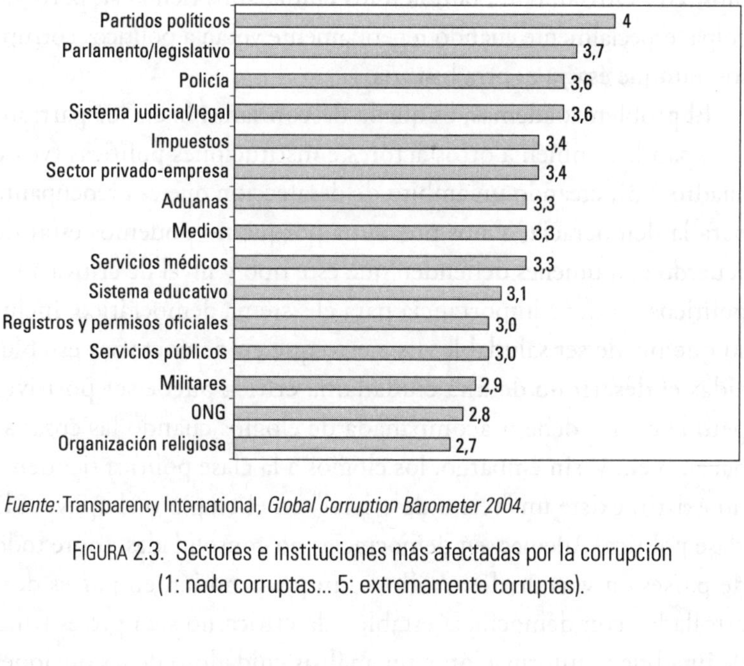

Fuente: Transparency International, *Global Corruption Barometer 2004.*

FIGURA 2.3. Sectores e instituciones más afectadas por la corrupción (1: nada corruptas... 5: extremamente corruptas).

La corrupción de los partidos es corrupción política, es decir, corrupción *de* la política. El Barómetro nos muestra que la ciudadanía acusa a los principales actores de la política democrática –los partidos políticos– de incumplir con sus deberes como tales actores, les acusa de ser incapaces de estar a la altura de lo que exige el *ethos* de la política democrática. No es sólo que se acuse a los partidos de seleccionar líderes que roban, porque en Finlandia, en el Reino Unido, en Portugal o en Canadá es raro encontrar casos de sobornos a líderes políticos relevantes y, sin embargo, en el Barómetro en todos esos países los partidos están valorados como los sectores más corruptos. En consecuencia, se acusa a los partidos de deslegitimar la política al no cumplir con los deberes que se derivan de ella. Y se culpa a los partidos de gobierno y de oposición, dado que de lo que se culpa no es de extorsionar –estas acciones sólo las pueden realizar los que están en el gobierno–, sino de mentir innecesariamente a la ciudadanía, actuar sectariamente, ser influidos indebidamente, no tener principios, etc. Obviamente, también los ciudadanos tienen su parte de culpa, especialmente cuando repetidamente votan a políticos corruptos, aunque ésa ya es otra historia.

El problema, además, es que la desconfianza hacia los partidos se expande también a otros actores e instituciones políticas (véase cuadro 2.3), creando un ámbito de desafección que es preocupante para la democracia. Y nos preocupa porque no podemos estar de acuerdo con quienes defienden que este tipo y nivel de crítica a los políticos no tiene importancia para el sistema democrático, incluso que puede ser saludable. Es cierto que en democracias establecidas el desarrollo de una ciudadanía crítica puede ser positivo, pero la crítica debe ir acompañada de elogios cuando las cosas se hacen bien, y, sin embargo, los elogios a la clase política tienden a no existir, existe un "techo de cristal" en el elogio o el apoyo a la clase política. Además, en democracias no consolidadas, sobre todo de países en vías de desarrollo –aunque también en países desarrollados con democracia estable–, la crítica no siempre es fruto de una buena información y un análisis cuidadoso de las opciones presentes. También es cierto que la crisis de la representación puede llevar a nuevas formas de acción política más directa e inmediata, pero habría que ver si esas nuevas formas no generan más problemas que beneficios, especialmente cuando se toman en ambientes tensos, polarizados o guiados por el miedo, como demuestran los referenda sobre endurecimiento de penas por repetición de delitos. Finalmente, se podría aceptar que excelentes gobernantes han sufrido el rechazo popular por hacer lo que era mejor para todos, aunque no gustara (Pharr y Putnam, 2000), pero lo que ya no es tan normal es que esa misma ciudadanía rechace reconocer, aunque sea a posteriori, los éxitos, y sitúe en el mismo cesto a los que aciertan y a los que se equivocan, al menos en la expresada imagen tópica del político y su actividad habitual. Los aciertos no cuentan; los fracasos sí.

CUADRO 2.3

Confianza que inspiran los actores políticos en comparación con otros actores sociales[1]

Actores sociales	*1981-1996*	*1999-2000*
La Iglesia	59,4	62,1
Las Fuerzas Armadas	56,1	56,8
El sistema legal	51,6	Na
La prensa	43,0	41,8
La televisión	46,2	31,4
Los sindicatos	37,0	33,3
La policía	53,9	53,0
El gobierno central	41,2	28,9
El Parlamento	41,9	37,6
El servicio civil	44,0	40,3
Las empresas	46,2	34,4
Los partidos políticos	23,2	17,5

Fuente: World Values Survey, 1981, 1990, 1995, 2000, y elaboración propia.

1 Suma de respuestas "gran o bastante" a la pregunta "cuánta confianza le ofrecen estas instituciones: la Iglesia, las Fuerzas Armadas, el sistema legal, la prensa, la televisión, los sindicatos, la policía, el gobierno central, el parlamento, el servicio civil, las empresas, los partidos".

Todos estos datos nos llevan a pensar que esa repetida y reforzada mala imagen no puede ser buena para la democracia. Para empezar, en democracia, hasta ahora, la forma de entrar, de consolidarse, de formarse en política ha sido a través de los partidos. Y no vemos cómo eso pueda cambiar sin graves deterioros para el sistema. La representación –única forma de organizar la democracia en territorios extensos y en sociedades complejas y pobladas como las presentes– requiere previsibilidad, sustentabilidad, coherencia, juicio y rendición de cuentas, y nada de eso podría ser ofertado por miles de candidatos sin partido luchando por el voto en elecciones abiertas y necesariamente caóticas. El gobierno que surgiera de un mundo así sería incapaz de tomar decisiones, de organizar políticas públicas estructuradas y coherentes, de asegurarse apoyo parlamentario, etc. Necesitamos esos instrumentos de mediación, de simplificación, de rendición de cuentas. De ahí que no podamos quedar impasibles ante su deterioro en imagen y en apoyo cívico. Del mismo modo, si los políticos son cada vez menos fiables para la ciudadanía, las elecciones tendrán cada vez un menor valor para los ciudadanos que aún voten. Si la política es una actividad despreciable, se producirá con el tiempo una selección adversa de participantes en la misma, es decir, a ella sólo acudirán los peores. Y así sucesivamente. Por todo ello, estimamos que el deterioro de imagen tiene importancia y que preocuparse por tal deterioro es importante no sólo para la ciencia política, sino también para la mejora práctica del funcionamiento actual de la democracia. En este texto, creemos que la razón fundamental del deterioro de confianza es precisamente la corrupción política, por ello vamos a analizarla en detalle.

PARTE II
Conceptos en acción

CAPÍTULO 3
Variantes de corrupción política

LA CORRUPCIÓN POLÍTICA se expresa de muy diferentes formas y tiene un amplio campo de acción. Algunas de sus manifestaciones entrarían plenamente dentro de supuestos de corrupción en sentido estricto, pero otros supuestos son específicos de ella; por otra parte, sus actores no requieren ocupar puestos públicos para ejercerla, aunque lo normal es que exista un papel destacado de los responsables y representantes públicos. En este capítulo vamos a enumerar someramente los posibles tipos de corrupción política. Ciertamente, la enumeración no pretende ser exhaustiva, sólo incorporar los tipos más relevantes desde una concepción de la política coherente con los principios fundamentales de la democracia y con su propia razón de ser. Los dos primeros tipos que analizaremos se refieren a la corrupción en los otros poderes del Estado distintos al ejecutivo, es decir, se analizará la corrupción parlamentaria y la judicial. Posteriormente, entraremos en la corrupción partidista, con sus dos variantes fundamentales: el clientelismo y la financiación corrupta. La última parte la dedicaremos a la corrupción en el ejecutivo con sus diversos tipos, aun cuando la figura del fraude electoral no suele reducirse a las actividades gubernamentales, como veremos.

3.1. La corrupción parlamentaria y de los representantes locales

A principios y mediados de los años 1990, se conoció que miembros del Parlamento británico habían aceptado pagos a cambio de hacer determinadas preguntas parlamentarias a ministros del gobierno. Al parecer, el pago por cada pregunta eran 1.000 libras esterlinas. En tres casos, el Comité de Privilegios de la Cámara de los Comunes encontró pruebas suficientes. Las sanciones fueron: para uno de ellos, de siete días sin salario y sin poder sentarse en su escaño de la Cámara; para otro, de 20 días del mismo castigo; y para el tercero no hubo sanción. Pero este caso permitió conocer o recordar que muchos parlamentarios recibían salarios o pagas de empresarios o lobbyes por preocuparse de defender sus intereses en la Cámara (Oliver, 1997: 129).

El 14 de septiembre de 2000, por otra parte, y a bastantes miles de kilómetros de distancia de Londres, en Perú, apareció un vídeo en el que se mostraba a Vladimiro Montesinos "comprando" por 15.000 dólares a Alberto Kouri, un parlamentario de la oposición para que se pasase a las filas del gobierno. El vídeo mostraba el momento en el que el dinero era entregado y en el que se firmaba el pacto de sujeción a la disciplina gubernamental. Este vídeo fue el origen de la caída de Fujimori (CNDH-Perú, 2004).

En España, tras las últimas elecciones autonómicas de 2003, los resultados en la Comunidad de Madrid dieron la posibilidad de un gobierno de coalición entre las dos fuerzas situadas en el centro-izquierda y la izquierda de la Asamblea autonómica. Las negociaciones por el pacto ya estuvieron envueltas en declaraciones innecesarias sobre qué poder ganaba y perdía cada fuerza política pactante, pero culminaron con un acuerdo. Sin embargo, el día en que se constituía la Asamblea y había que elegir Presidencia de la Cámara, instantes antes de iniciarse la votación dos diputados del Grupo parlamentario socialista desaparecieron, dando lugar a que el Grupo Popular alcanzara la mayoría y se hiciera con la Presidencia de la Cámara. Más tarde, ambos diputados se abstuvieron en la votación a Presidente de la Comunidad de Madrid, por dos veces, lo que dio lugar a que, tras dos meses de intentos fallidos, se disolviera el Parlamento regional y hubiera que convocar nuevas elecciones. Todo ello finalizó con el hecho de que obtuviera la presidencia de la Comunidad la candidata del Partido Popular, Esperanza Aguirre, al vencer en las nuevas elecciones.

En 1994, el periódico *The Guardian* publicó una noticia referida a un parlamentario y ministro británico de Comercio, por virtud de la cual éste se había embolsado importantes pagos de empresas sin registrarlos. Más tarde el ministro Hamilton dimitió. Pero en la investigación que se realizó en el Parlamento sobre su conducta, se demostró que había habido presiones constantes del gobierno, a través de un diputado de la mayoría, para que la comisión se cerrase lo antes posible y para que suspendiese sus actuaciones. Estas presiones sobre el presidente de la comisión llevaron a iniciativas para proteger la actividad de autocontrol de la Cámara de todo tipo de influencias partidistas. La Comisión debía investigar con plena objetividad si se quería que cumpliese con su finalidad y de esa forma protegiese el buen nombre del parlamento.

Estos ejemplos nos muestran supuestos diferentes de corrupción parlamentaria. En algunos casos son supuestos también de corrupción en sentido estricto, pero nos interesan sobre todo, ahora, en su dimensión política. ¿Por qué hay aquí corrupción?

En primer lugar, las preguntas guiadas son corrupción porque lo que se espera de un parlamentario es que haga preguntas al gobierno en beneficio del interés general o de las personas que le votaron, para clarificar opciones de política, para mejorar un servicio público, para criticar y que el gobierno reconsidere acciones erróneas. Pero las preguntas guiadas no responden al interés del parlamentario, sino al interés de alguien ajeno que obtiene con ello información. Y, además, el parlamentario obtiene un beneficio extraposicional por ello, siendo ésa la causa fundamental de su pregunta. En términos políticos, alguien obtiene acceso privilegiado por pagar, mientras quien no puede pagar no tiene acceso a la información que desea, rompiéndose un principio básico de igualdad política. Y, por si fuera poco, obtiene ese privilegio cargando al erario público con los gastos del tiempo y energías perdidos por el ministro y su equipo en preparar la respuesta. Este mismo juicio se puede aplicar a los actos de parlamentarios consistentes en organizar reuniones con ministros a grupos de interés específicos a cambio de un pago.

Segundo, más grave aún es el uso de las enmiendas parlamentarias, en la discusión de las leyes en comisiones, para beneficiar a quien paga las enmiendas. Con ello, se distorsiona el natural discurrir y el debate limpio –buscando el interés general– de los textos legislativos. Hay una influencia privilegiada en el proceso legislativo que nace de la habilidad para encontrar parlamentarios corruptos y ofrecerles la cantidad adecuada.

Tercero, el caso peruano es un caso de transfugismo, lo mismo que el de la Asamblea de Madrid. El transfugismo se produce a todos los niveles de gobierno: central o federal, regional y local. En el caso peruano, se pudo demostrar el soborno realizado por Montesinos y la clara aceptación. En el caso madrileño no se pudo demostrar, por ahora, ningún soborno. Pero en ambos supuestos, desde la perspectiva de la corrupción política existe un mismo "crimen", el de no respetar la voluntad del pueblo. A Kouri nadie le votó para que apoyara a Fujimori. A Tamayo y a Sáez nadie les votó para que se abstuvieran, estaban en las listas de un partido, designados por ese partido, y conocían perfectamente la voluntad del partido de gobernar, si era preciso –como era del todo previsible– pactando con Izquierda Unida. Sabían perfectamente que no pactar con Izquierda Unida suponía que su partido no gobernaría, pero traicionaron el voto popular. En general, en sistemas parlamentarios y de elección indirecta de alcalde, con listas cerradas y bloqueadas, tras todos los casos de transfugismo existe esa traición, no sólo al partido que incluyó en las listas, sino, sobre todo, a quienes votaron a ese partido, normalmente sin conocer a casi nadie de la lista, pero confiando en la lealtad de los seleccionados para con el programa y el partido que les incorporó. No obstante, en ocasiones, además hay sobornos por detrás, grupos de interés muy concreto que manipulan así el voto popular y dejan la democracia convertida en un fraude.

Cuarto, tiene menos importancia, pero es necesario destacar que las Comisiones de investigación parlamentaria ni pueden ser guiadas por el uso partidista, ni pueden someterse a la mayoría gubernamental y sus directrices, ni pueden ser usadas por la oposición para atacar al gobierno sin preocuparse por la verdad de los hechos. Lo que se pervierte en este caso es la necesaria independencia de juicio en la investigación, si se quiere que ésta tenga algún sentido. En España, por ejemplo, la Comisión de Investigación del 11-M, creada para investigar qué pasó antes y en el momento en que un grupo de fanáticos realizase la terrible masacre en los trenes de cercanías madrileños, ha estado sometida, según distintos analistas y los familiares de las víctimas, a presiones partidistas indebidas y, con ello, se ha dañado la credibilidad del Parlamento y de los partidos. Como dice Martín Pallín, refiriéndose a la Comisión del 11-M, "alentar un debate sobre posiciones apriorísticas, sin concesiones o resquicio alguno para las tesis contrarias, sin matizar o analizar los hechos que se van conociendo, es un ejercicio estéril que ofende la sensibilidad y sentido común de los ciudadanos" (2004: 21). Probablemente, en esa situación algunos tienen más culpa que otros –bastaría para ello analizar las declaraciones de los dirigentes del Grupo Parlamentario Popular en conexión con cierta emisora de radio–, pero la mala imagen es, finalmente, común. Se corrompe la política si los intereses de partido se anteponen sobre los hechos y no permiten proponer soluciones eficaces a los problemas investigados.

3.2. La corrupción judicial

El 13 de septiembre de 2004, el ex juez Luis Pascual Estevill confesó en el juicio que se seguía contra él que cobró más de 450.000 euros para no acordar el ingreso en prisión de seis empresarios a los que investigaba en dos procedimientos distintos cuando ejercía en Tarrasa y Barcelona. El dinero fue abonado en una cuenta bancaria en Ginebra, cuyo número fue facilitado por Estevill al abogado Joan Piqué, a quien el juez señaló en todo momento como intermediario en los sobornos y a quien también acusó de cobrar sumas millonarias de esos mismos empresarios. Finalmente, el lunes 3 de enero de 2005, el Tribunal Superior de Justicia de Cataluña condenó a 9 años de prisión al citado juez por un delito de cohecho continuado. Dicho juez había llegado a ser vocal del Consejo General del Poder Judicial, a propuesta de Convergencia i Unió, en 1994, un momento en el que ya se conocían algunos de sus movimientos chantajistas, y en 1995 se archivaron dos querellas por prevaricación en su contra (véase *El País,* 4 de enero de 2005).

El 23 de octubre de 2003, un magistrado de la Corte Suprema argentina renunció. El magistrado Guillermo López fue designado durante la presidencia de Carlos Menem y era considerado un miembro más de la llamada "mayoría automática" que dio sustento jurídico a algunas de las decisiones más polémicas del ex mandatario. Antes de López –en junio– renunció a su cargo el presidente de la Corte, Julio Nazareno, también para evitar que el Congreso lo sometiera a un proceso de juicio político que podía terminar en su destitución. Más tarde, en 2004, el Congreso juzgó y destituyó a Eduardo Moliné O'Connor, otro integrante del Tribunal Supremo. Nazareno, Moliné O'Connor, López y Adolfo Vázquez fueron designados por el entonces presidente Carlos Menem para elevar de cinco a nueve el número de jueces de la Corte Suprema de Justicia y controlar, así, sus decisiones. Ese Tribunal, en noviembre de 2001, decidió dejar sin efecto la figura penal de asociación ilícita, en el caso que se seguía contra Menem por venta ilegal de armas. La Corte, asimismo, rechazó que el dictado de un decreto presidencial pudiera configurar un delito de falsedad ideológica de instrumento público. La resolución del máximo tribunal, que se produjo por una mayoría de seis votos a favor, dos en contra y una abstención, determinó la inmediata liberación del ex presidente Carlos Menem, hasta entonces en arresto domiciliario (BBC, octubre de 2003).

En estos casos se han mostrado dos de los supuestos típicos de corrupción judicial. El primero es un caso de parcialidad. El segundo es un ejemplo de cómo Menem hizo desaparecer de la Corte Suprema todo atisbo de independencia, garantizándose una impunidad escandalosa. El primer supuesto es un caso típico de corrupción administrativa, corrupción en sentido estricto realizada por un funcionario que puede estar más o menos extendida, pero que no se inserta en una estrategia política o en una forma de hacer política. El segundo supuesto sí tiene, por el contrario, una impronta política. Ciertamente, ambos producen deslegitimación de la democracia y, por ello, deben ser combatidos, pero los efectos y las causas de uno y otro caso poseen también importantes diferencias.

Así, en el segundo caso de corrupción judicial expuesto conviven dos realidades que hay que separar. Por una parte, unos jueces controlados políticamente dictan sentencias que no son independientes, sino que están influidas por los intereses políticos del partido/patrón que los nombró. Pero por otra, contemplamos los intentos del poder ejecutivo de domeñar la justicia y ponerla a su servicio. Por ello, en este caso, los actores corruptos son los miembros del ejecutivo, no sólo los del judicial.

En el ámbito judicial, la corrupción es, normalmente, administrativa, pero puede ser influenciada por la de nivel político dado que, normalmente, los órganos de gobierno judicial tienen influencia y/o composición política y reciben presión de quienes les nombraron. Por ello, una amplia corrupción política implica que parte de la Magistratura se va a ver envuelta en actividades ilegales o en el apoyo a los políticos corruptos. Cuando existe extendida corrupción política, las redes de políticos corruptos intentan garantizarse la impunidad; para ello, colocan en puestos de responsabilidad en la estructura de gobierno de los jueces a magistrados corruptos o influenciables que pueden presionar sobre los jueces para que sus patrones políticos salgan inmunes de las investigaciones. También utilizan al Ministerio Fiscal y a la policía para evitar la persecución de los delitos que cometen, entorpeciendo las investigaciones judiciales. Los corruptos saben que una magistratura honesta puede intentar acabar con las redes de políticos corruptos, de ahí su preocupación por el control. No obstante, si las redes de corrupción política son muy amplias las dificultades de los magistrados para luchar contra la corrupción son inmensas. El caso italiano es muy ilustrativo. Los fiscales y jueces dieron la batalla contra la corrupción generalizada de la clase política, llegando a realizar *informazione di garanzia* a 9 ex presidentes y a cerca de 200 parlamentarios, pero al final los resultados han sido una mezcla de éxitos y fracasos que han permitido a Berlusconi llegar al poder, precisamente uno de los políticos más implicado en las redes corruptas tejidas alrededor de Craxi. Tampoco han tenido mucho éxito los jueces franceses que investigaban al presidente Chirac, dada su inmunidad presidencial, pero al menos consiguieron la condena de Juppé, su delfín político.

Es triste tener que ver cómo en la Europa democrática del siglo XXI la lucha judicial contra la corrupción en los niveles superiores del Estado pasa por tantas dificultades. Por ejemplo, los tres jueces que condenaron a Juppé sufrieron una auténtica persecución y fueron constantemente espiados. Sus despachos oficiales fueron registrados, sus líneas telefónicas pinchadas, sus ordenadores rastreados. Para poder dictar la sentencia tuvieron que salirse del sistema informático del Palacio de Justicia y redactar la sentencia en un ordenador personal, posteriormente las copias las hicieron en una tienda especializada y no en la sede del Tribunal (*El País,* 1 de febrero de 2004). Más grave aún es el caso italiano. El jefe de gobierno acaba de ser declarado culpable de un delito de soborno, aunque no irá a la cárcel por prescripción del delito. Este hecho ha compelido al señor Berlusconi a intentar dominar de una vez por todas a la independiente justicia italiana. A través de su mayoría ha presentado un proyecto que atribuye al gobierno la capacidad de definir anualmente la política judicial, es decir, se atribuye la capacidad de dirigir políticamente la acción de la justicia, obviamente violentando la Constitución, que no atribuye al ejecutivo otra labor que la de prestar infraestructuras y medios al poder judicial. Al tiempo, reduce las competencias del Consejo Superior de la Magistratura, sobre todo en un aspecto tan estratégico como el de la selección de jueces; y rehabilita a la Corte Suprema como cúpula organizativa de la jurisdicción, creando diversas categorías jerárquicas de jueces a efectos de poder influir en la carrera de éstos. Obviamente, todo ello culmina con el intento de eliminar la independencia de los fiscales, que en Italia la tienen reconocida como si fueran magistrados, jerarquizarlos y personificar el ejercicio de la acción penal en unos pocos jefes (Ibáñez, 2004).

Todos estos graves supuestos no nos deben hacer olvidar que la labor de los jueces es tan exigente que, incluso no siendo corruptos en sentido estricto, pueden deslizarse por sendas de corruptela que deslegitiman su alta labor y deterioran la imagen del Estado. Así, un juez puede dictar sentencias jurídicamente impecables pero en las que la interpretación de la norma y de los hechos favorece la creación de antecedentes que benefician sus intereses como contribuyente o como juez. Es el ejemplo de sentencias que dictan jueces en casos de corrupción judicial en el que priman intereses corporativos sobre el interés general. En un estudio bastante exhaustivo, Montero (1990) señala que desde 1882, año en que el Código Penal fue aprobado en España, hasta la aprobación de la Constitución en 1978, no se conocen nada más que tres casos de sentencias condenatorias contra jueces corruptos. También se podría incluir aquí la dejación de responsabilidades, la falta de preparación y actualización, la ausencia de un seguimiento serio del proceso, etc. Como se ve, las posibilidades son muy amplias. En estos casos, el juez prioriza su comodidad o sus intereses privados a largo plazo sobre el interés general; el beneficio es difícil de medir, pero el perjuicio a la comunidad con su conducta está claro. A veces, estas conductas podrían perseguirse por la vía disciplinaria pero es muy difícil obtener pruebas al respecto. Este tercer conjunto de actividades constituirían lo que denominaríamos el abuso de posición judicial. A efectos ilustrativos se usará un ejemplo extraído de la prensa (Diariocritico.com, diciembre de 2004):

> El Servicio de Inspección del Consejo General del Poder Judicial ha concluido que el presidente de la Sección Tercera de lo Penal de la Audiencia Nacional, Francisco Castro Meije, cometió una falta muy grave de desatención al excarcelar en junio de 2002 al terrorista argelino Allekema Lamari, presunto jefe de la célula que el 11 de marzo de este año cometió los atentados de Madrid. Sin embargo, propone el archivo de las actuaciones al haber prescrito la infracción, ya que han pasado más de dos años desde su comisión. Sobre el no ingreso en prisión del terrorista, el magistrado Javier Gómez Bermúdez dijo que los jueces que le liberaron están *"tremendamente afectados"*. En un informe de diez folios, la Inspección considera *"único responsable"* de la falta muy grave de desatención a Castro Meije, mientras que exime de culpa a los otros dos magistrados que tomaron la decisión.

3.2.1. Las consecuencias de la corrupción judicial

Ahora bien, ¿qué efectos produce la corrupción judicial endógena –la que surge autónomamente de las propias filas judiciales–, y la exógena –la que se inocula desde el ejecutivo– en el sistema económico, social y político?

Primero, los jueces corruptos tienen incentivos para no perseguir el fraude fiscal o económico ni el blanqueo de capitales vinculado a la delincuencia de gran nivel, pues les afecta a ellos mismos.

Con ello, favorecen la impunidad en el impago de impuestos e, incluso, la conversión de delincuentes peligrosos en verdaderos oligarcas. Con una magistratura honesta mejora sus ingresos el Estado y, con ello, se sientan las bases financieras para políticas que ayuden a la ciudadanía.

Segundo, una judicatura corrupta se integra, en ocasiones, en el negocio con peligrosos grupos criminales que constituyen un reto al poder del Estado. Al dejarles expandir su poder, su capacidad de presión y control del gobierno pueden llevar al desarrollo de un régimen criminal y corrupto sistémicamente. Si, por el contrario, existieran jueces honestos y eficaces, los delincuentes encontrarían muchas más dificultades para su acción y los costes de su acción ilegal reducirían la presencia de tales grupos.

Tercero, la institución más importante en la garantía de los derechos de propiedad es la judicatura. Los jueces conocen de los casos civiles y mercantiles, del impago, de los fraudes, de los límites de la propiedad, de los derechos reales, etc. Si los jueces no cumplen con su obligación de garantizar estos derechos, los propietarios tendrán que utilizar métodos mafiosos o criminales para protegerse, con la consiguiente quiebra del Estado de derecho. Si quien quiere comprar una casa no sabe realmente a quién pertenece no la comprará, con el perjuicio doble para él y para el que quiere honestamente venderla. Pero si, comprándola de buena fe, se encuentra estafado, acudirá al juez correspondiente para que tutele sus derechos. Si los jueces, en estos casos, actúan de manera corrupta, el mercado inmobiliario se convierte en una realidad distorsionada e ineficaz para satisfacer preferencias. Las reglas del juego honesto se han roto y los ciudadanos tienen incentivos para penetrar en el juego de la violencia y el crimen. Una judicatura intensamente corrupta impide la existencia del mercado. Por el contrario, los jueces honestos y eficaces analizan los casos que se presentan ante ellos y procuran tutelar los derechos de los propietarios y de los compradores de buena fe, sancionando las conductas ilegales o abusivas, restaurando, en definitiva, las reglas del juego del mercado basadas en la competencia y en la información veraz.

Cuarto, los jueces dependientes del gobierno no pueden controlar una Administración que contrate incumpliendo las normas, que distorsione la libre concurrencia de ofertas y/o que adjudique siguiendo la regla de que "obtiene el contrato el que más paga al decisor". Todo ello provoca que los contratos públicos no cumplan los fines para los que debieron nacer, que los empleados tengan incentivos para demandar sobornos, que las empresas tengan incentivos para usar sus fondos no en inversiones y en buena ejecución de contratos, sino en pagos corruptos y en tejer redes de acceso al poder. Sin embargo, jueces honestos controlan los actos de la Administración y sancionan no sólo las conductas penalmente perseguibles, sino también las actuaciones de la Administración que incumplen normas administrativas e, incluso, aquellas que reflejan que ésta no ha actuado sometiéndose a los fines que justifican su existencia. Con ello, la sociedad en su conjunto mejora.

Quinto, la dependencia de la judicatura permite la impunidad de los políticos corruptos, los cuales potencian actividades que les permiten garantizar sus beneficios, pero no aquellas que benefician a la colectividad. Esta impunidad, unida a la ineficacia que la política de saqueo del Estado genera, produce una deslegitimación del sistema político y, en concreto, de la democracia como régimen, favoreciendo el surgimiento de derivas autoritarias que, a su vez, tarde o temprano permiten mayor corrupción en los niveles superiores del Gobierno. Una judicatura honesta puede reducir la expansión del fenómeno y la transmisión a la sociedad de mensajes fortalecedores de la legitimidad de las democracias.

Sexto, la corrupción judicial atenta contra el sistema de seguridad jurídica objetiva y subjetiva; contra la primera, porque hace depender la suerte del justiciable no de un sistema de reglas aplicado con igualdad, sino de la voluntad del juez corrupto; contra la segunda, porque al no poder conocer cuáles serán las consecuencias de las acciones propias, genera una impredictibilidad que sitúa las vidas de los ciudadanos en la incertidumbre y, al no poder acudir a otra instancia en demanda de ayuda, tenderá a romper el pacto de respeto al orden constitucional establecido (Malem, 2002).

En resumen, la corrupción judicial juega un papel extraordinariamente perverso para la gobernabilidad democrática y la mejora de las condiciones de vida de la inmensa mayoría de la población.

Y dicho esto ¿cuál es el bien dañado por la corrupción judicial en sus tres versiones?

3.2.2. El bien dañado

Si se quiere conseguir una judicatura honesta, legitimada y eficaz es preciso que se den todos y cada uno de los principios y rasgos que se enumeran a continuación; precisamente, la corrupción atenta contra dichos principios.

A) Independencia de los jueces y tribunales

La independencia está ligada al funcionamiento general y a la libertad de los jueces en los asuntos concretos de los que conocen. Un peligro frente a la independencia estaría en sistemas que permitieran la emisión de instrucciones u órdenes por parte de los tribunales superiores dirigidas a interferir en las decisiones o actuaciones de los inferiores. Pero frente a la independencia, el peligro mayor está en el control del poder ejecutivo sobre estos órganos. El Estado de Derecho supone la consagración de cuatro principios (González Amuchastegui, 2002): 1. Separación de los poderes del Estado. 2. Imperio de la ley como expresión de la soberanía popular. 3. Sometimiento de los poderes públicos al ordenamiento jurídico. 4. Garantía judicial efectiva de los derechos y libertades fundamentales. Este modelo exige la existencia de unos órganos que puedan aplicar imparcialmente las normas que expresan la voluntad popular, someter a los poderes públicos al cumplimiento de la ley, controlar la legalidad de la actividad de la Administración y proporcionar tutela judicial efectiva en el ejercicio de sus derechos a todas las personas. Todo ello exige independencia.

Las interferencias del poder ejecutivo sobre el judicial más importantes son (González Amuchastegui, 2002): 1. El control presupuestario. 2. El de la carrera judicial, con los ascensos y promociones. 3. El control disciplinario, y los abusos que se pueden cometer mediante este control. 4. El control del Ministerio Fiscal y las paralizaciones de procesos que pueden intentarse cometer a través de instrucciones. 5. El control de la policía judicial.

Para reducir estas posibles interferencias, el instrumento más utilizado ha sido el de crear órganos propios de gobierno judicial o dotar a la Corte Suprema de dichas facultades. Así, frente al modelo tradicional de gobierno judicial, en el que el poder judicial depende orgánicamente del ejecutivo, han surgido dos modelos alternativos (López Guerra, 1997). El primero es el de separación radical de poderes (modelo anglosajón), con la asignación del papel de órgano de gobierno judicial a las Cortes Supremas; ellas son las que designan y cesan jueces, tienen la inspección disciplinaria, nombran y gestionan el personal auxiliar, preparan y ejecutan el presupuesto y gestionan los medios materiales y económicos de la Administración de Justicia. Se ha criticado esta opción porque tiende a confundir el papel jurisdiccional de la Corte con el administrativo, sobrecarga a las Cortes con aspectos de gestión y pone en manos de jueces un conjunto de decisiones de gestión para el que no están preparados. El segundo es el de la creación de Consejos de la Magistratura (modelo continental europeo), que son órganos de carácter colegiado concebidos al margen de los tres poderes clásicos del Estado. No son, por ello, órganos jurisdiccionales, sino órganos que tienen competencias en materia de gobierno judicial y de gestión administrativa. En concreto, sus funciones suelen ser las de seleccionar jueces, controlar el sistema de carrera y de jubilación, gestionar el sistema disciplinario y preparar y gestionar presupuesto para la Justicia. Estos órganos suelen ser seleccionados por el parlamento, de manera que tengan la legitimidad popular, aunque sea indirecta. El problema con estos órganos es que pueden ser controlados por los partidos políticos que nombran a sus componentes y, con ello, reducen la independencia judicial. Una cierta solución frente a ello es que la composición del mismo esté reservada a jueces, pero con ello se pierde conexión con la sociedad. Otra solución es la de mezclar componentes provenientes de los dos ámbitos, el de juristas nombrados por el parlamento y el de jueces seleccionados por ellos mismos, como ocurre en Italia o España, y garantizar un mandato superior al de los parlamentos que les nombraron, sin posible reelección.

B) La imparcialidad

La imparcialidad implica independencia frente a las partes en el proceso y trato justo y equitativo (Pastor, 2002). Frente a ello, la corrupción conlleva trato discriminatorio y apoyo a una de las partes por interés directo o indirecto del juez correspondiente. Los supuestos de parcialidad son muy diversos y van desde la discriminación racial, de género o política, hasta la social o basada en la capacidad de pago de unos frente a otros. Un sistema imparcial garantiza una igualdad básica de trato a todos, tengan o no medios para poder pagarse una defensa. En consecuencia, para hablar de una justicia imparcial es preciso no sólo que los jueces sean imparciales, sino también que el sistema favorezca la imparcialidad, asegurando una igualdad de trato y un apoyo al más débil para asegurarle la defensa. Por ello, la implantación de sistemas de asistencia jurídica gratuita eficaz para aquellos con menos medios es un elemento indispensable para hacer real la imparcialidad de la justicia. Bolivia desarrolló este sistema recientemente, con ayuda internacional, y con resultados muy positivos.

En los países con alto grado de corrupción las redes de interés generan una tupida actividad de intercambio que dificulta a los jueces trabajar con imparcialidad en los casos. Presiones de todo tipo llegan al juez que, dado que ha sido normalmente seleccionado por razones de amistad o políticas, no tiene fácil negarse a devolver favores. El estudio de los vídeos de Vladimiro Montesinos en Perú *(vladivídeos)* muestra la capacidad de las redes de corrupción y extorsión de ocupar todo el espacio social y político. Por ello, la quiebra de estas redes es un elemento esencial para garantizar una justicia imparcial.

Finalmente, esta imparcialidad debe llegar también a los litigios entre Administración y ciudadanos; es muy común que la capacidad de la Administración para abusar de sus privilegios desemboque en situaciones injustas para los contribuyentes, pero además, cuando éstos recurren ante la justicia, la Administración abusa de sus capacidades ejecutivas, haciendo que muchas veces las sentencias, aunque sean favorables al ciudadano, se conviertan en irrelevantes. Nuevamente, las normas y la Justicia deben evitar esta parcialidad y asegurar un trato justo para las dos partes. Las medidas que se pueden adoptar al respecto son innumerables, así (Gimeno, 2002): 1. En relación a aspectos de derecho material, debe permitirse el libre acceso de ciudadanos a la Administración, estimular la resolución expresa de sus solicitudes en plazo razonable y asegurarse la sumisión de la Administración a la Ley; para ello han de suprimirse privilegios como el de la inembargabilidad de los bienes patrimoniales de la Administración o el del agotamiento de la vía administrativa previa a la judicial. 2. En relación a aspectos procedimentales, hay que garantizar el libre acceso de los interesados e, incluso, el ejercicio de la acción popular en materias como el urbanismo, el medio ambiente o el consumo; se debe conferir el control pleno de los actos administrativos y los reglamentos al poder judicial y llevar a la práctica el principio de responsabilidad patrimonial de la Administración por el funcionamiento anormal de los servicios; el proceso administrativo debe ser rápido, eficaz y con todas las garantías, para lo cual deben estimularse los medios de autocomposición administrativa, permitir en el proceso la prueba con igualdad de armas, otorgar la suspensión del acto cuando su ejecución no comprometa seriamente el interés público, generalizar el sistema de medidas cautelares civiles y consagrar un proceso jurisdiccional de ejecución de sentencias administrativas.

C) La selección por mérito y la inamovilidad

Este principio es fundamental para que tanto la independencia como la imparcialidad sean reales y efectivas. Frente a estos principios, la selección en función de la militancia política o la amistad con políticos relevantes se ha mostrado como un camino hacia la corrupción grave del sistema. En numerosos países aún se mantiene esta lacra, favoreciendo, con ello, la sumisión del poder judicial al ejecutivo y la parcialidad de las actuaciones judiciales. Por otra parte, el posible despido o remoción de un juez por razones políticas o de excesiva independencia favorece extraordinariamente el miedo y la sumisión de los jueces a los patrones políticos correspondientes; con ello, nuevamente, la independencia e imparcialidad brillan por su ausencia. Como dice Jiménez Asensio (2002), la concepción del poder judicial como poder distinto del legislativo y ejecutivo se gesta principalmente en Inglaterra a través de un largo proceso histórico en el que la jurisdicción, a través del *common law,* va limitando el poder del monarca; pero sobre todo, este proceso toma cuerpo por medio del *Acta de Establecimiento* de 1701, momento en el que los jueces refuerzan notablemente su independencia mediante la garantía de inamovilidad. Además, el juez debe tener el derecho a la carrera sin que consideraciones ajenas a su buen desempeño y experiencia puedan interferir en sus ascensos. Lo contrario incentiva la dependencia política de los jueces y su sumisión a instrucciones partidistas. Como dice Malem, un "conjunto de jueces muy cercanos ideológicamente al gobierno o incluso agradecidos por sus nombramientos pueden disfrutar de una gran independencia formal pero, sin embargo, en modo alguno ser imparciales. Se puede incluso ser imparcial respecto de los intereses en litigio y decidir conforme a cómo lo hacen los tribunales superiores para así favorecer la propia promoción profesional" (2002: 152).

D) La dotación presupuestaria suficiente

Sin lugar a dudas, el presupuesto es un factor fundamental en la garantía de la independencia judicial. La experiencia indica que en el debate sobre el presupuesto está el origen de pérdidas importantes de independencia judicial y de surgimiento de corrupción en el sistema. En numerosos países se observa que el poder judicial se enfrenta al debate presupuestario con bastante falta de información y con opacidad en cuanto al marco de máximos que se le ofrece. También existen estrategias del ejecutivo de negar peticiones elementales al poder judicial para tenerle dominado, así, es famoso el caso de la República Dominicana durante años. Otra estrategia para controlar su independencia es la de otorgar aquello que no se ha pedido o es una prioridad menor (Pastor, 2002). Por ejemplo, en la etapa de Fujimori se dotó de material informático a juzgados que no tenían suministro regular de luz. Muchas veces el poder judicial responde a estas estrategias con justificaciones políticas de sus peticiones, entrando en un juego de intercambios que amenaza su independencia e imparcialidad. Al final, puede ocurrir que la posición institucional del poder judicial quede debilitada cuando se conocen sus concesiones en las negociaciones, con lo que el desprestigio se expande y los incentivos al comportamiento corrupto florecen.

La respuesta a esta posible injerencia del ejecutivo y/o legislativo vía control del presupuesto ha sido, en numerosos países, el establecimiento –a menudo con rango constitucional– de un sistema de dotaciones presupuestarias mínimas, de forma que el presupuesto judicial quede vinculado a un porcentaje del gasto público. Así ocurre en países como Costa Rica (6%), El Salvador (6% mínimo), Guatemala (2% mínimo), Honduras (3% mínimo), Panamá (2%), Bolivia (3%) Paraguay (3% mínimo) o Ecuador (2,5%), que han generado con ello una solución parcial al problema de la intromisión del ejecutivo; no obstante, las respuestas de éste han sido las de añadir cometidos al rubro del poder judicial –como hacer que la policía pase a depender presupuestariamente de éste–, o la de aprobar leyes que afectan a la justicia sin respaldo presupuestario, con lo que reducen el margen de maniobra de aquélla (Pastor, 2002).

En cualquier caso, los sistemas judiciales deben ganarse los medios que demandan justificando sólidamente sus necesidades, y explicando qué han hecho con el dinero recibido; también deben contar con una planificación estratégica que les permita definir una política presupuestaria a corto, medio y largo plazo, considerando sus funciones.

Además, se han de dejar las cuestiones presupuestarias en manos de técnicos y departamentos competentes dependientes del propio poder, evitando que los jueces se involucren en temas tan técnicos (Pastor, 2002).

E) Eficacia

El poder judicial ha de ser eficaz; esto implica muy diferentes aspectos. Para empezar, las autoridades judiciales nacionales deben promover las medidas oportunas para garantizar la resolución definitiva de los procesos dentro de un plazo razonable. Las dilaciones tienden a fomentar la impunidad y a deslegitimar la justicia. La justicia ha de mejorar sus servicios, incorporando parámetros de calidad en la prestación del servicio. La adopción de políticas de calidad, con sus correspondientes cartas de servicios, oficinas de quejas, acreditaciones, índices, etc., pueden ser un avance importante para relegitimar la justicia (Palomar, 2002). Como complemento, una política adecuada de gestión de los recursos humanos en la justicia es un elemento esencial en el desarrollo de la eficacia. Ello implica buena planificación de recursos humanos, anticipando necesidades cuantitativas y cualitativas, buena definición de perfiles de puestos, buena selección de acuerdo al perfil del candidato y, garantizando el mérito, buena gestión de la carrera profesional y de la formación gracias a las competencias requeridas por los jueces y magistrados, un justo y objetivo sistema de evaluación del rendimiento que permita discriminar en los ascensos y en las retribuciones, e incluso sancionar graves incumplimientos, y una política salarial que garantice salarios equitativos hacia dentro y hacia fuera del sistema, reduciendo con ello las posibilidades de corrupción.

F) Transparencia y rendición de cuentas (accountability)

La información es necesaria para que la justicia pueda ser bien gestionada y para que se legitime frente a la ciudadanía. Un justicia opaca y que no rinde cuentas es una justicia que genera desconfianza. Los ciudadanos tienen derecho a saber cómo se gasta la justicia sus impuestos, qué hacen los jueces, y el personal no judicial, cuánto tardan los pleitos y por qué, etc. (Pastor, 2002). En esta línea de la rendición de cuentas es conveniente potenciar la presencia de Tribunales Constitucionales, conformados por juristas de prestigio no necesariamente jueces, que revise en última instancia la actuación judicial en materias de derechos y libertades fundamentales.

Ciertamente, otro camino a seguir para reforzar la rendición de cuentas de la justicia y controlarla mejor es abrir vías a la participación ciudadana en la acción de impartir justicia. Los mecanismos son muy variados, así (Jiménez Asensio, 2002): 1. Participación de ciudadanos en el gobierno del poder judicial. Esta participación se realiza de forma mediata mediante la elección de los miembros del Consejo por el Parlamento; también mediante la creación de consejos de participación ciudadana con funciones de diagnóstico, consultivas y de impulso. 2. Participación de ciudadanos en la elección o reclutamiento de jueces. Aquí se puede dar la participación mediata, a través del parlamento, en la elección legislativa de los miembros de Cortes Supremas y Tribunales Constitucionales; la elección directa de los jueces, como se hace en algunos estados de Estados Unidos o en ciertos cantones suizos; o la elección por sorteo, como se hacía en Grecia, aunque hoy este modelo sea inviable. 3. Participación de los ciudadanos como jueces. Es el supuesto de la justicia de proximidad, muy extendida en el Reino Unido, que permite que jueces legos resuelvan los casos menores y potencien mecanismos de resolución pactada de conflictos; este método tiene indudables ventajas, como la celeridad en la resolución, la promoción de la conciliación, la persecución eficaz de las pequeñas infracciones que vulneran la convivencia o la presencia de la equidad como criterio de resolución. 4. Participación de los ciudadanos en el proceso judicial. Lo cual incluye un enorme abanico de medidas, como la inmediación y oralidad, la garantía de la igualdad de armas, el principio de contradicción, etc. 5. El acceso a la justicia efectiva, que implica que los ciudadanos tienen una tutela judicial efectiva de sus derechos y que la jurisdicción tiende a pronunciarse sobre el fondo del asunto, limitando los supuestos de inadmisión por motivos formales. 6. La participación a través del Jurado, que constituye una auténtica escuela de ciudadanía y democracia.

Pues bien, todos estos principios resultan dañados con la corrupción judicial en sus diferentes variantes y, al dañar estos principios, la corrupción judicial atenta contra la legitimidad democrática, contra el ideal del interés general y contra el principio de igualdad ante la ley que es uno de los fundamentos del Estado de derecho.

3.2.3. Las realidades

Frente a estos principios, si se analizan algunos sistemas judiciales de países latinoamericanos duramente atacados por la corrupción nos encontramos con lo siguiente:

- Una organización ineficaz, en la que el colapso de los tribunales es carta corriente. En tres de los países estudiados, la duración media de un proceso penal se sitúa entre 2 y 4 años y de un proceso civil entre 3 y 5. En caso de apelaciones se puede llegar a los 8 años. Estos retrasos implican, al final, un alto grado de impunidad. El bajo rendimiento, el absentismo laboral y la desorganización sistemática son parte de las causas del colapso.
- La precariedad del empleo. Los jueces son nombrados en muchos casos por criterios partidistas, sin pruebas que acrediten el mérito y la capacidad. Muchos de ellos están en situación interina, con lo que no tienen un puesto fijo de trabajo y queda su continuidad al albur de las decisiones políticas. La posibilidad de cese a los tres o cuatro años de los contratados temporales es muy alta, salvo que tengan adecuadas conexiones políticas. La inamovilidad es rara y siempre susceptible de revisión.
- Desprecio de la Ley. La actuación diaria de los jueces y personal administrativo de los juzgados está plagada de irregula-

ridades en el respeto a los plazos, en la consideración a los detenidos, en la debida custodia de los documentos, en la protección de datos personales, en la protección de testigos, etc.

- Amiguismo. La diferencia de trato en función de la amistad con el juez o con miembros de la carrera judicial está generalizada; la presencia de correligionarios políticos o de familiares de políticos de relieve es fundamental para entender el contenido errático de las sentencias.
- Delegaciones. En ocasiones, los jueces delegan en terceros la redacción de sentencias o la gestión de los procesos, reduciéndose con ello la ya de por sí baja calidad de las resoluciones.
- Abogados corruptores. Los abogados más prestigiosos son, lógicamente, quienes ganan los casos, pero ello se consigue con una buena red de relaciones y un abundante flujo de dinero, que acaba, en gran parte, en manos de los jueces corruptos. La capacidad y los conocimientos jurídicos no bastan e, incluso, son redundantes.
- Silencio. A pesar de que en privado los empleados del sistema judicial, desde magistrados a administrativos, son conscientes del drama y lo comentan, en público casi nadie osa levantar su voz y denunciar la corrupción generalizada.
- Jerarquía judicial cooptada. Aun cuando existan jueces profesionales y no politizados en el nivel inferior del sistema, la Corte Suprema o el Consejo del Poder Judicial están conformadas por personas elegidas en función de afinidades partidistas y que actúan con lealtad política. Como quiera que la carrera de los jueces depende de ellos, la afinidad política es determinante en los ascensos e, incluso, en la permanencia tranquila en los puestos.

Finalmente, es necesario destacar que la situación de la justicia en España, de acuerdo con numerosos y diversos estudios, dista mucho de ser óptima. Es más, según diferentes estudios y encuestas internacionales, España, en comparación con otros países europeos queda a la cola en independencia e imparcialidad judicial. Así, el World Economic Forum, con datos de 2003, a través de su encuesta de empresarios (Executive Opinion Survey) realizada anualmente desde 1972 –esta encuesta de 2003 incluyó 102 países–, sitúa a España en el indicador de "independencia judicial" el penúltimo lugar de los países de la Unión Europea, sólo por delante de Eslovaquia. Y en el indicador de imparcialidad judicial, otra encuesta –World Business Environment Survey de 2000– basada en entrevistas con gerentes y empresarios de más de 10.000 empresas en 80 países, sitúa a España de nuevo penúltima de entre los 14 países europeos incluidos en la encuesta, siendo la última esta vez Lituania. Sólo el 7% de los encuestados consideraron que nuestros tribunales resolvían siempre o casi siempre de forma imparcial los casos ante ellos presentados. En un reciente análisis de series temporales de la Executive Opinión Survey del World Economic Forum (1998-2004) se pudo comprobar cómo, ante la pregunta de "¿cómo de habitual es en su sector el pago indocumentado o el soborno por empresas para obtener resoluciones judiciales favorables?", los países más desarrollados (OCDE) habían experimentado un ligero ascenso de respuestas favorables –"es habitual"– frente a las desfavorables –"nunca ocurre"–. Por fortuna, este ligero incremento se invertía en el caso de Latinoamérica, expresando una pequeña mejora en este indicador de gobernabilidad, aun cuando la diferencia entre ambos espacios culturales y económicos todavía era importante (Kaufmann, 2005).

Todo ello, en su conjunto, supone un deterioro enorme de la imagen del Estado y de la política, pues la ciudadanía atribuye a la clase política –y a la política con ello– el lamentable estado de la justicia en su país. En última instancia, aunque el poder judicial sea independiente en sus decisiones, la política judicial corresponde realizarla al legislativo y al ejecutivo, quienes no deben permanecer impasibles ante el deterioro de la imagen de la justicia, ni, menos aún, favorecer tal deterioro por intereses sectarios y cortoplacistas. De ahí que la corrupción judicial sea, en su conjunto, también corrupción de la política o corrupción política.

3.3. Clientelismo

Japón tiene un sistema electoral basado en listas abiertas por circunscripción; además, los candidatos tienen restricciones para usar los medios de comunicación durante la campaña, en consecuencia, el triunfo electoral está muy influido por la notoriedad y popularidad previa del candidato en el distrito electoral correspondiente. Culturalmente, la democracia en Japón ha alcanzado un apoyo significativo por parte de la ciudadanía, en gran medida por los rendimientos o prestaciones materiales que ha generado –sobre todo a partir de los años 1970–, aunque también por los valores que incorpora, aun cuando los niveles de satisfacción con los gobernantes y la política han sido tradicionalmente muy bajos (Pharr, 2000); ahora bien, los rendimientos de la democracia han sido valorados no sólo pública, sino también privadamente, es decir, han estado vinculados a los beneficios que proporcionaba el candidato al que cada uno apoyaba. De forma que el voto ha estado sujeto a la consideración de las consecuencias, en términos de privilegios, regalos y beneficios personales, que proporcionaba uno u otro candidato. Los candidatos, en consecuencia, triunfan por la suma de su notoriedad, la clientela organizada que posean y el dinero que consigan o atesoren para mantener activa a ésta. Estas clientelas se organizan en clubes de apoyo o *koenkai* –un diputado medio tiene su koenkai de 10.000 a 30.000 miembros –Kakuei Tanaka tenía uno de más de 100.000–; cada *koenkai* tiene sus pequeños ramales por barrio, club de jubilados, asociaciones culturales o deportivas, etc. Pero estos grupos apoyan siempre que reciban algo a cambio y que se les mantenga en movimiento con comidas o actos sociales que incluyen el canto del himno del "koenkai". El diputado o alcalde correspondiente tiene que pagar la mayor parte de estos gastos, así como hacer regalos adecuados en cada boda de miembros del club o en cada funeral, lo cual supone gastos superiores a los diez millones de yenes por año –alrededor de 100.000 dólares–. Una de las consecuencias de este sistema de clientelismo institucionalizado ha sido el continuo estallido de casos de corrupción en sentido estricto. Así, entre 1955 y 1993 nueve de los quince primeros ministros han estado implicados o inculpados en escándalos de corrupción, en cada escrutinio electoral miles de militantes son detenidos por corrupción de electores, casi la mitad de los parlamentarios han acumulado dinero negro, 57 alcaldes han sido inculpados entre 1987 y 1991, y 1660 funcionarios han sido perseguidos entre 1982 y 1991 (Bouissou, 1995). En suma, el capital social en este caso no favorece la mejor democracia, ni la confianza en el gobierno, es capital social negativo.

El caso del clientelismo japonés nos permite comprobar el juego de dos tipos de variables explicativas del fenómeno: la variable cultural y la variable institucional. En el clientelismo hay factores históricos, sociales y culturales de origen, y también reglas institucionales que incentivan determinado tipo de comportamientos, sin perjuicio de existir, junto con todo ello unas estrategias individuales y unos vínculos entre actores que expresan una forma de actuar específica y concreta en cada caso (Máiz, 1994). En Japón tiene mucha importancia en la explicación del fenómeno clientelístico la feudal "cultura del regalo", es decir, la obligación de dar siempre algo a cambio y asegurar el equilibrio entre los servicios dados y recibidos; así, el voto es, entre otras cosas, un regalo que se debe devolver con algún beneficio. No dar el regalo o negarse a recibirlo es un ultraje que aísla socialmente, circunstancia que en la Administración provoca situaciones constantes de semicorrupción. Todo ello, unido a la súbita modernización económica y política, a la debilidad de una burocracia independiente y neutral y al subdesarrollo del aparato judicial generaron un sistema en constante proceso de depuración (Bouissou, 1995). No obstante, convendría destacar las mejoras japonesas en su aparato judicial, para explicar también los éxitos en los últimos intentos de regeneración política.

Desde luego que la existencia de clientelismo no es patrimonio de Japón, en América Latina es una práctica extendida también y en la Europa mediterránea es bastante común en la actividad política. El testimonio de Mario Chiesa ante el fiscal Di Pietro es un documento excelente para entender el funcionamiento del clientelismo y la corrupción en Italia. Chiesa, ingeniero, ingresa en el Partido Socialista y milita primero en la corriente de Carlo Tognoli y más tarde en la de Paolo Pilliteri, cuñado de Craxi. Su ingreso en el partido se produce en un barrio de Milán, Musocco-Vialba, porque un amigo suyo, Sciannameo, empresario de pompas fúnebres se lo comenta; dicho amigo había inscrito en dicha sección del partido a todos sus empleados y pagaba sus cuotas para que se le adjudicasen así siempre nuevos funerales por parte de los poderes públicos controlados por el partido. Con el tiempo, va escalando posiciones hasta ser presidente de la Residencia Tribulcio en 1986. En las elecciones de 1990 ya controlaba en el partido una facción autónoma de al menos 7.000 votos, con su propia red de extorsión, todo lo cual había puesto a disposición de Bobo Craxi, ayudándole a entrar en el consejo comunal de Milán. En el Tribulcio se dedica a organizar un sofisticado sistema de cobro de sobornos y comisiones, que ya existía, pero muy artesanalmente, antes de su llegada. A fines de 1989 se le obliga a remitir una parte de los dineros así obtenidos a dirigentes socialistas superiores a él. Pero a fines de 1990 ya se queda con todo para él, pues ha adquirido un peso dentro del partido que le permitía no responder sino directamente ante Bettino Craxi, el secretario general (Barbacetto, Gómez, Travaglio, 2002).

La situación española, aunque no tan gravemente extendida, sí refleja una pervivencia de prácticas clientelistas en la actividad política que conviene destacar y denunciar. El clientelismo español, siguiendo a Robles Egea (1996) tiene una larga historia detrás, y se ha ido adaptando a la realidad histórica y a las transformaciones sociales con gran eficacia y flexibilidad. Robles describe tres tipos de clientelismo histórico en España. En primer lugar, el caciquismo, propio de la Restauración, un tipo de régimen que se caracteriza por el peso de los caciques locales en la toma de decisiones políticas y por la brutal manipulación electoral. Este modelo es propio de un momento histórico que destaca, entre otros factores, por la debilidad de la sociedad civil, debilidad que persiste posteriormente y que facilita la continuación de relaciones de dependencia cacique-cliente durante la dictadura de Primo de Rivera y durante la república, aunque el perfil del cacique cambie y sus métodos también. El segundo modelo de caciquismo es el propio de la dictadura franquista; es el clientelismo de partido único o "de Estado". En él, el dictador, a través de los gobernadores civiles y la estructura política del Movimiento, consigue un control, sobre todo de la España rural, basado en caciques sostenidos por el régimen y que, a su vez, sostienen a aquél. No hay que olvidar que los alcaldes eran nombrados directamente por el gobierno central y que estaban sometidos jerárquicamente a los gobernadores civiles. Y, finalmente, el tercer tipo de clientelismo sería el "de partidos", propio de las fases democráticas de nuestra reciente historia. Así, en la segunda república y en la democracia actual el autor considera que la financiación de los partidos es la base de este tipo de clientelismo. La financiación partidista está en gran medida fundada en la discrecionalidad de los poderes públicos para adjudicar obras y contratos y, gracias a esta discrecionalidad, también se crean redes clientelares que de alguna forma aseguran, además de dinero, votos.

Los ejemplos de clientelismo en la España actual podrían ser muy numerosos, pero por su cercanía cronológica escojo dos. En la prensa de 29 de diciembre de 2004 se puede leer que la Generalitat ha elaborado un informe sobre la gestión del anterior gobierno, y en él constan como ciertos datos como los que siguen: 1. La Generalitat firmó un día antes de las elecciones autonómicas un pacto con las patronales de la escuela privada sobre las condiciones que regirían los conciertos educativos, los cuales implicaban un gasto de 800 millones de euros. 2. Un mes antes de las elecciones autonómicas el gobierno de la Generalitat llevó a cabo la renovación de 166 concesiones de transporte de viajeros por carretera a 68 compañías. Dichas concesiones no caducaban hasta 2008, pero fueron renovadas por 25 años a contar desde 2008. 3. Las concesiones para el Servicio de Inspección Técnica de Vehículos (ITV) que vencían en 2006 fueron ampliadas hasta 2014 el día antes de las elecciones autonómicas, a pesar de un informe negativo de los servicios jurídicos de la Generalitat.

El pasado 13 de junio de 2004 se celebraron elecciones al parlamento europeo; de acuerdo con la crónica de Xosé Hermida (2004: 1-3), en Galicia, mientras la franja urbana y costera, la más desarrollada, tenía un índice de participación bajísimo –como en prácticamente toda Europa–, la afluencia a los colegios de la Galicia rural y menos desarrollada era abrumadora, superando en 20 puntos a la media de la franja costera. En Nogueira de Ramuín, un municipio de 2500 habitantes, donde empezó su carrera política José Luis Baltar, presidente del PP de Orense, las elecciones europeas tuvieron un índice de participación del 70%, y de ellos, el 77% votó al PP. Una situación parecida se dio en la provincia de Lugo, donde el patrón provincial, Francisco Cacharro, presidente de la Diputación, también maneja una maquinaria clientelista bastante eficaz. En cada pueblo de estas provincias es normal que, en cada elección, se ponga en marcha una flotilla de coches para realizar el "acarreo" –*carrexo* en gallego–, de los posibles votantes populares. Este *carrexo* ha provocado ya algunos procesos judiciales.

Según Ramón Máiz, refiriéndose a las prácticas de acarreo, a las entregas de talones en mano para pagar las subvenciones, o a los repartos de empleo a familiares y afiliados, "esto es un ejemplo clásico de clientelismo partidista. Lo propicia la falta de desarrollo y de atención de los poderes públicos, y echa sus raíces en comunidades pequeñas, donde es muy fácil identificar el sentido del voto de cada uno" (Hermida, 2004: 2).

3.3.1. Clientelismo, cultura política y caciquismo

De estas palabras de Máiz, es conveniente destacar cómo la cultura política influye –aunque no exclusivamente– en la propia percepción de lo que es o no corrupto. Pues para mucha gente de la Galicia rural su acción y la de sus patrones políticos es absolutamente normal y legítima, aunque pudiera no ser plenamente moral. En un famoso estudio, Heidenheimer (1989) demostró cómo la cultura política afectaba a la percepción de las prácticas corruptas, situándolas como corrupción blanca, gris, o negra. En concreto, eligió cuatro tipos de comunidades, en función de su forma de entender las relaciones políticas de obligación:

1. La basada en la familia, en la que la lealtad a la familia nuclear es la única que cuenta. No existe un sistema de patronazgo, pues ni siquiera existe la confianza precisa para creer en que los jefes políticos cumplirán sus promesas. Era el caso de Montegrano.
2. El tradicional sistema basado en la relación patrón-cliente. Como sucede en comunidades sicilianas y griegas. En él, se busca protección más allá de la familia y más acá del Estado, que es visto de forma distante e incomprensible; en concreto, se busca protección en el patrón, el cual protege a cambio de obediencia, es socialmente superior e, incluso, posee rasgos de santidad.
3. El moderno sistema basado en la relación jefe político-seguidor. Dicho sistema encuentra su mejor expresión en las maquinarias políticas de las grandes ciudades americanas durante la primera mitad del siglo XX, aun cuando continúa existiendo en ciertas comunidades, como en el caso de Wincanton, elegida por el autor del estudio. Las elites sociales o burocráticas tienen poca importancia aquí, donde el jefe es quien controla la maquinaria política sin necesidad de tener, como en el supuesto anterior, rasgos de santidad percibida. En este modelo de comunidad los seguidores tienen más libertad de acción y el intercambio económico es fundamental.
4. El sistema de cultura cívica. Típico de ciudades medias o barrios medios de grandes ciudades británicas o americanas. En él, los ciudadanos no sienten la necesidad de acudir a un patrón o jefe político para beneficiarse de las leyes o programas públicos. Las actividades comunitarias y el respeto a las normas comunes no se realizan en función de la obtención de un beneficio concreto y particular, sino de la satisfacción moral que ello produce.

Por otra parte, en esas cuatro comunidades buscó: 1. La relativa extensión de variedades de conducta política considerada corrupta, de acuerdo a las normas de las elites occidentales sobre cómo ejercer un cargo público y cómo participar políticamente. 2. La tolerancia o severidad con las que las elites y la masa ciudadana observaban las variedades de conducta consideradas corruptas de acuerdo a la definición oficial anteriormente expresada.

Los resultados del estudio fueron bastante expresivos de cómo la cultura política influenciaba la extensión de las prácticas corruptas y la calificación de las mismas. Así, por ejemplo, la pequeña corrupción, como el "arreglo" de las multas de tráfico, o la interpretación favorable de las normas para con los amigos es considerada como normal y ampliamente practicada en los tres primeros tipos de comunidades, aunque también se da en el cuarto tipo de comunidad con cierta crítica social, sobre todo entre las elites culturales. La corrupción rutinaria, como la adjudicación de contratos a quienes apoyan la campaña electoral, es alta en su frecuencia en el sistema tercero, de jefe-seguidor, y considerada socialmente como corrupción gris. En los dos sistemas primeramente descritos es la forma normal de hacer las cosas y aceptada socialmente como corrupción blanca o incluso como no sancionable. En el cuarto sistema se produce incidentalmente y es considerada como corrupción negra o perseguible penalmente. La corrupción grave, como el uso de la policía para perseguir enemigos políticos, la corrupción judicial o el cobro de comisiones y sobornos es casi inexistente en comunidades de cultura cívica y considerada como penalmente perseguible. También es considerada como corrupción negra en las comunidades del tercer sistema, aunque su presencia es algo mayor. En el sistema de patrón-cliente es considerada como corrupción gris, y tiende a ser frecuente su presencia. Finalmente, en las comunidades del primer sistema puede ser un modo normal de actuación y ni siquiera ser considerado como corrupción, sino como la forma en que las cosas son, nos guste o no.

El ejemplo gallego sería una mezcla de cultura a caballo entre las tradicionales relaciones patrón-cliente y los modernos sistemas de relación jefe político-seguidor. De ahí que las prácticas clientelistas sean tan aceptadas socialmente en el ámbito rural. Pero ciertamente no puede considerarse un ejemplo de caciquismo, pues el caciquismo incorporaba una serie de rasgos que ya no se dan en el mundo rural gallego, ni en el sistema político español. El caciquismo, de acuerdo con Tusell, implicaba un gigantesco fraude electoral, denominado "encasillado", es decir, que los resultados electorales estaban prefijados de acuerdo con unos intereses pactados y establecidos por las elites políticas centrales y lo que se trataba es de conseguir que la realidad se asemejara en lo posible a esos resultados previos. Para empezar, las listas electorales eran decisión del gobierno central, quien se dirigía a los gobernadores civiles para obtener la información sobre los caciques locales y su grado de influencia. Este informe debía incorporar datos como el de los cargos ocupados por cada familia influyente en la provincia y a nivel local, las alcaldías no ocupadas, el número de militantes y simpatizantes de partidos y sindicatos y el nivel de conflicto previsible si se imponían unos resultados electorales que se alejaban bastante de lo esperado por la población. El sentido último de las clientelas electorales era el de ayudar, merced a la intermediación del cacique local, a que los resultados se parecieran en la realidad a lo previsto. Para ello tenían que acudir a votar siguiendo las indicaciones de su cacique.

Pero, además, el caciquismo, desde el punto de vista social, implicaba unas relaciones de dependencia económica y material, que es incompatible con un moderno Estado social, y un monopolio de oferta que, en democracia, por fortuna, no existe. En cada localidad, aunque existían matices y particularidades geográficas, sólo había un gran cacique, de tal manera que el modesto campesino analfabeto no podía optar por servir a uno u otro patrón político, como ocurre ahora. La dominación era prácticamente absoluta.

3.3.2. Tipos de clientelismo

Hoy en día, el clientelismo puede ser de tres tipos: electoral, burocrático y de partido (Corzo, 2002: 62-63), aunque lo normal para tener pleno éxito es que los tres se solapen, creando una tupida red clientelar.

En el *clientelismo electoral* el cliente es un votante, quien da su voto, al que accede por derecho reconocido legalmente, a aquel partido que por promesas hechas personalmente por el candidato o sus representantes le garantiza mayores favores y beneficios materiales exclusivos. Lo que se intercambia son necesariamente votos por favores. El rasgo típico del vínculo político clientelar frente al vínculo político programático es que, en el segundo, el partido votado no se compromete con sus votantes a proporcionarles favores y privilegio, sino a aplicar unas políticas determinadas de forma objetiva y universal (Máiz, 2004). En este segundo supuesto –vínculo programático– se intercambian promesas de políticas y programas públicos por votos. Un ejemplo de clientelismo electoral es el propio del PP gallego –aunque también lo intenten otros partidos–. El votante acude a votar lo que el patrón le dice porque hay un lazo de confianza con el patrón, forjado en los múltiples favores que éste le ha hecho y le puede hacer, desde colocarle al hijo hasta ayudarle a pedir una subvención, o llamar a "alguien" de Tráfico para que en el examen para la obtención del permiso de conducción sea benévolo con su cliente. Algunos autores también han afirmado que el funcionamiento de los programas de empleo rural en Andalucía tuvieron un fuerte componente clientelista en los años de 1980, afectando en este caso al PSOE, aunque no todos los estudios lo confirman (Corzo, 2002). El caso japonés antes expuesto muestra también este tipo de clientelismo; se vota al patrón para el que se crea el *koenkai,* pero ese patrón ha generado antes lazos fuertes de confianza personal con los clientes, por ejemplo, enviando un regalo por el nacimiento de un hijo o resolviéndoles un problema de una licencia de obras con el Ayuntamiento de la ciudad correspondiente.

Una modalidad cada vez más importante de clientelismo electoral es la de *nivel institucional.* Son los supuestos en los que un político con un cargo importante a nivel central, sobre todo, o regional favorece con sus decisiones a un área geográfica concreta, que es aquella donde él fundamenta su carrera política y tiene sus redes de apoyo. O aquellos supuestos donde un gobierno apoya de forma discriminatoria a aquellos gobiernos regionales o locales que están en manos de su partido. El primer caso, conocido como *pork barrel,* es propio sobre todo de países con listas abiertas por circunscripciones, donde el representante elegido se juega la reelección en función de los beneficios que consiga para su circunscripción en el parlamento nacional (Lancaster, 1986). Y las posibilidades son máximas si, además de parlamentario, es ministro. En el segundo caso, tenemos un supuesto en el que se penaliza a aquellos gobiernos locales o regionales en manos de partidos de oposición negándoles ayudas y subvenciones a las que dicho gobierno tendría derecho, y se favorece a los gobiernos del partido clientelista. Esta situación hace que sea difícil para un votante puramente racional y egoísta optar por el partido de la oposición a nivel local, hasta que no consiga dicho partido el gobierno nacional y siempre que éste esté dispuesto a embarcarse también en prácticas clientelares.

En el *clientelismo burocrático* el cliente es un colectivo o un individuo que aporta dinero y/o apoyos materiales –su voto no es aquí lo esencial, aunque también cuente– al patrón político a cambio de que: o se le adjudiquen contratos, subvenciones o concesiones públicas de forma privilegiada, o se le faciliten trámites y se le entregue información privilegiada, o se le exima de pagos, contribuciones, requisitos contractuales o impuestos (Rose-Ackerman, 1999). Obviamente, éste es un supuesto de corrupción en sentido estricto, pues es difícil imaginar un supuesto de clientelismo de este tipo sin que se produzcan un beneficio extraposicional y un abuso de poder posicional, aunque se pueda hacer sin incumplir las leyes. En las redes más sofisticadas de intercambio clientelar este tipo de clientelismo es muy importante, pues aporta los recursos necesarios para la financiación extraoficial del partido y para la consolidación de la clientela privada del patrón a cambio de favores específicos financiados por el propio patrón, como el pago de las cuotas de afiliación al partido o los regalos por bodas –como en el caso de los *koenkais*.

En el ejemplo que antes puse, basado en el testimonio de Chiesa ante Di Pietro, nos encontramos con un típico ejemplo de empresario político o político de negocios, Sciannameo, el empresario de pompas fúnebres. Este empresario se afilia al partido y se incorpora a la red clientelar a cambio de que se le aseguren o faciliten contratos. Su papel en la red es el de financiador a través de comisiones, pero también el de facilitador del control de una sección del partido gracias a los votos que controla de sus trabajadores, forzosamente afiliados al partido.

Finalmente, en el *clientelismo de partido* el cliente es un miembro del partido que da su voto o, mejor aún, que pone su red de clientes internos al servicio de una determinada facción, candidatura o corriente del partido, a cambio, sobre todo, de obtener un puesto de responsabilidad en el partido, en el gobierno o en las listas de candidatos del partido a las distintas elecciones. En este caso, se apoya a aquella corriente o candidato que da más a cambio del voto. Chiesa es un ejemplo de cliente de partido, pues va cediendo su apoyo, cada vez más valioso por incorporar clientes propios en número creciente, a aquella facción o corriente que más le da a cambio. Pero Chiesa tiene éxito, sobre todo, porque usa los tres tipos de clientelismo solapadamente. Fideliza votos para el partido, se financia a través de los sobornos y vende su poder interno en el partido a cambio de más poder externo, poder externo que, a su vez, le permitirá fidelizar más votos, obtener más sobornos y alcanzar puestos de más responsabilidad en el gobierno.

3.3.3. Clientelismo: rasgos básicos

Antes de proceder a explicar por qué el clientelismo implica siempre corrupción política, será conveniente definir sus rasgos esenciales. Siguiendo a Máiz (2004) podríamos destacar diez grandes rasgos. En primer lugar, el partido clientelista aunque se preocupa por asegurar una fuerte organización interna, no se preocupa de la definición y clarificación programática, a diferencia del partido programático que invierte bastante energía en dicha clarificación.

Segundo, en el partido clientelista el intercambio entre políticos y electores es directo. Los electores intercambian votos por beneficios materiales, y este intercambio se hace entre quien controla recursos y el que carece de ellos, por lo que existe una situación de dominación que puede ser arbitraria. En el partido programático no hay intercambio directo, sino a través de un programa; si se ejecuta el programa se reciben los beneficios previstos con independencia de si se vota o no al partido, por lo que no hay dominación arbitraria.

Tercero, el clientelismo implica individualización, personalización y dispensa de favores. No se distribuyen beneficios para todo un colectivo, sino para aquéllos señalados por ser de la red clientelar.

Cuarto, la rendición de cuentas es más sencilla en el clientelismo que en la política programática, pues el cliente observa directamente si recibió o no lo prometido, mientras que con el vínculo programático hay que esperar a ver cómo se implanta una política e interpretar los datos. En el clientelismo es más sencillo controlar al poder.

Quinto, el clientelismo es una institución informal, que cumple funciones de distribución de información y recursos como una burocracia paralela. Para ello, se configura como una estructura específica de redes sociales que se ramifican capilarmente y adquieren rasgos de permanencia.

Sexto, la relación propia del intercambio clientelar es desigual y asimétrica, existiendo relaciones de subordinación y dominación.

Séptimo, las redes sociales del clientelismo no tienen cierre horizontal, es decir, que progresan verticalmente –yo puedo ser patrón de diversos clientes y éstos, cada uno, puede tener sus propios clientes y así sucesivamente. Pero está bloqueada la posibilidad de contactos horizontales entre clientes, el patrón se relaciona con cada uno individualmente y se mantienen en secreto los vínculos y acuerdos.

Octavo, el clientelismo genera desconfianza hacia los otros clientes y hacia las instituciones, dado que se fomenta la ausencia de interacción social y comunicación; por ello, es un gran inhibidor de la acción colectiva y de la movilización política. La ausencia de confianza universal se compensa con una confianza particular en el patrón, pues hay una fidelidad compartida.

Noveno, el patrón debe mantener la red mediante una auténtica estrategia de dominación política, en la que es muy importante el control de los incentivos; así, hay que suministrar beneficios excluyentes, hay que personalizar la relación, hay que favorecer la visibilidad de los actores para reforzar el control y anticipar deserciones, hay que sancionar la deserción y hay que incentivar la desconfianza hacia la política del interés general.

Décimo, el clientelismo tiende a expandirse, pues es una opción racional –aunque no moral– tanto para los votantes como para los patrones; los votantes obtienen privilegios sin perder los derechos a las políticas universalistas, y los patrones ganan elecciones que de otra forma quizás no ganarían. Pero esta expansión hace que la competencia entre patrones sea mayor y que las demandas crezcan, por lo que se hace preciso acudir a vías corruptas para obtener los recursos necesarios para mantener viva la red. Es el momento del clientelismo burocrático y su modelo de intercambio. Aunque puede ser también el momento de la compra de votos y otras prácticas claramente corruptas. Además, no hay que olvidar que hoy en día, con la expansión del marketing político, los partidos programáticos llegan a segmentar clientes y a identificar de forma bastante clara sus demandas, con lo que desde el programa se contesta a necesidades muy diversas, aunque muy difícilmente integrables en una acción de gobierno coherente y equitativa. Por ello, la competencia con los partidos programáticos se hace cada vez más encarnizada. Y la necesidad de recursos más perentoria. De ahí que se busquen vías corruptas de obtención de fondos.

3.3.4. El clientelismo como corrupción política

Ahora llega el momento de explicar por qué el clientelismo es corrupción política o de la política. En primer lugar, el clientelismo hace inviable la política como búsqueda del interés común o general. Ya hemos destacado su naturaleza particularista y excluyente. Pero además, la política clientelista no admite la existencia de reglas comunes y aplicables a todos. Y si como ya dijimos en el capítulo anterior, la política son acciones o prácticas que realizan las personas para regular los conflictos sociales y cuyo resultado son decisiones obligatorias incluso por la fuerza para la comunidad (Vallés, 2000), la conclusión es que la política clientelista no permite el normal desarrollo de la acción política. El clientelismo no admite el resultado inevitable de la política: las decisiones obligatorias para todos. Y al no admitirlo genera una deslegitimación de la actuación estatal y una ruptura del pacto implícito que sustenta la acción política: los ciudadanos renuncian a derechos en beneficio mutuo, no en beneficio de solo una parte de la ciudadanía. De ahí el calificativo del clientelismo como política corrupta o corrupción de la política.

Menos compatible sería aún con la concepción de la política como conciliación de intereses; en dicha concepción, como ya enunciamos, la política consiste en el conjunto de actividades mediante las cuales se concilian intereses divergentes dentro de una unidad de gobierno determinada, otorgándoles una parcela de poder proporcional a su importancia para el bienestar y la supervivencia del conjunto de la comunidad (Crick, 2001). En el clientelismo ni se busca la conciliación de intereses, ni se permite que los intereses propios se subordinen al bienestar del conjunto de la comunidad. Los intereses del patrón se anteponen a los de los clientes, y los de los clientes a los de la ciudadanía en general. Y rara vez se sacrifican por el bien común.

Por otra parte, desde una dimensión moral, el clientelismo dificulta la plena realización de los derechos humanos. Para empezar, vulnera el artículo 7.º de la Declaración Universal de los Derechos Humanos, que establece: "Todos son iguales ante la ley y tienen, sin distinción, derecho a igual protección de la ley. Todos tienen derecho a igual protección contra toda discriminación que infrinja esta Declaración y contra toda provocación a tal discriminación". Para seguir, el clientelismo establece una relación de dominación de un ser humano sobre otro que hace inviable el ejercicio de la libertad, sobre todo si ésta se entiende como ausencia de dominación arbitraria. Los clientes renuncian a su libertad a cambio de los favores y privilegios que aporta la relación clientelar.

Desde una concepción de la democracia como un proyecto perfectible, el clientelismo sitúa la democracia en niveles de calidad ínfimos, muy cercanos a los de las democracias iliberales. Las razones son múltiples, pero reduciéndolas a cinco podemos decir que: 1. El clientelismo dificulta la participación efectiva en la política, pues inhibe la acción colectiva y dificulta la implicación en los asuntos públicos. 2. El clientelismo implica una renuncia ciudadana a cualquier control final sobre la agenda de gobierno, dejando en manos de los patrones las decisiones colectivas, sin rendición de cuentas. El cliente sólo se preocupa por las decisiones privadas e individualizadas que le favorecen y el ámbito de lo común desaparece de su control. 3. Rompe el principio de la igualdad de voto, pues hace que unos votos se den a cambio de privilegios y otros a cambio de nada, que unos votos permitan recibir beneficios y otros no se consideren. Por ejemplo, si en un municipio se vota al partido que está en el gobierno regional y gana tal partido, el municipio recibirá múltiples fondos e inversiones; si no se hace así, y gana el partido de la oposición, ese municipio no recibirá tales ayudas. El voto puede contar lo mismo para determinar quién accede al poder, pero no para definir qué debe hacer el poder. 4. Atenta contra el principio del *control popular,* pues éste se sostiene en la idea de que creemos que las personas son agentes autónomos que pueden definir cuál es su proyecto de vida, y que por ello deberían ser escuchados en los asuntos públicos que afectan a sus vidas. El poder público clientelista no escucha a quienes no se someten y participan en el intercambio. 5. Y sobre todo, atenta contra la *igualdad política,* que se basa en la asunción de que toda persona adulta tiene una capacidad igual para la definición de su modelo de vida y, por ello, tiene un igual derecho a influir en las decisiones colectivas, y a ser tenidos sus intereses en cuenta cuando se toman dichas decisiones. Bajo el clientelismo no se toman en cuenta los plurales intereses de la sociedad, sólo se consideran los intereses específicos y concretos de cada patrón y cada cliente, en cada momento concreto y separadamente.

3.4. Financiación corrupta

3.4.1. Precisiones conceptuales

Como se ve en el título, en el texto se hablará de financiación corrupta, no de financiación ilegal. Las razones son múltiples. Esencialmente, el incumplimiento de la ley no tiene por qué ser siempre corrupto, puede incumplirse la ley por razones morales, como en los supuestos de desobediencia civil. En nuestro caso, un partido podría –incluso debería– negarse a revelar quiénes le financian, aunque la ley lo obligue, si con ello pone en peligro la vida o los intereses de los financiadores. Es cierto que esta situación normalmente sólo se da en regímenes autoritarios o semiautoritarios como las democracias iliberales. Por ejemplo, Ucrania tiene requerimientos de transparencia en las fuentes de financiación muy exigentes. No obstante, entre el 60 y el 90% de los fondos no se declaran. Las razones son lógicas y convincentes, y desde luego no inmorales. Durante las elecciones presidenciales de 1999 y las parlamentarias de 2002 –las presidenciales de 2004 han tenido que ser repetidas, gracias a la presión interna e internacional, por fraude– las personas que contribuyeron a financiar la campaña del candidato opositor Moroz, fueron obligados a pasar durísimas inspecciones fiscales y explicar las fuentes de sus ingresos. Tras las elecciones, 12 pequeñas empresas que habían contribuido a la campaña de Moroz, fueron sometidas a constantes inspecciones, denuncias y multas oficiales, llevando a algunas de ellas a la bancarrota. Y en las legislativas, las imprentas que habían ayudado a la oposición fueron perseguidas furibundamente basándose en que habían evadido impuestos (Walecki, 2004).

No obstante, lo normal es que la financiación ilegal caiga también en las redes de la financiación corrupta. Pero no siempre sucede así, y es preciso destacarlo. Además, puede ocurrir que un sistema de financiación sea legal y, sin embargo, sea atentatorio contra la naturaleza y fines de la política, y, por ello, corrupto. Así ocurre si se admite dinero de narcotraficantes, aunque sea bajo la legal forma de contribuciones de empresas inmobiliarias. Pondré otro ejemplo, para aclarar la afirmación previa. En Uruguay, desde la década de 1950, los tres canales privados de televisión pertenecen a unos grupos con conexiones familiares, y estos grupos han controlado la agenda política en lo relacionado con las políticas audiovisuales de forma permanente. Por ejemplo, en 1994 el gobierno decidió convertir el mercado de televisión por cable de Montevideo en un mercado cerrado controlado por las tres televisiones privadas, y en 2000 se prohibió la importación de decodificadores de televisión por satélite a no ser que se hiciera por los operadores de la red de cable ya existentes. A cambio, los partidos oficiales –Colorado y Nacional– han tenido descuentos de hasta el 90% en los precios de los anuncios oficiales de campaña, además de disfrutar de condonaciones de la deuda de campaña. Obviamente, el entonces principal partido de la oposición, el Frente Amplio, ha denunciado tales prácticas discriminatorias. Pero su crítica es puramente política, pues legalmente no puede hacer nada, dada la inexistencia de leyes que regularan la materia de financiación privada de partidos en Uruguay, y la inexistencia de obligaciones de rendición de cuentas, así como la ausencia de órgano controlador en esta materia.

3.4.2. Clases de financiación corrupta

Por todo lo anteriormente expuesto, se considera corrupta la financiación cuando se dan tres posibles supuestos. El primero es el de la "financiación de captura". Supuesto en el que a través de la financiación, sea legal o ilegal, se capturan puestos relevantes, políticas o decisiones gubernamentales. Aquí se acepta la financiación como un pago anticipado por la toma de decisiones que favorecerán a los contribuyentes/financiadores del partido. En este supuesto, el acuerdo es voluntario entre las dos partes y de él obtienen ambos beneficio mutuo. Dentro de esta rúbrica podríamos situar tres grandes variantes (Pinto-Duschinsky, 2002): 1. La venta de honores, nombramientos y acceso a información. Situación en la que los contribuyentes, directa o indirectamente, obtienen las recompensas en forma de nombramientos –como el de embajador, ministro o magistrado– o mediante su incorporación a las listas de candidatos al parlamento o alcaldía, etc. 2. Las contribuciones políticas a cambio de favores, contratos o cambios en las políticas o en la legislación. Es el supuesto de la captura como consecuencia de un pago anticipado, la captura puede ser de una decisión concreta, de una ley o de una política pública. 3. El enriquecimiento privado. Como una variante del supuesto anterior, existe la posibilidad de que, además de obtenerse una financiación que captura al partido, si gobierna o cuando gobierne, el dirigente o los dirigentes del mismo se enriquecen personalmente con la financiación. Este caso implica, además de financiación corrupta, un enriquecimiento personal de los dirigentes políticos, es decir, los dirigentes se quedan con una parte de los fondos entregados al partido.

El segundo es "la financiación ventajista". Supuesto en el que, incumpliendo o abusando de las lagunas de la normativa, se busca una situación de ventaja competitiva con respecto al resto de candidatos o partidos. En suma, se busca que el resto de los partidos cumplan y el propio no, consiguiendo, de esa forma, unas ventajas o unos ingresos que los otros no tienen y que lo hacen más competitivo. En este supuesto no tiene por qué darse la captura, simplemente se quiebran normas procedimentales de igualdad política. Los intermediarios de la financiación, por ejemplo, pueden prometer a los financiadores, en este supuesto, todo lo que quieran, pero si el gobierno no se compromete no hay captura. Las posibles variantes de este supuesto serían (Pinto-Duschinsky, 2002): 1. Actividades que desobedecen las normas existentes de financiación política. Son los casos en los que un partido o candidato se gasta más de lo permitido en la campaña, acepta fondos por encima de los topes existentes por donante, incumple las reglas de divulgación, como aportar el nombre de los donantes o entregar la contabilidad de los ingresos y gastos de forma fiel y rigurosa, o acepta pagos de fuentes prohibidas no delictivas. 2. La aceptación de pagos provenientes del delito. Esta situación se produce tanto si se aceptan fondos del crimen organizado, como del terrorismo, o de traficantes de armas. 3. Gastos ilegales en campaña. Aquí se incluirían actividades como la compra de votos, la compra de favores de los órganos electorales o la propia actividad clientelista de acarreo y promesas de empleos interinos en la Administración, etc. 4. El abuso de los recursos estatales. Tanto las infraestructuras, como el personal y la información de la Administración pueden ser usados por los gobernantes en beneficio de su propia campaña. Un supuesto típico es el de la propaganda partidista bajo el velo de la publicidad institucional.

El tercero, y el más grave, es la "financiación coercitiva". En este caso, la financiación se obtiene a través de la extorsión y/o la amenaza. No se trata tanto de ser capturado, sino de amenazar con decisiones que dañarán a los posibles contribuyentes si éstos no financian. O permitir que se genere una situación tal que haga que sólo pagando se puedan conseguir contratos, subvenciones o concesiones. Aquí no nos encontramos con una relación de intercambio voluntaria, sino con un verdadero sistema de extorsión. Las posibles variantes de este tipo serían: 1. Obligar, desde los partidos gubernamentales, al sector privado a pagar dinero por protección. Las amenazas podrían ser desde la de enviar a la inspección de hacienda hasta negarles todo tipo de contrato o subvención, etc. 2. Exigir a los funcionarios el pago de contribuciones al partido en el gobierno a cambio de mantener el puesto o cargo. Situación más propia de democracias poco consolidadas que de democracias con un mínimo de calidad, pero no por ello poco frecuente. 3. Exigir al sector privado contribuciones a cambio de su seguridad personal frente al terrorismo. En este caso los grupos terroristas están, de alguna forma, vinculados a la organización política receptora de los fondos.

A continuación, se pondrán algunos ejemplos de los tres supuestos.

En junio de 2001, tras diez años de combate jurídico, el Tribunal Constitucional ratificó las condenas que el Tribunal Supremo había impuesto a una serie de personas vinculadas a las finanzas del PSOE y el PSC. En las conclusiones provisionales del fiscal previas a la vista ante el Tribunal Supremo, y en los hechos probados de la Sentencia 1/97 de 1 de julio de 1997, de la Sala 2.ª del citado Tribunal, se definía en esencia el denominado "caso FILESA" como un caso de financiación electoral ilegal del PSOE, a través de la creación de sociedades aparentes de consultoría. En dichas conclusiones se consideraba que a fines de 1986 o principios de 1987 se construyó un *holding* de empresas formado por Malesa, FILESA y Time Export. En realidad, 10 bancos y múltiples empresas de todo tipo pagaron a FILESA cantidades que se estimaron en algo más de 1.000 millones de pesetas. Tras recibir las facturas por la confección de los supuestos estudios, las empresas del holding las anotaron en su contabilidad como si realmente se tratara de pagos por servicios de asesoramiento técnico externo. Además, las dedujeron como "gastos fiscalmente deducibles" del Impuesto de Sociedades y del IVA. Finalmente, se omitió en el informe de contabilidad electoral a remitir al Tribunal de Cuentas todo el conjunto de servicios pagados por las empresas citadas a cuenta del PSOE, y se incorporaron como gastos ordinarios gastos de naturaleza electoral. La defensa de los acusados intentó la nulidad por defectos procesales, esencialmente la citación a declarar como testigos o la invitación del juez instructor a declarar sin suplicatorio a parlamentarios. El Tribunal Supremo no admitió tal nulidad. Previamente, un tribunal sí admitió como causa de nulidad las escuchas telefónicas acordadas por un juez en el llamado "caso Naseiro", que implicaba al PP, escuchas que demostraban la existencia de un entramado de comisiones exigidas a constructores para la financiación del entonces principal partido de la oposición. Finalmente, aunque la financiación ilegal no es delito en España, el Supremo condenó a los administradores e intermediarios por los delitos de falsedad en documento mercantil, asociación ilícita, delito fiscal y delito de apropiación indebida. El "caso FILESA" constituyó en España uno de los escándalos políticos más destacados en la década de 1990, visto ahora en perspectiva es un ejemplo típico de financiación "ventajista", tendente sobre todo a evitar los límites de gastos electorales existentes en la normativa vigente y, con ello, obtener una indebida ventaja competitiva. Al menos, mientras no se demuestre que hubo además extorsión o sobornos. Hechos estos que no se han demostrado.

Una situación un tanto diferente, sin embargo, se da en los dos supuestos que se narran a continuación. El 3 de septiembre de 2004 se podía leer en la prensa que el fiscal anticorrupción Fernando Rodríguez Rey consideraba, en un escrito presentado al juzgado de Barcelona que juzga el "caso Pallerols" lo siguiente: que el empresario Fidel Pallerols pactó durante años con dirigentes de Unió Democrática de Catalunya el importe de las subvenciones que le otorgó la Generalitat de Catalunya para realizar cursos de formación a parados y que el 10% de esa cuantía se desvió para financiar al citado partido. En este caso, lo que se está juzgando no es sólo financiación ilegal, sino un caso de soborno en el que están implicados los poderes públicos. Es un caso de financiación "de captura", pues se capturaron decisiones a cambio de dinero, según el fiscal.

En 1991 (Eigen, 2004: 183 y ss.), durante la Guerra del Golfo, Arabia Saudí temía un ataque con armas químicas y decidió comprar unos tanques alemanes del tipo Fuchs. El gobierno federal, aunque no debía vender armas a países en conflicto, de acuerdo con la legislación alemana, decidió hacer una excepción. Los saudíes pagaron casi 450 millones de marcos por 36 tanques. Las investigaciones de la prensa y la fiscalía revelaron que de los 450 millones casi la mitad se gastaron en sobornos. El secretario del Ministerio de Defensa recibió 17 millones de marcos y, cuando estalló el escándalo, huyó al extranjero donde sigue escondido. Pero también se descubrió que la empresa constructora de los tanques, Thyssen-Henschel, había pagado en un parking de Suiza a Leisler Kiep, tesorero de la CDU, un millón de marcos que se había ingresado en tres partidas de una cuenta fiduciaria de la CDU. El 2 de diciembre de 1999 el parlamento decidió crear una comisión de investigación, que no sólo estudiaría el caso de los tanques, sino también la venta de la refinería Leuna (de Alemania Oriental) y su red de gasolineras al consorcio francés Elf-Aquitaine, así como la venta de aviones Airbus a compañías aéreas canadienses y tailandesas. El 16 de diciembre, ante la magnitud del escándalo, el ex canciller Helmut Kohl reconoció ante los teleespectadores alemanes que había recibido personalmente donaciones, durante los años de su mandato, por importe de unos dos millones de marcos, y que lo había mantenido en secreto y al margen de cualquier comisión de su partido, la CDU. Finalmente, la comisión del parlamento concluyó afirmando que "en los años ochenta y noventa la CDU, bajo la dirección del señor Kohl, mantuvo un sistema de financiación ilegal establecido en años anteriores y que ese sistema fue fortalecido con medidas adicionales que aseguraban su encubrimiento. La creación de una red de cuentas bancarias extendidas por Alemania, Suiza y Luxemburgo camufladas con el nombre de agentes fiduciarios y fundaciones, a través de las cuales se realizaron transacciones en efectivo de sumas elevadísimas, muestra paralelismos con prácticas propias del ámbito del crimen organizado y del blanqueo de dinero" (citado por Eigen, 2004: 183). Como vemos en estas conclusiones parlamentarias, el problema aquí ya no es sólo el de la financiación ilícita, sino el de la corrupción en sentido estricto, y especialmente el uso de prácticas de soborno. Es un caso de financiación "de captura", pero con recepción de ingresos personales por parte de algunos políticos implicados.

Este tipo de actos, realizados en Alemania en la cúpula del partido de gobierno, en Italia adquirieron, a partir sobre todo de la aprobación de la muy deficiente ley de financiación de partidos de 1974, un carácter generalizado y sistémico. Desde 1974 hasta *Mani Pulite,* en Italia se fue montando un verdadero mercado de sobornos, extorsiones y financiaciones ilícitas de partidos. Las razones son muy diversas, pero es de destacar la creciente intensificación de la competición política con la llegada de Craxi al Partido Socialista y su reto a la Democracia Cristiana, también el desarrollo de las corrientes dentro de los partidos, con sus correspondientes redes clientelares, y, finalmente, el surgimiento de los políticos de negocios, organizadores de las transferencias y distribuciones de sobornos (Pujas y Rhodes, 1997). A mediados de la década 1980, ya también el Partido Comunista italiano se incorpora al sistema de sobornos *(tangenti),* de forma que a menudo los sobornos importantes se repartían entre los tres grandes partidos, como el "caso Panzavolta" ilustra: para conseguir un gran contrato de descontaminación de las centrales ENEL la empresa Calcestruzzi tuvo que pagar tres sobornos de casi 1.250 millones de liras cada uno a la DC, al PSI y al PCI. En los partidos italianos, el prototipo de político admirado y de éxito durante todo ese período se expresa en cuatro opciones: o bien se dirige una empresa pública o una agencia con buen presupuesto, o bien se es cajero del partido, es decir, quien se asegura de la entrada de fondos, o bien se es el *portaborse,* o la persona encargada de la organización de los sobornos, o bien un burócrata de partido que controla votos y que los pone al servicio de una de las corrientes del partido; en esa época, toda Italia se había convertido en *tangentopoli,* la ciudad de los sobornos (Della Porta y Vannucci, 2002). Este tercer ejemplo, ya caería dentro de la financiación "coercitiva", pues muchos empresarios, como se puede comprobar en los sumarios de los juicios existentes, no podían hacer otra cosa que pagar si querían sobrevivir en el negocio.

Cuestión distinta, pero conectada con lo anterior, es cuando la financiación se obtiene por la relación del partido con un grupo terrorista, al que usa explícita o implícitamente como amenaza en caso de impago. En estos casos, las posibilidades de extorsión son enormes, pues no sólo se juega con la economía del contribuyente, sino con su propia vida o la de sus familiares. Así, "dentro de la investigación sobre las finanzas de ETA, (el juez) Garzón ordenó el pasado diciembre de 2003 la detención y posterior puesta en libertad bajo sendas fianzas de 18.000 euros al histórico dirigente de Herri Batasuna Jokin Gorostidi Artola y a Juan José Arruti López, a quienes acusa de haber participado en el cobro en 1991 de 180.303,63 euros en concepto de 'impuesto revolucionario' a un empresario. Garzón explicó en su auto que en la causa que se investiga ahora se ha acreditado que Gorostidi estaba encargado, como miembro de la Mesa Nacional de HB y como integrante del aparato de financiación de la organización, de recaudar el denominado 'impuesto revolucionario' exigido a las víctimas, auténtico mecanismo de coacción y extorsión mediante el cual se atienden las necesidades económico-financieras del complejo terrorista dirigido por ETA-KAS, en el que se encuentra presuntamente integrado el imputado. El auto explica que ETA delegó en Herri Batasuna la gestión y el cobro de las cantidades obtenidas mediante extorsión, como acredita un documento intervenido en 1993 en París a José María Dorronsoro" (*El Mundo,* 15 de enero de 2004).

Los ejemplos de diversos tipos de financiación corrupta podrían ser ampliados casi infinitamente, con casos extraídos de Francia –con Juppé y Chirac directamente implicados en un caso de financiación del RPR durante su tiempo en el Ayuntamiento de París– México, Perú, Estados Unidos, etc. Para entender por qué se produce este fenómeno mundialmente procederemos a analizar los problemas típicos de la financiación de partidos hoy.

3.4.3. ¿Por qué la omnipresencia de la financiación corrupta?

La financiación corrupta es fruto de la confluencia de todo un conjunto de fenómenos políticos, sociales y económicos que ya anticipamos anteriormente. En primer lugar, la globalización de la economía y la creciente dificultad para tener puntos de vista esencialmente distintos sobre política económica, y como consecuencia, sobre las políticas públicas en general. Socialmente, ello implica una difuminación de los *cleavages* tradicionales y una mayor homogeneidad en los mensajes. Los partidos tienden a asemejarse en sus programas, lo que dificulta, a su vez, la diferenciación ideológica. De ahí la necesidad de incrementar los costes de marketing político para conseguir productos diferenciados.

Segundo, la desideologización y pragmatismo inducidos por la globalización llevaron al surgimiento de partidos *catch all,* y estos partidos generaron un tipo de político mucho más propicio al acuerdo con otros partidos sobre intereses comunes. De ahí surgen las bases para el partido-cártel, un partido que basa su prestigio en la competencia de gestión, que soporta sus campañas en dinero, cuya principal fuente de recursos son las subvenciones estatales, en el que la distinción entre miembros y no miembros se diluye y en el que la posibilidad de estar en el poder en algún momento o nivel territorial es permanente (Katz, 1996). Precisamente, esa posibilidad permanente de estar o llegar al gobierno genera incentivos para los sobornos.

Tercero, la creciente oligarquización de las organizaciones partidistas. Este supuesto es típico, sobre todo, de aquellos países que han consolidado partidos estables y los han institucionalizado en la vida pública. Estos partidos-cártel tienen asegurada la financiación pública, y además vinculada, normalmente, a sus previos resultados electorales, con lo que se produce una cierta oligarquización partidista. Esta oligarquización dificulta a los partidos de oposición –los excluidos o los que menos reciben del reparto– el acceso a fondos y, con ello, el acceso a amplios porcentajes de la ciudadanía; de ahí que las críticas opositoras a la corrupción gubernamental pudieran caer en el vacío. Y, por otra parte, permite a los partidos del sistema evadir rendiciones de cuentas gracias a acuerdos de apoyo mutuo, sin graves correctivos por parte de la ciudadanía, que no tiene seriamente a quien votar a cambio. En cualquier caso, no siempre que hay partidos-cártel hay corrupción política, como el ejemplo escandinavo nos muestra (Heidenheimer, 2000).

Cuarto, la creciente burocratización de los partidos. Éstos, al incorporarse a la tipología del partido-cártel, se convierten en maquinarias con muy poco trato con las bases y alejadas de la ciudadanía, a la que conocen esencialmente por encuestas y otros mecanismos de investigación social. La burocracia genera costes crecientes que deben ser financiados. De ahí que los gastos por funcionamiento ordinario de los partidos crezcan de forma desproporcionada.

Quinto, los incrementos en los costes de las campañas. Ya indicamos en capítulos previos cómo se habían incrementado los costes de las campañas electorales. La clave de ese incremento son los gastos en publicidad, sobre todo la televisiva. En México, por ejemplo, el gasto en prensa, radio y televisión en la última campaña presidencial, según los propios partidos, asciende a entre el 60 y el 70% de los gastos, en Colombia al 50%, en Argentina en torno al 60%. Con independencia de que se tenga mejores o peores resultados –y de que sirva más o menos–, la tendencia común es a aumentar los gastos todo lo posible para asegurarse el máximo espacio televisivo posible. Los ciudadanos desideologizados –la inmensa mayoría de nuestras sociedades– para ser convencidos necesitan venta de imágenes e iconos, por lo que se invierte mucho más en la imagen que en la reflexión programática. Obviamente, la primera es más cara que la segunda, y, al tiempo, más fácil de comprar.

Sexto, el cambio en la naturaleza de la actividad política. Hoy la gran batalla política en los regímenes democráticos se libra en los medios de comunicación, fundamentalmente en la televisión. Se buscan políticos que comuniquen, con capacidad de "enamorar la cámara y encantar a los micrófonos" (Rial, 2004). Hay una personalización de la política, el candidato importa tanto como el partido, a veces más. Cada día, el político debe colocar en los medios de comunicación su agenda política y superar la estrategia de comunicación de los adversarios. Los actos de masas sirven para que los escasos segundos que salen por televisión los candidatos se aprovechen con mensajes directos, simples y contundentes, así como para generar la idea de un apoyo masivo a través de las seleccionadas imágenes de entorno. La campaña se libra en los medios no en los estadios. Hoy en día, es cada vez más importante el político-actor o la política/actriz, capaces de estar en todo tipo de espectáculos televisivos, hablando de aspectos triviales de la vida cotidiana y debatiendo con personajes como actrices porno, cantantes o periodistas del corazón. Ser conocido, tener notoriedad es la clave. El caso más impactante es, de nuevo, la política italiana, donde se ha constituido un "régimen mediático" en palabras de Sartori o "plutomediático" como lo llama Franco Cordero, un régimen fundado en el poder del dinero y el monopolio de la información, un régimen donde la persecución de la oposición ya no precisa de la porra, sino del uso intensivo de la calumnia mediante el tubo catódico (Gómez y Travaglio, 2004).

Séptimo, el declive de los medios tradicionales de financiación. Si, tradicionalmente, la financiación principal de los partidos era la proveniente de las cuotas de sus afiliados, el declive de afiliación a los partidos corta una de sus principales vías de financiación. Por lo que hay que buscar nuevos caminos. Por ejemplo, entre las elecciones de la década de 1960 y las de la década de 1980, la afiliación a partidos, medida como porcentaje del censo electoral, cayó en casi toda Europa Occidental, así, en el Reino Unido pasó del 9,4 a 3,3%, en Italia del 12,7 al 9,7%, o en Suecia del 22,0 al 21,2% (Katz, 1996).

En suma, se necesita cada vez más dinero y las fuentes tradicionales se agotan, la competencia se mediatiza y los costes políticos de la financiación corrupta no son suficientemente elevados.

3.4.4. ¿Cómo se produce la corrupción en la financiación de partidos?

Algunos autores opinan que el problema de la financiación corrupta tiene su origen en la ausencia de regulación sobre la materia. Frente a esta posición, algunos otros indican que en relación con la regulación existen cuatro modelos posibles y ninguno es perfecto. Estos cuatro modelos son (Nassmacher, citado por De la Calle, 2004): en primer lugar, la opción sueca, caracterizada por la idea de que los partidos son asociaciones voluntarias, de naturaleza privada, y a los que no se puede prohibir la obtención de financiación privada en las cuantías que consideren necesario. En el fondo, además, se considera que los votantes deciden libre y racionalmente, sin que el dinero o la publicidad puedan mermar su juicio. No obstante, es preciso destacar que en Suecia existen acuerdos entre partidos para asegurar la transparencia en el origen y destino de los fondos. El modelo sueco es el modelo imperante en el resto de los países escandinavos.

La segunda modalidad es la opción alemana, en la que hay una apuesta fuerte por la transparencia, todas las fuentes privadas de recursos deben ser registradas y comunicadas al órgano de control, aunque no existen límites en dichas contribuciones. Los electores deben saber quién recibió, cuánto y de quién, y para ello es obligatorio para los partidos y candidatos emitir unos informes públicos con la contabilidad pertinente de ingresos y gastos. Además, en Alemania, por Sentencia del Tribunal Constitucional de 1992, se reconoció el papel esencial de los partidos en el funcionamiento de la democracia, de ahí que se admitiera la constitucionalidad de su financiación pública.

La tercera modalidad es la fundada en el activismo de las agencias de control. En esta modalidad, la clave está en crear un órgano con capacidad de control y seguimiento que analice las cuentas de los partidos y candidatos, así como sus informes de actividad y que implemente normas sobre campañas conforme vayan aprobándose. Estados Unidos ha desarrollado un sistema en el que los partidos y candidatos deben hacer públicas todas las contribuciones superiores a los 200 dólares, también existe un límite para las donaciones privadas, que es de 25.000 dólares. Sin embargo, no existe ningún tipo de financiación pública a partidos, aunque sí a candidatos; por ejemplo, los candidatos presidenciales han recibido en estas últimas elecciones 74,6 millones de dólares para financiar su campaña, desde el momento en que finalizaron las convenciones y ya no podían recaudar más dinero privado. No obstante, los fondos federales utilizados en las elecciones presidenciales provienen de fondos que los ciudadanos voluntariamente adjudican en sus impuestos sobre la renta. La asignación de estos fondos no afecta al total de impuestos a pagar o al monto de la devolución que le corresponde al individuo. La Comisión Nacional de Elecciones es el órgano encargado del control y seguimiento del sistema en Estados Unidos.

Finalmente, la cuarta modalidad es la de la regulación diversificada. El mejor ejemplo aquí es Canadá, donde en 2003 se han introducido amplios cambios en la normativa de 1974, y se ha generado un sistema de regulación intensa y fuerte control. Así, existe la obligación de informar por los partidos de todo tipo de ingreso privado recibido. La financiación privada se permite esencialmente a personas individuales, a las que se les establecen límites en la contribución –10.000 dólares canadienses al año por candidato, partido o por candidato interno en las primarias de partidos–; a las empresas y sindicatos se les permite financiar pero con un límite de 1.000 dólares canadienses por año y sólo a candidatos, no a partidos. También existen límites a los gastos electorales y normas bastante detalladas sobre financiación pública directa e indirecta, así como una obligación rigurosa de transparencia en el origen y fines de los gastos; para controlar todo ello existe un Comisionado de Elecciones, con amplios poderes y un régimen de fuertes sanciones en sus manos, incluida la pena de prisión de hasta 5 años.

El modelo español se acercaría a este último, aunque no está tan depurado. Los constituyentes españoles incorporaron a la Constitución de 1978 el artículo 6, que establece que: "Los partidos políticos expresan el pluralismo político, concurren a la formación y manifestación de la voluntad popular y son instrumento fundamental para la participación política". De ahí que se les considere "como base esencial para la actuación del pluralismo político" (Sentencia del Tribunal Constitucional 85/86). Pero los partidos españoles –como en el resto del mundo democrático– requieren importantes sumas de dinero para hacer frente a las repetidas campañas electorales y a su creciente profesionalidad. La conquista del poder o la capacidad de actuar como bisagra es requisito fundamental para la influencia y salud interna de los partidos, y ese objetivo requiere cada vez sumas mayores para la financiación de las campañas o el sostenimiento de una infraestructura tecnocrática capaz de hacer seguimiento de las políticas públicas en marcha y de los resultados percibidos por la ciudadanía. La política mediática es cada vez más cara, con toda su parafernalia de encuestas, marketing, publicidad, análisis electoral, imagen, estudios técnicos, etc. Máxime cuando el comienzo de una campaña política casi empieza al día siguiente del fin de la anterior, sobre todo en un Estado descentralizado como España –17 elecciones autonómicas y las elecciones locales se suman a las elecciones generales–. Por ello existe una cada vez más generosa financiación pública, al tiempo que se permite con límites la financiación privada. El Tribunal de Cuentas se encarga del control del cumplimiento de la normativa de financiación por parte de los partidos.

La conclusión que podemos sacar de este repaso es que sólo en países de fuerte cultura cívica y compromiso democrático es posible aceptar la desregulación, y que cuanto menor sea la cultura cívica y el capital social mayor será la necesidad de optar por un modelo cercano al canadiense, con regulación intensa y controles rigurosos. En consecuencia, la corrupción se produce por la inadecuada regulación y el insuficiente control considerando las condiciones sociales y la cultura política existente.

Dicho esto, las preguntas ahora son: ¿qué debe contener la regulación en esta materia? y ¿qué tipo de regulación es la inadecuada y por qué? En relación a estas preguntas, los debates giran en torno a nueve aspectos.

A) Financiación pública, privada o mixta

La financiación privada ha sido la forma natural de financiarse los partidos históricamente. Ahora bien, la información empírica sobre la naturaleza de los fondos privados, hoy en día, nos indica que los fondos provenientes de las cuotas de afiliados son una parte ínfima de los ingresos existentes y que no permiten cubrir por sí mismas ni los gastos más elementales. Por otra parte, la ineludible intervención pública en áreas de la economía y los negocios provoca una relación muy peligrosa entre dinero y política. La ausencia de regulación en esta materia puede dar lugar a dos peligros (De la Calle, 2004; Ferreira, 2004; Malem, 2002). Por una parte, el peligro de la captura de políticas o decisiones, del que ya hablamos y hablaremos posteriormente. Por otra, el problema, muy vinculado al anterior, de la consolidación de plutocracias en el gobierno de los países. Un gobierno que sólo tenga en cuenta las opiniones, preferencias y deseos de los más ricos, no es un gobierno que respete principios básicos de la democracia.

La financiación pública surge posteriormente a la privada y su razón de ser es diversa. Para empezar, es una forma de nivelar la competición, asegurando un mínimo de recursos a todos los partidos con implantación y posibilidades (De la Calle, 2004). Sobre todo en países semiautoritarios, donde los oligarcas controlan los medios y la economía, esta posibilidad es esencial para que exista una mínima igualdad de oportunidades (Hodess, 2004). En suma, son razones de equidad las que sostienen esta decisión. También es una especie de seguro contra la dependencia de fuentes privadas de financiación, un instrumento de reforzamiento de la autonomía partidaria. Con ello se limitan las posibilidades de captura y la implantación de una plutocracia. Reduce, al tiempo, la dependencia de fuentes externas, limitando el riesgo de aceptar fondos provenientes de donantes poco fiables. Y, finalmente, cuando los fondos son finalistas, permite introducir mejoras en el funcionamiento de los partidos, ya mejorando la capacitación, favoreciendo la igualdad de género o democratizando la organización (De la Calle, 2004). No obstante, la financiación pública también genera algunos problemas. Por ejemplo, cuando financia candidatos acentúa procesos de fragmentación partidaria, que pueden dificultar la gobernabilidad; pero cuando financia partidos, al hacerlo a través de la cúpula nacional, puede provocar una rígida centralización y una concentración de poder en unas pocas manos, además de hacer excesivamente dependientes a los partidos del Estado (De la Calle, 2004). Además, si la regulación de la distribución no se hace imparcialmente, puede provocar procesos de oligarquización política.

La tendencia normal en todo el mundo es a tener un método mixto. La financiación pública no produce por sí misma corrupción, pero tampoco la reduce si no va acompañada de otras medidas que la completen, como veremos ahora. La financiación privada desde luego que no reduce la corrupción, más bien la genera si no se establecen medidas que reduzcan su impacto. De cara a tener partidos con fondos suficientes como para no tener que dedicarse a la extorsión y a aceptar sobornos, la mezcla de ambas financiaciones es la mejor solución, pero tampoco por sí misma evita la corrupción política, pues necesita de otras medidas para que se desincentive la actividad corrupta suficientemente.

B) Financiación pública: tipos y costes

La financiación pública puede intentar cubrir varios tipos de gastos de los partidos. En primer lugar, los gastos de "funcionamiento ordinario", cada vez más elevados dada la tendencia a la burocratización y tecnificación de los partidos. Los gastos en actos públicos, marketing, asesoramiento de imagen, mantenimiento de infraestructuras, informática y comunicación, como repetidamente venimos afirmando, son muy elevados, y el capítulo de gastos de personal también lo es, aunque se subcontraten la mayoría de los servicios. Es cierto que los partidos en el gobierno reducen parte de estos gastos a través del uso de las infraestructuras públicas para parte de estas labores, pero ello obliga a los partidos de oposición a redoblar esfuerzos. Cuando la estructura de partidos es de tipo "cártel" todos los partidos tienden a usar sus gobiernos o su parte de gobierno para apoyar la estrategia partidista, pero aún así los gastos superan a los ingresos.

En segundo lugar, los gastos de "funcionamiento de los grupos parlamentarios y, en su caso, de los grupos municipales". Es especialmente importante esta financiación cuando la infraestructura institucional de servicio a los representantes no cubre gastos necesarios como el de pago de asistentes o informes. Una posible diferencia entre países se da, en este tipo de financiación, cuando el país es federal o está fuertemente descentralizado, y cuando no es así. En los países federales, la existencia de parlamentos estatales o regionales multiplica los gastos de financiación de grupos, pues todo grupo parlamentario de asambleas legislativas de nivel regional tiende a ser también financiado. La ausencia de financiación regional –normalmente por vía de prohibición legal– sería vista, en este caso, como una discriminación entre parlamentos y, últimamente, entre "demos", por lo que lo normal y constitucional es que se evite. Y en los países donde la tradición de la autonomía local es fuerte, además, puede ser necesario financiar a los grupos municipales de los diferentes partidos con presencia en el consejo, pleno o asamblea local. Nuevamente, la prohibición de tal financiación podría implicar un atentado contra la autonomía local o la capacidad de autogobierno. Por todo ello, cuando existe descentralización, es peligroso establecer límites a la financiación descentralizada de grupos de representantes, pues se generan con ello incentivos –más de los que ya normalmente existen– a la obtención ilegal de fondos.

Finalmente, se financian los gastos de "campaña electoral", de forma directa e indirecta. En la financiación de campañas una diferencia que se puede producir entre países viene dada por la existencia o no de listas abiertas, con distritos uninominales o plurinominales. Cuando existen candidatos que compiten abiertamente, incluso siendo del mismo partido, la financiación de campañas se complica en la gestión y en los controles, y máxime si existen numerosos candidatos independientes, pues en este caso no hay partido al que subvencionar. Por ello, si sólo se subvencionaran partidos, los candidatos no oficiales del partido o los independientes quedarían al margen, y ello sería discriminatorio y una fuente de posible corrupción; además de reforzar el poder de la cúpula partidista de forma peligrosa para los equilibrios propios de la democracia interna. Pero cuando a la subvención de partidos se suma la financiación de candidatos, sobre todo si se acumulan candidatos en el ámbito nacional, regional y local, se hace muy compleja la gestión, lo que incentiva también la corrupción, y produce, para evitar tal financiación corrupta, la necesidad de constituir organizaciones de control muy potentes, costosas y bien dotadas. Lo normal, por ello, es financiar partidos y que ellos distribuyan entre candidatos, en su caso, con alguna regulación normativa especial para los candidatos independientes.

Ahora bien, la financiación de campañas abre otro debate. ¿Qué tipo de elecciones se financian? Lo normal es que se financien tanto las elecciones nacionales como las subnacionales, es decir, las locales y, en su caso, las regionales. Ahora bien, hay países que no financian elecciones municipales, como Costa Rica, Ecuador y Argentina (Griner y Zovatto, 2004). En algunos otros países, aunque no se financian directamente, los partidos disponen una parte de sus fondos para ayudar en los gastos de las elecciones municipales. Los estudios existentes nos muestran que la ausencia de financiación pública en este nivel influye negativamente en la limpieza de la gestión municipal, pues las campañas locales cuestan cada vez más y, de alguna forma, es preciso hacer frente a sus pagos (Heidenheimer, 1999). También hay países que financian elecciones de nivel supranacional, como es el caso de Nicaragua en las elecciones al Parlamento Centroamericano y los países de la Unión Europea en las elecciones al Parlamento Europeo. Algunos países financian también los referendos y plebiscitos, como es el caso de Nicaragua, de nuevo. Y últimamente, se han empezado a financiar también las primarias de los partidos, financiando a los candidatos, como en Colombia, o a las tendencias oficialmente reconocidas, como en Costa Rica (De la Calle, 2004).

En España, en coherencia con lo hasta ahora afirmado, los partidos reciben una fuerte inyección de dinero público a través de tres vías (art. 2 de la Ley 3/87): 1. Para funcionamiento ordinario. 2. Para gastos electorales. 3. Para funcionamiento de sus grupos parlamentarios. Estos fondos se complementan, como en otros países, en múltiples ocasiones, con la utilización de la propia Administración, cuando se está en el poder, para hacer campañas publicitarias de tinte claramente partidista o para, usando empleos públicos, realizar labores de análisis y estudio que se utilizan por el partido del gobierno (Blanco Valdés, 2001).

En principio, las subvenciones se deben realizar por los presupuestos estatales; no obstante, cada vez existe más dinero autonómico y local para funcionamiento ordinario. De acuerdo con el informe del Tribunal de Cuentas para el año 2001 –último disponible– las cantidades obtenidas por los partidos en ese año, sumando subvenciones estatales, autonómicas y locales para funcionamiento ordinario y de grupos parlamentarios o municipales fueron cercanas a los 150 millones de euros (véase cuadro 3.1).

CUADRO 3.1

Financiación pública ordinaria y de grupos de representantes

Subvención estatal	*Gobiernos autónomos*	*Cortes Generales*	*Asambleas legislativas autonómicas*	*Corporaciones locales*	*Total*
57.264.433	3.606.073	12.063.114	39.964.459	36.704.505	149.602.585

Fuente: Informe del Tribunal de Cuentas nº 607, sobre fiscalización de contabilidad de los partidos políticos. Ejercicio 2001.

A dichas subvenciones habría que sumar las correspondientes a gastos electorales, que fueron de 16 millones de euros en 2001, año sin grandes compromisos electorales (véase cuadro 3.2).

CUADRO 3.2
Financiación pública de campañas

Subvención estatal	*Gobiernos autónomos*	*Total*
7.441.578	8.683.478	16.125.056

Fuente: Informe del Tribunal de Cuentas nº 607, sobre fiscalización de contabilidad de los partidos políticos. Ejercicio 2001.

En total, la suma es de casi 166 millones de euros, o el 0,025% del PIB. Si se compara con los fondos obtenidos por vía privada –si nos creemos lo declarado–, se puede concluir que más del 95% de la financiación de los partidos políticos en España es pública. En México la situación es parecida, pues en las últimas elecciones presidenciales y congresuales se reportaron gastos oficiales de subvención de 921 millones de dólares, y, los partidos sólo declararon 68 millones de dólares como de financiación privada (De la Calle, 2004). Y en Bolivia, el coste de las últimas elecciones nacionales significó un gasto de 23 millones para los partidos y 81,5 millones de dólares para el organismo electoral. Sin embargo, en Chile y en Colombia es mayor lo recaudado privadamente, pues el financiamiento público asciende sólo al 20%. Estos datos, en conjunto, nos pueden indicar que no existe plena correlación entre financiación pública y baja corrupción –medida por los índices de percepción–, pues Bolivia es un país con corrupción muy alta, México tiene una importante corrupción y, sin embargo, Chile la tiene bastante baja. No obstante, frente a esta opinión de que no influye la financiación pública en la mayor o menor corrupción, algún autor ha mostrado cómo esta financiación, acompañada de otro tipo de medidas, influye positivamente en la bajada de la corrupción en los países (Heidenheimer, 1999); y realizando un estudio comparativo entre Alemania e Italia en los años 1974-1987, se observó cómo en el primer país la financiación pública se había incrementado del 30% al 45% como porcentaje del total de los ingresos de los partidos, y en Italia había disminuido del 55-60% al 40-45%, circunstancia que explica en parte la explosión de *tangentopoli* en Italia, y los relativos buenos datos de percepción de corrupción en Alemania (Landfried, citado por Heidenheimer, 2000).

Para finalizar este apartado, otro aspecto a considerar en el mantenimiento de la corrupción política, a pesar de los incrementos en los fondos públicos de financiación, puede ser el desarrollo de luchas intrapartidistas para la nominación mediante primarias. Es el caso de Israel, que tiene la mayor proporción mundial de subsidios públicos para financiar gastos electorales, en concreto son tres veces los de Alemania en gasto *per capita*, y, al tiempo, tiene un sistema de primarias muy competitivas. Como resultado, no se ven suficientes mejoras en sus índices de percepción de corrupción a pesar del dinero público (Hofnung, 1996).

C) Financiación pública: umbral y momento del desembolso

Normalmente, los países tienen un umbral a partir del cual los partidos o candidatos tienen derecho a percibir fondos públicos. Hay países en los que sólo se financia a candidatos y sólo con fines electorales, como Uruguay. Hay otros países, la mayoría, en que se financia a partidos, pero no a candidatos, como en España o México. Pero en casi todos los países, para obtener financiación estatal, se requiere alcanzar un umbral o porcentaje mínimo de votos; en Centroamérica este umbral suele ser el 4% de los votos (Griner y Zovatto, 2004). En otros países se divide la subvención en una parte igualitaria, a la que todos los candidatos tienen derecho y una parte proporcional, a la que sólo tienen derecho los que ya obtengan un porcentaje razonable de votos, por ejemplo, el 5% en Brasil. Con este sistema se garantiza una cierta igualdad de oportunidades básica y, al tiempo, una lógica diferenciación entre quienes realmente tienen tradicionalmente apoyo popular, y por ello una cierta legitimación, y los que no lo han conseguido.

Desde una perspectiva que ponga el énfasis en la calidad democrática, un umbral muy elevado dejaría fuera de la financiación a partidos o candidatos cuyas opiniones pueden ser muy valiosas para una deliberación pública, y que al quedar sin apoyo económico probablemente no llegarían a la ciudadanía. Además, los umbrales elevados potencian la oligarquización del sistema político y, con ello, una cierta irresponsabilidad de los grandes partidos. Pero la opción contraria, que consistiría en financiar a todos los candidatos o partidos por igual, sin considerar sus votos, constituiría un incentivo para el lucro personal con los fondos públicos, es decir, induciría al fraude o al comportamiento irresponsable, dado que se financiaría cualquier tipo de proyecto político. Además, la lógica proliferación de miles de partidos y candidatos, con derecho a su parte de los fondos haría muy difícil el control del uso de dichas subvenciones y, por ello, incentivaría también la corrupción política. Por esta razón, lo mejor sería financiar el funcionamiento ordinario y los gastos electorales ante todo a los que demuestran una mínima fuerza electoral, aunque sin evitar una distribución de un porcentaje de forma igualitaria entre candidaturas mínimamente homologadas para gastos electorales. Así, en México se financia a todos los partidos que hayan obtenido al menos el 2% de los votos válidos, pero los partidos nuevos también tienen derecho a subvención, aunque sea menor la cantidad a recibir. Probablemente por razones presupuestarias y de control político, lo normal, sin embargo, es financiar en función de la fuerza electoral demostrada en los comicios y no considerar criterios de equidad distributiva, que darían lugar a repartir una cantidad por igual a todos.

En cuanto al momento del desembolso, también genera oligarquización un desembolso muy dilatado en el tiempo, pues pocos partidos habrá que puedan sostenerse en base a préstamos. El pago con retrasos importantes da a los bancos un poder muy importante sobre los partidos, que pueden aprovechar para capturar decisiones a cambio de condonaciones de deuda o impago de intereses. Por esta razón, en la mayoría de los países hay desembolsos antes y después de las elecciones. En México, el Instituto Federal Electoral, que es el órgano que transfiere los fondos, dispuso que para 2003 el pago se hiciera en seis pagos mensuales. En muchos países, el pago inicial es un anticipo que habrá posteriormente que justificar para recibir todo y no tener que devolver nada.

En España, para la financiación de los gastos ordinarios, sólo se reconocen como sujetos con derecho a ella los partidos con representación en el Congreso de los Diputados. Esta financiación se distribuye en función del número de escaños y de votos obtenidos en la última elección. La financiación es anual, por lo que se recibe cuando se aprueban los presupuestos generales del año correspondiente.

En cuanto a la financiación de las campañas electorales, en España, nuevamente reciben fondos públicos los partidos o candidaturas –federaciones, agrupaciones de electores o coaliciones– que hayan acreditado la obtención de al menos un escaño de diputado o senador, o de un concejal para las elecciones locales. Los fondos se reciben por cada representante electo –12.000 euros por cada diputado, por ejemplo– y por cada voto obtenido –0,45 euros por cada voto conseguido por la candidatura al Congreso–. La recepción de esos fondos sólo se produce si se acredita la adquisición final plena del escaño o puesto de concejal y se ejerce efectivamente el cargo. Ningún fondo público puede ser percibido por partidos que tengan lazos con actividades terroristas o de rebelión contra las instituciones del Estado. En todo caso, puede haber anticipos o adelantos de hasta el 30% para los partidos que ya hubiesen obtenido subvenciones en las últimas elecciones. Y, después de entregar su contabilidad de ingresos y gastos al Tribunal de Cuentas, y antes de que éste proceda a fiscalizarlas, podrán obtener hasta el 90% de adelanto de lo que presumiblemente les corresponderá percibir considerados los resultados electorales ya publicados en el *BOE.*

D) Límites a las contribuciones

En aras de evitar la captura económica de los partidos por parte de los grandes grupos económicos y los millonarios, es normal que se establezcan límites a las contribuciones privadas a los partidos. El debate sobre la financiación privada de los partidos, sus límites y sus efectos ha sido un tema recurrente en la política y los estudios sobre política en Estados Unidos. En un primer momento fue un debate guiado a reducir y eliminar el funcionamiento de las maquinarias partidistas propias del patronazgo corrupto; hoy en día el gran problema no son ya estas redes situadas en el nivel local de los partidos, sino las influencias indebidas de los grandes y poderosos contribuyentes cercanos a la cúpula de los partidos. Para luchar contra las influencias indebidas, en Estados Unidos se ha prohibido a las multinacionales y sindicatos la donación de fondos, y se han establecido en general límites muy estrictos. En concreto, en la actualidad, un individuo puede contribuir un máximo de: 1. 2.000 dólares por elección a un candidato a un cargo federal o al comité de campaña del candidato. Nótese que el límite se aplica a cada elección por separado. Las elecciones primarias, de segunda vuelta, o las elecciones generales se consideran elecciones separadas. 2. 5.000 dólares al año a un comité político de campaña o PAC (Comité de Acción Política). Este límite se aplica a un PAC que apoya a algún candidato a un cargo federal. Los PAC no se consideran comités de partido ni comités de candidatos. Algunos PAC son patrocinados por multinacionales y sindicatos, la industria, el comercio y los PAC sindicales. Otros PAC, a menudo ideológicos, no cuentan con patrocinio de parte de multinacionales o sindicatos y por lo mismo se les denomina PAC no vinculados. Los PAC a su vez utilizan las donaciones que reciben para hacer sus propias donaciones a los candidatos a cargos federales, y para financiar otras actividades relacionadas con las elecciones. 3. 10.000 dólares al año a los comités de partido locales o estatales. Un comité de partido estatal comparte sus límites con los comités de partido locales dentro del mismo estado a no ser que se pueda demostrar que el comité local es independiente. 4. 20.000 dólares al año a un comité de un partido principal. Este límite se aplica por separado al comité nacional de un partido principal, al comité de campaña para la Cámara y al comité de campaña para el Senado. 5. 95.000 dólares límite en dos años. Este límite que se aplica cada dos años pone un máximo a la contribución total a candidatos y comités. 6. 100 dólares en efectivo a cualquier comité político. (Las donaciones anónimas no pueden exceder los 50 dólares.) Las contribuciones que excedan los 100 dólares deben hacerse a través de cheques, cheques de gerencia u otro instrumento por escrito.

Como quiera que el modelo estadounidense se ha basado en un control bastante estricto de las contribuciones a los comités de campaña y en la divulgación de tales donaciones –*hard money*–, la vía a través de la cual los poderosos contribuyentes han canalizado sus fondos ha sido la de las donaciones incontroladas e ilimitadas a los partidos –*soft money*– en el marco de las actividades de reforzamiento de partido o de promoción del voto. Otra vía de financiar sin límite ha sido el uso de "los anuncios de defensa de opciones" –*issue ads*–, que son anuncios en los que un grupo o asociación defiende públicamente una opción sobre un tema socialmente relevante, por ejemplo mediante anuncios televisivos. Obviamente, estos anuncios han sido convertidos en anuncios de ataque al adversario político, muchas veces íntimamente ligados a la estrategia de campaña.

Para luchar contra estas indebidas influencias e introducir equidad en el sistema, surgió en 1995 una campaña, promovida por los senadores McCain y Feingold, para la aprobación de una ley que regulara la financiación fraudulenta de los partidos y controlara la emisión de anuncios y campañas electorales en medios de comunicación. Esta campaña tuvo finalmente éxito y en marzo de 2002 se aprobó la *Bipartisan Campaign Reform Act,* que entró en vigor en noviembre de 2002. En esta norma, de acuerdo con Johnston (2004), existen cuatro grandes novedades. En primer lugar, se prohíbe totalmente el *soft money* durante las campañas federales. Segundo, se establece también que los anuncios de promoción –*issue ads*– durante los 60 días previos a las elecciones generales y los 30 días previos a las primarias deben ser pagados con *hard money*. Tercero, los límites a las contribuciones individuales en las campañas federales fueron incrementados desde 1.000 dólares a 2.000 por año y se subieron también los límites a las donaciones individuales en ciclos electorales de dos años. Pero no se incrementaron, ni indexaron los límites a los comités de acción política. Cuarto, como excepción, se permitió que los millonarios que financian sus propias campañas no tuvieran límites en sus autocontribuciones; aunque se permitió a sus oponentes que incrementaran también sus límites de gastos y los topes a las contribuciones individuales. Algunos piensan que todas estas medidas lo que hacen es favorecer a quienes ya están en el puesto y se presentan a reelección, pues dificultan la acción de los oponentes, mientras que la posibilidad para los que están en el puesto de obtener *hard money* es muy superior. De hecho, ya antes de la ley, el porcentaje de políticos reelectos en el Congreso entre 1980 y 2000 estaba en un rango entre el 90,5 y el 98,8%.

Tras las elecciones federales de 2004, analizados los datos, podemos decir que la ley ha sido ampliamente superada por las estrategias de los candidatos y contribuyentes, mostrando todas sus lagunas. La campaña presidencial ha movilizado 1.200 millones de dólares, la cifra más alta de la historia. Las cantidades recogidas por los candidatos –incluidos gastos de candidatos a primarias–, de acuerdo con sus comités de campaña, han doblado las cifras de la anterior elección presidencial, pasando de 345,1 a 650,2 millones de dólares. A ello hay que sumar los fondos que movilizan los partidos, que suman otros 470 millones de dólares. Pero la llegada de fondos desde las grandes corporaciones y multimillonarios ha usado vías novedosas dados los límites legales existentes: son la "asociaciones 527" –que han recaudado más de 120 millones de dólares– y los anuncios lanzados de forma masiva con propaganda electoral a través de internet. Las "asociaciones 527" son verdaderos grupos de presión, que toman su nombre del código fiscal que se les aplica, y no están reguladas por la ley electoral federal, pueden aceptar cantidades ilimitadas de dinero –sin pagar impuestos– para desarrollar sus campañas de propaganda, movilizar a sus electores y defender su causa a favor de uno u otro candidato, o en contra de alguno de ellos. La única condición que tienen para operar es que no deben coordinar sus campañas con las estrategias de campaña de los candidatos, condición prácticamente imposible de controlar adecuadamente (Pozzi, 2004: 6).

En España, la financiación –pública y privada– está regulada por la Ley Orgánica 3/87, de 2 de julio, y por la Ley Orgánica 5/85, de 19 de junio, de Régimen Electoral General. La Ley 3/87 regula la financiación pública y la privada para funcionamiento ordinario, así como las obligaciones contables de los partidos. Con respecto a la financiación privada, establece, en su artículo 5.1, que "los partidos políticos podrán recibir aportaciones no finalistas dentro de los límites y con arreglo a los requisitos y condiciones establecidos en la presente ley". Y, en su apartado 3.b, precisa que los partidos no podrán recibir directa o indirectamente aportaciones que, procedentes de una misma persona física o jurídica, superen los 60.000 euros al año.

Esta normativa sobre financiación privada se completa, para época electoral, con lo establecido por la Ley 5/85, según la cual ninguna persona física o jurídica puede aportar más de 6.000 euros a las cuentas abiertas por un mismo partido, federación, coalición o agrupación para recaudar fondos en las elecciones convocadas. En conjunto, como es de prever, lo obtenido por esta vía privada no basta a los partidos españoles en este momento histórico. El volumen global entre 1992 y 2001 ha sido de unos 60 millones de euros, y la cifra de 2001 ha sido de unos 8 millones de euros, lo que no llega al 0,002% del PIB del mismo año.

Como se ve, existe un contraste entre Estados Unidos y España en la financiación privada de campañas. En este caso, habría que decir que para bien de España. El modelo de financiación estadounidense, al no poner límites a los gastos electorales, está construyendo una democracia plutocrática, pues para lanzarse a una campaña presidencial hay que conseguir cantidades astronómicas de dinero. Estas cantidades, en gran medida, son fruto de las donaciones de importantes corporaciones del mundo financiero o del sector de las telecomunicaciones –las donaciones inferiores a 200 dólares, que son las de los ciudadanos medios, no alcanzan el 33% del total recaudado–, y esta situación hace a los candidatos dependientes de esos grandes contribuyentes. De hecho, muchos de los temas posibles de campaña son vetados implícitamente por los grandes contribuyentes afectados, y muchas de las decisiones gubernamentales son fruto de los compromisos con estos grandes donantes, según denuncian diversas organizaciones dedicadas a la investigación de la financiación electoral estadounidense, como el Center for Public Integrity. La reciente propuesta de Ley Energética de la Administración Bush sería un perfecto ejemplo de norma guiada por compromisos con las grandes empresas energéticas, a las que se favorece con sumas multimillonarias.

Probablemente aprendiendo de errores propios y de su vecino del sur, Canadá ha introducido normas muy rigurosas sobre la financiación privada de las campañas, permitiendo esencialmente que sólo las personas individuales contribuyan, con límites muy estrictos de 10.000 dólares canadienses máximo. En Québec, sólo las personas individuales pueden contribuir a las campañas y partidos; de hecho, en 2001 se recibieron por los partidos 58.082 contribuciones, y, de ellas, el 82% eran de cantidades inferiores a 200 dólares canadienses y sólo el 0,85% eran cantidades de 3.000 dólares que es el tope máximo (Blanchet, 2003).

E) Prohibición de cierto tipo de donaciones

La prohibición de cierto tipo de donaciones tiene como razón de ser el evitar sobornos o extorsiones, como ocurre con las prohibiciones a empresas contratistas de las Administraciones. También el de evitar que se sobrepasen los límites establecidos para las donaciones privadas, como ocurre con las prohibiciones de donaciones anónimas. El desvío de fondos públicos para financiar partidos –fuera de los cauces reglados– se intenta evitar prohibiendo la financiación por las Administraciones. Y los intereses nacionales se intentan salvaguardar prohibiendo financiaciones extranjeras, sobre todo de gobiernos o empresas públicas de otros países. Por todo ello, la ausencia de este tipo de prohibiciones, cuando además no hay transparencia suficiente, es una de las causas más evidentes de la financiación corrupta.

Sin embargo, hay muchos países donde no hay ningún tipo de prohibición de donaciones a los partidos, por ejemplo, en Suecia o en Colombia; las razones son muy diversas, pero el caso sueco es muy peculiar y va acompañada esta ausencia de regulación de una transparencia informal y un control cívico elevados. No obstante, aproximadamente algo más de la mitad de los países incorporados a la base de datos sobre financiación política de *International IDEA* se puede comprobar que sí tienen algún tipo de prohibición. Dentro de América Latina (De la Calle, 2004), en Costa Rica y República Dominicana se prohíben las donaciones de origen extranjero. En Brasil se prohíben las de entidades o gobiernos extranjeros, las de sindicatos, las de origen gubernamental y de concesionarios, así como las donaciones anónimas. En Argentina se prohíben las extranjeras, las anónimas, las provenientes de sindicatos, corporaciones y contratistas del gobierno; también las de personas que hayan sido obligadas por su superior y las de origen estatal. En México, se prohíben las de origen estatal, las de ministros de cultos religiosos o de sectas, las extranjeras, las anónimas y las de empresas mercantiles. En Estados Unidos se prohíben las donaciones de personas extranjeras, las de multinacionales, las de sindicatos, las de contratistas del Gobierno y las donaciones en nombre de terceros.

En España, el artículo 5 de la Ley de Financiación de Partidos, en su apartado 3, refiriéndose a la financiación ordinaria, precisa que los partidos no podrán recibir directa o indirectamente aportaciones anónimas cuando la cuantía total de las recibidas en un ejercicio económico anual sobrepase el 5% de la cantidad asignada en los Presupuestos Generales del Estado en ese ejercicio para atender a la subvención para funcionamiento ordinario. Y también prohíbe las aportaciones procedentes de empresas públicas o de cualquier otra empresa contratista con las Administraciones. Sin embargo, se admiten las aportaciones de personas extranjeras siempre que no sean finalistas, excepto que esas personas sean gobiernos u organismos públicos extranjeros en cuyo caso no se pueden aceptar. Pero, para la financiación de campañas, se prohíbe toda donación anónima sin excepciones, también se prohíben las donaciones por parte de cualquier Administración o empresa pública, o por parte de empresas privadas contratistas de las Administraciones, y, finalmente, se prohíben las aportaciones de fondos procedentes de entidades o personas extranjeras –con las excepciones lógicas de los fondos del Parlamento Europeo o, en las elecciones municipales, los provenientes de personas extranjeras que puedan votar y ser electos en España.

F) Límites a los gastos de los partidos y candidatos

Como ya dijimos previamente, los gastos electorales son cada vez mayores. Una parte muy importante de estos gastos se realiza en publicidad, especialmente en televisión. La tendencia a aumentar los gastos correlaciona lógicamente con la necesidad de aumentar los ingresos. Y el continuo aumento de ingresos exige, finalmente, emprender actividades que desembocan en negociaciones opacas con grupos de interés y con empresarios y profesionales en las que se venden decisiones públicas a cambio de fondos, condonaciones de deuda y donaciones. En consecuencia, el aumento de gastos sin límite acaba poniendo en manos de los propietarios de grandes fortunas decisiones esenciales sobre políticas públicas. Estados Unidos es el mejor ejemplo de esta situación. Por muchos límites que se pongan a las donaciones, la ausencia de límites a los gastos de campaña arrastra ineludiblemente a buscar lagunas en la ley o a incumplirla y, finalmente, a dejar la política en manos de los más ricos.

La correlación positiva entre costes de campaña y corrupción ha sido demostrada una y otra vez: a más costes más corrupción. Por ejemplo, Italia ya en los años sesenta tenía comparativamente el mayor gasto *per capita* en campañas de los países occidentales, y en los noventa era el país con mayor corrupción de estos países. En un estudio amplio de diez países, Heidenheimer (2000) demuestra que los costes en campañas correlacionan positivamente con la corrupción en el país correspondiente, si bien el hecho de cómo se produzca esa corrupción ya depende de factores muy variados. Entre ellos, el grado de faccionalismo en los partidos o la penetración partidista en la burocracia.

También, como anticipamos, se puede conseguir controlar gastos electorales externos pero obviar los costes de las campañas de primarias o por el liderazgo del partido, con lo que, si esas campañas son muy competitivas, ése puede ser el camino novedoso para que la corrupción penetre en el sistema. Por ello, en Canadá se han establecido también límites a los gastos en campañas internas; ese límite ha sido establecido en el 50% del límite establecido para las últimas elecciones generales en el correspondiente distrito electoral (Kingsley, 2003).

En España, para las elecciones a Cortes Generales, el límite de los gastos electorales es el que resulte de multiplicar por 0,24 euros el número de habitantes correspondientes a la población de derecho de las circunscripciones donde presente sus candidaturas cada partido. En el caso de las elecciones locales el límite es el que resulte de multiplicar por 0,07 euros el número de habitantes antes definido, aunque además, se podrán gastar otros 96.386 euros por cada provincia en la que concurran con candidaturas en, al menos, el 50% de sus municipios.

No obstante, además de estos límites directos en monto global de gastos, son muy importantes, de cara a reducir los gastos de campañas, los límites temporales a la campaña, las prohibiciones de gastos en publicidad audiovisual, y los límites al uso de las encuestas electorales. En Brasil, Reino Unido o Francia se prohíbe la compra de publicidad en medios audiovisuales durante la campaña. En Chile se prohíbe en la televisión abierta, y en Colombia se prohíbe, en las elecciones a congresistas, comprar publicidad fuera de la franja horaria establecida legalmente. En España, aparte de lo establecido en la Ley Orgánica de Régimen Electoral General, que prohíbe contratar espacios de publicidad electoral en medios de comunicación públicos, la Ley Orgánica 2/1988, de 3 de mayo, reguladora de la publicidad electoral en emisoras de televisión privada –*BOE* de 5 de Mayo– establece que: "No podrán contratarse espacios de publicidad electoral en las emisoras de televisión privada objeto de concesión".

En algunos países, una forma de saltarse estas disposiciones ha sido la de utilizar la televisión por cable o vía satélite. Con respecto a esta última es prácticamente imposible desde un país receptor controlar sus emisiones, pero por su propia naturaleza internacional es muy extraño que se incorpore en estas televisiones propaganda partidista de un país receptor. Sin embargo, la televisión por cable sí es más controlable, y por ello, en algunos países se ha incorporado a la normativa la prohibición de contratar espacios electorales en televisión por cable. En España, la Ley Orgánica 14/1995 de 22 de diciembre, de publicidad electoral en emisoras de Televisión Local por ondas terrestres, establece que: "La prohibición de contratar espacios de publicidad electoral determinada en el número 1 del artículo único, así como la exigencia del respeto al pluralismo político y a los valores de igualdad en los programas difundidos durante los períodos electorales establecida en su número 3, serán igualmente aplicables a los operadores del servicio de telecomunicaciones por cable".

En cuanto a las encuestas, los límites en el uso y los controles técnicos de calidad tienen su razón de ser no sólo en el control de los gastos electorales, sino también en su influencia en el voto. Por ejemplo, mostrar una encuesta que indica que el gobierno es mal valorado o bien valorado en período electoral es una forma de propaganda. Los propios datos sobre intención de voto pueden ser utilizados para convencer a los indecisos, que suelen apuntarse a la corriente ganadora –efecto vagón de cola–. En casos en los que los resultados son reñidos, las encuestas pueden manipularse mediante los márgenes de error, los diferentes tipos de medición, la representatividad de la muestra o el burdo engaño (Rial, 2004). En suma, lo cierto es que por unas u otras causas en algunos países, en las normas electorales, se están regulando dos aspectos de las encuestas: la calidad técnica y la fecha límite de divulgación de los resultados de las encuestas. La calidad de las encuestas es regulada, por ejemplo, en Brasil, México o España. En España se establece que, entre el día de la convocatoria y el de la celebración de elecciones, las encuestas deben especificar, entre otros aspectos: el texto íntegro de las cuestiones planteadas y el número de personas que no han contestado a cada una de ellas; o las características del sondeo, con sus sistema de muestreo, tamaño de la muestra, margen de error de la misma, nivel de representatividad, procedimiento de selección de encuestados y fecha de realización del trabajo de campo. La fecha límite de divulgación antes de las elecciones está recogida, por ejemplo, en México –8 días–, Perú –7 días– o España –5 días.

G) La financiación pública indirecta y finalista

La financiación pública directa se completa en muchos países con financiación indirecta. Nuevamente, se intenta con ello evitar la excesiva dependencia de los partidos y candidatos de los detentadores de medios económicos, incrementando así su independencia, además de reforzar la equidad entre candidaturas. También existe, en algunos países financiación finalista, es decir, dirigida a conseguir vía incentivos que los partidos desarrollen algunas actividades o tomen decisiones que se consideran socialmente positivas.

La financiación indirecta puede tomar una de las siguientes vías: confección de sobres y papeletas electorales, propaganda y publicidad en medios de comunicación dirigida a promover el voto a las candidaturas, alquiler de locales para la celebración de actos de campaña, remuneraciones o gratificaciones al personal no permanente, transporte y desplazamientos, correspondencia y franqueo, reducciones de impuestos por contribuciones a la campaña, capacitación, campañas de promoción del voto y exoneraciones de impuestos para los bienes de los partidos. En México, por ejemplo, los partidos tienen franquicia postal, las aportaciones privadas a la campaña tienen una deducción en el impuesto sobre la renta de hasta un 25%, y los partidos tienen una serie de privilegios fiscales. Las deducciones en el impuesto de la renta para los donantes a los partidos están recogidas en las normas fiscales de múltiples países como Francia, Alemania, Italia, Holanda, Portugal o Suiza.

De todas las ayudas indirectas, las más importantes son las relacionadas con la publicidad. En Europa, las ayudas de publicidad audiovisual gratuita se dan en Bélgica, Dinamarca, Alemania, Francia, Italia, Holanda, Noruega, Suecia, Portugal y España. En América Latina la regla general con muy pocas excepciones es la del acceso gratuito a ciertos medios en campaña electoral. Estas ayudas para acceder de forma gratuita y exclusiva a los medios de comunicación son fundamentales para evitar la captura de los partidos y gobiernos por parte de grandes empresarios de comunicación. Hoy en día los gastos en publicidad son muy elevados, y la posibilidad de obtener descuentos o espacios gratuitos a cambio de regulaciones favorables o decisiones perjudiciales para los competidores es una tentación muy fuerte. La forma de implantar estas ayudas es diversa, pero puede reducirse a tres grandes tipos: 1. La cesión de franjas gratuitas en medios de comunicación de titularidad pública. 2. La cesión de franjas gratuitas en todos los medios privados, por imposición legal a los propietarios de éstos, dado que usan las frecuencias, que son de titularidad pública. 3. La compra por parte del Estado de espacios para distribuir entre las fuerzas políticas (Rial, 2004). En algún país, como Holanda, el acceso gratuito a medios sobrepasa el período electoral, permitiendo una continua comunicación entre partidos y ciudadanía.

Por supuesto que la distribución de todas las ayudas indirectas debe superar la prueba de la equidad, para no caer en un uso corrupto de los fondos estatales por favorecer a unos partidos y perjudicar a otros. La práctica generalidad de los países establecen reglas que regulan el acceso a estas ayudas. La regulación más detallada, como era de prever, es la correspondiente a la distribución de espacios televisivos gratuitos. La regulación establece los tiempos que cada partido pueda tener en las franjas correspondientes y en función de qué se realiza tal distribución. Lo normal es optar entre dos posibilidades, o bien se distribuye de forma igual el tiempo, o bien se distribuye en función de los resultados de las últimas elecciones equivalentes.

Así, en España, para las elecciones al Congreso y Senado se establece que la distribución de tiempo gratuito en los medios públicos se hará conforme al siguiente baremo: diez minutos para los partidos, federaciones, y coaliciones que no concurrieron o no obtuvieron representación en las anteriores elecciones; quince minutos para los que se presentaron y obtuvieron representación, pero no obtuvieron más del 5% del voto válido en territorio nacional; treinta minutos para los que obtuvieron representación y alcanzaron entre el 5 y el 20% del total de votos; y cuarenta y cinco minutos para los que obtuvieron al menos el 20%. En las elecciones municipales, para poder acceder a las franjas gratuitas es preciso haber presentado candidaturas en municipios que comprendan, al menos, un 50% de la población de derecho de las circunscripciones incluidas en el ámbito de decisión. Además de en los medios estatales, los partidos, federaciones, coaliciones y agrupaciones que concurran a elecciones municipales tendrán derecho durante la campaña electoral a espacios gratuitos de propaganda en las emisoras de titularidad municipal de aquellas circunscripciones donde presenten candidaturas. Los criterios aplicables de distribución y emisión son los establecidos en la Ley Orgánica 5/1985, de 19 de junio, de Régimen Electoral General, que antes hemos explicitado. Estas emisoras no distribuirán espacios gratuitos de propaganda electoral en elecciones distintas a las municipales.

Finalmente, existen fondos públicos de naturaleza finalista. Estos fondos, adecuadamente aplicados, pueden ayudar a reducir la corrupción política y vigorizar la democracia; así, pueden incentivar la igualdad de género, el acceso de los jóvenes a cargos de responsabilidad, la descentralización o la democratización interna en la toma de decisiones (De la Calle, 2004). Como novedad, la Unión Europea ha establecido normas para financiar a los partidos europeos –mediante regulación 2004/2003, del Parlamento y del Consejo, de 4 de noviembre de 2003– de forma finalista, pues para acceder a los fondos los partidos receptores deben contribuir a los fines de la Unión.

H) La compulsión para el cumplimiento de las normas, y las sanciones

Una de las causas más importantes para explicarse la omnipresente financiación corrupta es la ausencia de verdaderos controles o la ineficacia de éstos. En Italia, por ejemplo, las regulaciones no han sido especialmente peores que en otros países de Europa y, sin embargo, la corrupción se ha expandido mucho más; pues bien, una de las principales razones ha sido precisamente la baja eficacia de los controles institucionales y legales sobre los partidos cártel (Heidenheimer, 2000). El establecimiento de mecanismos e instituciones que realicen un verdadero control del cumplimiento de las normas y que sancionen con imparcialidad los incumplimientos se ha convertido en uno de los puntos clave de la lucha contra la corrupción en este complejo ámbito. Pero, en general, el adecuado funcionamiento del sistema requiere de la suma de tres factores (Ulloa, 2004): unas leyes bien elaboradas, técnicamente impecables y sin lagunas sustanciales que las hagan ineficaces; unos órganos de control imparciales, independientes y bien dotados material y competencialmente, y unos procedimientos bien diseñados, sumariales y sencillos.

En la práctica, los órganos encargados de realizar estos controles son de dos tipos: políticos o independientes. Los órganos políticos son, a su vez, de dos tipos: por una parte, los órganos de control interno de los partidos y, por otra, órganos superiores de control del cumplimiento de la ley. Estos órganos superiores de control de naturaleza política existen en Bélgica, donde un comité del parlamento ejerce esa labor; en Alemania, donde el presidente del Bundestag revisa las cuentas de los partidos desde un punto de vista formal y legal, y en Estados Unidos, donde una Comisión Federal Electoral de seis miembros ejerce tal labor (Doublet, 2004). Los partidos, por su parte, tienen que auxiliar en la labor de control y cumplimiento de la ley, si se quiere que la ley sea algo más que palabras. De ahí que en numerosos países se obligue legalmente a los partidos y candidatos a nominar una persona –tesorero, administrador, contador, etc.– o un órgano para que se haga responsable del cumplimiento interno de las normas, de la relación con la autoridad electoral y, en última instancia, para que sea el responsable personal de los delitos y faltas que se puedan cometer (Ulloa, 2004). En España, por ejemplo, el artículo 121 de la LOREG establece que toda candidatura debe tener un administrador electoral responsable de sus ingresos y gastos y de su contabilidad. Pero, además, los partidos, de forma voluntaria o legalmente regulada, han establecido en numerosos países mecanismos internos de control como códigos de conducta, comités de ética, controles y contrapesos de todo tipo, y rigurosos instrumentos contables para evitar la corrupción en las finanzas (Walecki, 2004).

En cuanto a los órganos independientes de control y auditoría, la opción es triple. Por una parte, existen un conjunto de órganos de naturaleza judicial, otros lo son de naturaleza electoral y, finalmente, algunos lo son de carácter contable. En Argentina son jueces federales los que realizan la fiscalización y control de estas actividades, existiendo, además, una instancia de apelación que es la Cámara Nacional Electoral. En Portugal es el Tribunal Constitucional. En algunos países es el Tribunal de Cuentas como en Bulgaria, Hungría, Italia o Israel. Pero en la mayoría de los países suelen ser los órganos de control electoral los que realizan la labor, como en Australia o Francia (Doublet, 2004) o en Colombia, Chile, Ecuador, Guatemala o Perú (Ulloa, 2004). En el Reino Unido es una comisión electoral nombrada por el Parlamento. En España, el control final recae en el Tribunal de Cuentas, pero el control del proceso de financiación durante la campaña corresponde a las Juntas Electorales. En México también hay un sistema mixto, pues el Instituto Federal Electoral conoce en primera instancia y un organismo especializado del poder judicial conoce en apelación, existiendo, además, para la vía penal una fiscalía especial para los delitos electorales.

Finalmente, la propia sociedad civil puede ser un instrumento de control muy eficaz de la limpieza de las elecciones y de la financiación de las mismas. En septiembre de 2000, por ejemplo, en Lima, se organizó una red de ONG, conocida como "Acuerdo de Lima", que ha realizado una eficaz auditoría ciudadana de los gastos electorales.

La forma en que se realizan los controles es fundamental para la eficacia de los mismos. Por ello, una de las razones por las que la corrupción en el financiamiento se mantiene, cuando no crece, en algunos países, es porque los controles y el propio órgano controlador están mal diseñados. Un resumen de los problemas típicos en esta materia sería (Ulloa, 2004; Doublet, 2004):

1. La dispersión de los cuerpos normativos y/o la ausencia de regulación en materia de compulsión. Por ejemplo, Japón no da poder a ninguna agencia para controlar el cumplimiento de las leyes sobre financiación de partidos e imponer las sanciones por su incumplimiento.
2. La carencia de atribuciones y recursos para los órganos de control. Por ejemplo, algunos de estos órganos tienen una capacidad limitada para investigar las actividades de los partidos y para realizar análisis contables paralelos, por lo que deben basar su juicio en la información que éstos le presentan. En el Reino Unido, sin embargo, la comisión electoral tiene atribuciones para requerir a un auditor a que produzca libros, documentos o informes sobre los partidos, y puede autorizar a esa persona a entrar en la sede de los partidos e inspeccionar allí los libros de contabilidad. Otro aspecto importante es la falta de medios materiales, que se convierte en gravemente limitativa de la labor de control cuando las elecciones se multiplican y hay además un sistema basado en financiar al candidato, frente a financiar los partidos. Finalmente, la experiencia internacional muestra que existen tres graves límites a labor inspectora, en primer lugar el secreto bancario, que impide obtener datos de contrastación imprescindibles; segundo, la falta de colaboración o la descoordinación con las agencias de recaudación de impuestos, las cuales pueden ser un elemento de ayuda ciertamente importante gracias a la información fiscal, y tercero, la falta de colaboración de las empresas privadas, mediante la ocultación de datos de acuerdo con el partido o candidato receptor (Lujambio, 2004).
3. Falta de independencia de los organismos encargados de la auditoría y el control, dada su naturaleza partidista. El Tribunal de Cuentas español, aunque tenga consejeros de gran valía

y con trayectoria profesional independiente, siente en sus actuaciones la presión y estrategia de los partidos, dado el nombramiento de sus miembros previo acuerdo entre los grupos parlamentarios y la posible repetición en el cargo sin límite.

4. La activación de los mecanismos de control se realiza sobre todo mediante la denuncia. Obviamente, estas denuncias tienen un fuerte contenido partidista. En Alemania, existen unos auditores independientes que pueden exigir a la dirección del partido toda clase de información para realizar su trabajo, pero en lugar de poder evaluar la información que se les entrega, sólo pueden controlarla contablemente. De ahí que no se pase al presidente del Bundestag información distinta de la que los partidos entregan.
5. El régimen de sanciones es correccionalista, aunque se gradúe. En muchos casos no genera incentivos para el cumplimiento de la norma, pues las sanciones son leves y muchas veces son inaplicadas. En España, como ya vimos, es posible para los partidos recibir fondos anónimos para su funcionamiento ordinario. Y esta práctica no ha hecho sino ir en aumento (véase *El País,* 19 de octubre de 2003 y 14 de febrero de 2004). Si entre 1992 y 2001 la suma total de donaciones a los partidos fue superior a los 60 millones de euros, la parte correspondiente a donaciones anónimas fue de cerca de 41 millones, es decir, algo más de dos tercios. Pero, ya en 2001, el 90% de las donaciones recibidas son anónimas; de 8.307.035 euros, 7.437.185 lo fueron en aportaciones anónimas. En la financiación de elecciones, la donación ya no puede ser anónima, por lo que las cantidades obtenidas son 60 veces inferiores a las de funcionamiento ordinario. Este tipo de acciones opacas e incontrolables encierran bastantes peligros. Por ejemplo, ¿cómo controlar que una persona no aporta más de 60.000 euros si no se puede controlar el nombre de quienes aportan? Hay determinados partidos que obtienen por esta vía cantidades muy importantes, especialmente los partidos nacionalistas de orientación centro-derecha; por ejemplo, el PP obtiene 10 veces más que

el PSOE con estas donaciones. Como quiera que el tope para estas donaciones es del 5% de las cantidades públicas asignadas para funcionamiento ordinario, un análisis simple nos indica que tanto CiU y PNV como PP han incumplido la normativa electoral, pues las cantidades anónimas ingresadas superan ese tope. Pero, por el momento, no ha pasado nada.
6. No existen estímulos que promuevan el cumplimiento voluntario de las normas.
7. Los órganos de control interno de los partidos están sometidos a la disciplina interna, carecen de capacidad real para hacer auténtico control y para tomar iniciativas de reforma. Tampoco se regula de forma adecuada el papel de las ONG especializadas, por lo que se pierde un apoyo importante en la garantía del cumplimiento.
8. Existen a menudo conflictos de jurisdicción pues, donde el órgano sancionador es de naturaleza electoral, la posibilidad de acudir a la vía judicial en amparo abre vías para la dilación del proceso y la posible impunidad. En México, por ejemplo, el IFE conoce en primera instancia, pero es un Tribunal específico quien conoce en segunda instancia. En Costa Rica se utilizó la jurisdicción constitucional para evadir sanciones.

Finalmente, en cuanto a las sanciones, pueden ser de tres tipos: pecuniarias, administrativas y penales (Ulloa, 2004; Doublet, 2004). Las sanciones pecuniarias pueden consistir en: suspensión de financiamientos futuros, como en Brasil o Argentina; retenciones de financiamiento futuro, como en México; multas, con pagos de cantidades de penalización en función de lo obtenido, como en Alemania –donde se pierde todo el subsidio público si no se contabilizan los gastos e ingresos a tiempo–, Francia o en España –donde la financiación ordinaria ilegal se sanciona con multa del doble de lo obtenido–; multa agravada, en casos de reincidencia, como en México, donde se ha impuesto al PRI una multa de 1.000 millones de pesos recientemente.

Las sanciones administrativas pueden consistir en: suspensión y pérdida de derechos políticos, como en Argentina o Ecuador; pérdida del cargo electivo, como en Colombia; suspensión del registro y/o prohibición de participar en elecciones a partidos, como en Bolivia o Brasil; o la cancelación del registro del partido político, como en México o Paraguay.

Las sanciones penales pueden ser: la prisión, como ocurre en una gran cantidad de países, por ejemplo, en el Reino Unido, Canadá, Francia, Brasil, Venezuela o México; o la prisión agravada por delito electoral, que existe en Venezuela o México. En casi todos los países europeos la financiación ilegal en época electoral es considerada delito. En España, la Ley Orgánica de Régimen Electoral General tipificó como delito de los administradores de los partidos o coaliciones el apropiarse o distraer fondos para fines distintos de los previstos en la Ley, y el falsear cuentas, reflejando u omitiendo indebidamente en las mismas aportaciones o gastos, o usando de cualquier artificio que suponga aumento o disminución de las partidas contables. Sin embargo, la aportación irregular de fondos a los partidos fuera de las campañas electorales no es considerada delito ni en España, ni en otros países europeos. Así, en nuestro país se contempla una sanción de multa frente a tal conducta. Ello favorece la posible actuación ilícita, pues quienes se presten a tal labor de recaudación opaca obtienen beneficios superiores a los costes del descubrimiento y, en su caso, castigo. Normalmente, serán partidos con posibilidad de gobernar quienes reciban dichos fondos ilegales, pues quienes aportan los mismos lo hacen con la esperanza de recibir ventajas, sea en la forma de adjudicación de contratos o servicios, o de decisiones urbanísticas o de otro tipo. La consecuencia añadida de lo anterior es que se quiebra el principio de igualdad de oportunidades entre los partidos, alterando gravemente los fundamentos y garantías del pluralismo democrático (Blanco Valdés, 2001).

En general, las sanciones penales pueden ocasionar una cierta dificultad de aplicación, por lo que es más útil acudir a las pecuniarias y administrativas. Parece ser que la sanción de suspensión de derechos políticos o la pérdida de cargo son sanciones muy útiles en países o regiones que las han usado con eficacia, como en Québec.

I) La transparencia y la regulación de la rendición de cuentas

Otro de los factores clave para que exista corrupción en la financiación de los partidos es el de la opacidad y el ocultamiento de datos. Es imposible demostrar que una política está capturada sin saber quién está detrás de la captura, cuánto le costó y a quién entregó esos fondos. Muchas decisiones gubernamentales se presentan como fruto de la voluntad de servir el interés general y, en realidad, son motivadas por una venta de la decisión a cambio de fondos para el sostenimiento del partido en el gobierno o para financiamiento de la campaña del presidente de la república. La divulgación de los datos de financiación permite conocer quién pagó, cuánto y a quién. A partir de esa información, los votantes pueden controlar mejor las políticas y decisiones gubernamentales. Frente a este legítimo interés, muchas veces los partidos se coaligan para evitarlo aduciendo que reducirán sus ingresos si la gente tiene que desvelar cuánto y a quién donan fondos. Esta afirmación es cierta en regímenes de democracia iliberal, pero es inadmisible en democracias plenas, pues los datos estadounidenses demuestran que, a pesar de la divulgación obligatoria, la recaudación no hace sino aumentar elección a elección.

La ausencia total de transparencia en la financiación de partidos puede generar amplios males. Además, puede ser fácilmente criticada social y mediáticamente. Frente a ello, la tentación de construir sistemas de divulgación limitados o, incluso, fraudulentos es muy elevada (Ward, 2004). Una posibilidad sería la de compartir la información con la ciudadanía pero hacerlo de forma tan complicada que las personas no pudieran analizar tal información, pues no constan en un mismo archivo los datos de financiación de los partidos y los de los candidatos, o no constan en un mismo archivo los datos de cada partido y candidato, o se desagregan por origen y se sitúan en archivos diferentes, etc. Otra posibilidad podría ser la de declarar la publicidad pero hacer prácticamente imposible el acceso a los datos. Los datos, por ejemplo, podrían ser publicados en un diario oficial, o ser accesibles personalmente en un archivo y admitir las fotocopias, o, incluso, situación ideal, estar disponibles en Internet; pero, frente a todas esas posibilidades, la normativa puede establecer que sólo son accesibles en un horario muy limitado y que no se pueden sacar copias del edificio donde se archivan, como ocurre en Estonia. La tercera posibilidad sería la de publicar datos, pero agregados de forma incomprensible o desagregados de forma inaprensible, o publicados sin previo control de calidad y veracidad. Y, finalmente, pueden publicarse sólo parte de los datos, y esa parte puede ser una suma global que no permite conocer nada realmente sustancial. Todo ello sin contar con la posibilidad de que todo se publique pero con retrasos de cuatro o cinco años, lo que se justificaría afirmando que sólo son accesibles los datos auditados y verificados plenamente.

Cuando, junto con una regulación detallada y exigente, se establecen sistemas eficaces de divulgación, los beneficios son enormes para la calidad de la democracia y la legitimación de la política (Ferreira, 2004; Ward, 2004). Para empezar, mejora la calidad de la información de la ciudadanía y favorece la labor de los órganos de control. Con ello, se pueden encontrar más fácilmente los lazos entre origen del dinero y decisiones gubernamentales, lo que favorece un voto prospectivo o retrospectivo mejor fundado. El voto prospectivo se mejora sobre todo si la información se divulga antes de las elecciones. El voto retrospectivo si se divulga después. Y ambos, por supuesto, si se divulga antes y después. Al tiempo, genera incentivos para el cumplimiento de las normas sobre financiación y, con ello, dificulta la acción de los corruptos. Por ejemplo, dificulta las *revolving doors* o la posibilidad de que personas que financian al partido en el gobierno ingresen en ese mismo gobierno y decidan sobre asuntos en los que tienen intereses personales. También facilita el mutuo control partidista, la información a los grupos de vigilancia –a ONG como Transparency International– y la crítica mediática a las decisiones fruto de las capturas. Finalmente, permite mejorar la evaluación de la acción de la burocracia.

La rendición de cuentas en esta materia tiene dos etapas, en primer lugar, la entrega de la información general y contable al órgano de control legalmente establecido; la segunda, la información pública y general –divulgación– de los datos que consten en el informe entregado al órgano de control. Desde una perspectiva técnica, es fundamental que la información al órgano de control se aporte en modelos tipo de balance y estados contables. Veamos ahora cuál es la situación en los países más desarrollados en materia de entrega de información al órgano de control, para ello usaremos la base de datos de IDEA (véase cuadro 3.3).

Frente a todas las estrategias elusivas de la rendición de cuentas, es preciso dejar claro que la divulgación, para que cumpla su misión purificadora, implica dar información de (Ferreira, 2004; Ward, 2004): cuánto dinero recibió cada partido y/o candidato; cuánto apoyo no monetario –cesión de locales, asesoramiento legal, informática o encuestas gratuitas, etc.– se recibió por cada partido o candidato; los nombres de los donantes y el monto; la profesión, el domicilio y el empleador del donante; los gastos de los partidos y candidatos, quién recibe cuánto, cuando y por qué; las sanciones dictadas y el porqué; incluso las tarifas que aplicarán los medios de comunicación para la propaganda electoral, publicadas antes de las elecciones.

Ciertamente, la publicidad de parte de esta información puede entrar en conflicto con las normativas nacionales de protección de datos de carácter personal, por ello, una opción muy seguida es la de establecer un mínimo por debajo del cual las donaciones pueden ser anónimas o, mejor, no necesitan ser publicitadas, aunque los órganos de control las conozcan. Ese mínimo debe ser muy bajo, pues de lo contrario sería una forma de facilitar la financiación opaca y sin control.

En cuanto a la obligación de reportar los datos, ésta no puede limitarse a los partidos, pues los candidatos, las fundaciones de partido, las empresas de partido e, incluso, los organismos públicos financiadores de la subvención pública también deben incorporarse a esta obligación. Y la obligación de informar abarca tanto a los fon-

CUADRO 3.3

Reporte de ingresos

	¿Hay normas que obliguen al reporte de las contribuciones a los partidos políticos?	*¿Deben los donantes reportar las contribuciones que han hecho?*	*¿Cuál es el umbral a partir del cual los donantes deben reportar sus donaciones?*	*¿Deben los partidos políticos reportar las contribuciones recibidas?*	*¿Cuál es el umbral a partir del cual los partidos políticos deben reportar las contribuciones recibidas?*
Austria	No	No	—	No	—
Estados Unidos	Sí	No		Sí	Contribuciones superiores a 200 US$
Bélgica	Sí	No	—	Sí	Contribuciones superiores a EUR 125*
Dinamarca	Sí	No	—	Sí	Contribuciones superiores a DKR 20000
Francia	Sí	No	—	Sí	TODAS
Alemania	Sí	No	—	Sí	TODAS*
Irlanda	Sí	Sí	Contribuciones superiores a EUR 5079*	Sí	Contribuciones superiores a EUR 5079

(.../...)

Cuadro 3.3 *(continuación)*

	¿Hay normas que obliguen al reporte de las contribuciones a los partidos políticos?	*¿Deben los donantes reportar las contribuciones que han hecho?*	*¿Cuál es el umbral a partir del cual los donantes deben reportar sus donaciones?*	*¿Deben los partidos políticos reportar las contribuciones recibidas?*	*¿Cuál es el umbral a partir del cual los partidos políticos deben reportar las contribuciones recibidas?*
Italia	Sí	Sí	Contribuciones superiores a EUR 2582,28*	Sí	Contribuciones superiores a EUR 6197,48*
Holanda	Sí	No	—	Sí	Contribuciones superiores al equivalente de USD 4444,32 pero sólo para empresas
Suecia	No*	No	—	No	—
Suiza	No*	No*	—	No	—
Reino Unido	Sí*	Sí	Contribuciones superiores a GBP 5000*	Sí	Contribuciones superiores a GBP 5.000 si es a la sede del partido; o más de GBP 1.000 si es a una sede local
Para 111 países	Sí: 59 países (53%) No: 52 países (46%)	Sí: 15 países (13%) No: 96 países (86%)		Sí: 58 países (52%) No: 53 países (47%)	

Fuente: Internacional IDEA, *Database on Political Finance Laws and Regulations*, 2005.

dos para financiar campañas como a los fondos para sostenimiento ordinario del partido. En este último caso, la información suele ser mensual, trimestral o anual.

La divulgación de la información es competencia normalmente del organismo de control, aunque en ocasiones se exige también a los partidos que divulguen su información. En cuanto al medio de divulgación, las posibilidades son muy diversas. Existen países en los que las leyes de acceso a la información otorgan legitimación jurídica para solicitar y exigir copias de la información disponible, y además se prevén facilidades para hacer llegar la petición. No obstante, la opción más recomendable hoy en día sería la de la publicación en internet de los datos, al menos sobre financiamiento de campañas, como ocurre en Brasil, Argentina, México o Chile. Aun cuando la brecha digital permita, por ahora, sólo a una parte de la población la consulta en la red.

En general, el estado de situación en materia de divulgación en el mundo es muy variado, con países donde la transparencia es máxima y otros donde la opacidad es casi absoluta. USAID elaboró una encuesta mundial sobre esta materia, incluyendo 118 países, los datos por continentes se pueden encontrar en el cuadro 3.4.

La situación en España en esta materia dista mucho de ser ejemplar. A la opacidad que la anonimidad de las contribuciones ordinarias de hasta 12.000 euros contribuye a crear, habría que añadir la multiplicidad de vías de ocultación usadas por los partidos y la incapacidad del Tribunal de Cuentas de hacer algo más que denunciar.

3.4.5. Conclusiones

La financiación de los partidos es esencial para la democracia; nadie puede imaginarse una democracia que funcione sin partidos; y no es lógico pretender que los partidos funcionen sin dinero. Ahora bien, la regulación de la financiación de los partidos hemos visto que es un ámbito de acción estatal extremadamente complejo y problemático. Ello no obsta para que se conozcan hoy en día qué prácticas

CUADRO 3.4

Extensión de la divulgación por continentes

Continente	*N.º países encuestados*	*Informes deben divulgarse*	*Ingresos y gastos de partido deben divulgarse*	*Ingresos y gastos de candidato deben divulgarse*	*Nombre y datos del donante deben divulgarse*
África	27	44% países	33% países	11% países	3% países
América del Norte	3	100%	100%	67%	67%
América del Sur	11	73%	73%	9%	27%
Europa Occidental	16	81%	69%	38%	56%
Europa Oriental	18	89%	83%	39%	67%
Asia	15	67%	47%	53%	27%
Oceanía	9	44%	33%	33%	33%

Fuente: USAID, *Money in Politics Handbook: A Guide to Increasing Transparency in Emerging Democracias*, 2003.

y normas favorecen y cuáles dificultan la corrupción política. De ahí que la defectuosa regulación de la financiación de partidos exprese ya en sí un primer acto de corrupción política. Por ejemplo, no establecer límites a los gastos electorales se ha visto que es una vía abierta para la plutocratización de la política y la quiebra del principio de igualdad de oportunidades. También se sabe hoy en día que no divulgar información sobre la financiación empobrece la democracia. Y que mantener órganos de control sin capacidad técnica o jurídica de investigar las finanzas de los partidos es una incitación al comportamiento corrupto.

La democracia se basa, como ya dijimos, en algunos principios esenciales, y entre ellos, destacamos la soberanía popular y la igualdad política. Pues bien, las prácticas que aquí hemos definido como corruptas atentan contra ambos de forma clara y sin matices. Cuando se aceptan fondos o donaciones de organizaciones o grupos de interés poderosos y se negocia con ellos secretamente la contraprestación en forma de decisiones concretas o de determinada formulación de ciertas políticas públicas, se está hurtando a la ciudadanía su derecho a decidir democráticamente, se está convirtiendo su voto en inútil, se está convirtiendo la democracia en una mascarada. Cuando un partido o candidato incumple las normas, sabiendo que los demás las cumplen, está quebrando el principio de la igualdad política y abusando de su falta de respeto a la norma para obtener ventajas indebidas. Cuando se busca, incluso legalmente, la opacidad en la recepción de fondos, se está negando a la ciudadanía información básica para que configure un voto libre e informado, para que, en definitiva, elija sabiendo qué elige. Cuando se generaliza la recepción de fondos privados de forma selectiva por partidos, se está negando la pluralidad democrática, y se están generando agendas políticas que están implícitamente castradas por los intereses de los grandes grupos financiadores. Si, además, esa recepción es opaca, las posibilidades de manipulación son aún mayores. Y la deslegitimación de la democracia aparece como un factor de riesgo real en el sistema político. Una ciudadanía que encuentra que los partidos no le dan respuesta a sus necesidades puede tender a buscar soluciones extrasistema o de populismo autoritario. Todo ello en conjunto, puede finalizar con un desarrollo de prácticas de corrupción en sentido estricto, como el cohecho o el soborno generalizado, cuando ya se institucionalizan los incentivos a la búsqueda irregular de dinero, se consolidan redes de empresarios políticos y se cimienta la sensación de impunidad.

3.5. Otras formas de corrupción política

Junto con las variantes clásicas descritas y analizadas en las páginas precedentes, existen otras formas de corrupción política que se procederán a describir y analizar sumariamente.

3.5.1. La captura de las políticas

De acuerdo con la definición del Banco Mundial, la captura de las políticas consiste en una modelación interesada de la formación de las reglas básicas del juego a través de pagos privados ilícitos y no transparentes a los responsables públicos. En suma, sería un soborno a gran escala con efectos permanentes, que no se agotan en un solo contrato. No obstante, en este texto se defiende que la captura de la política va más allá de la modelación a cambio de pagos, sean ilícitos o incluso sean legales, pues la configuración de una política a imagen y semejanza de lo querido por los captores puede conseguirse sin necesidad de pagos. Así, puede conseguirse que los decisores públicos sacrifiquen el interés general y favorezcan a un actor social en exclusiva ante la amenaza de conflictos o por la intimidación mediática, o puede producirse el caso de que los decisores públicos convaliden, con o sin conocimiento, que una política sea configurada de acuerdo a los intereses de la burocracia que ha capturado las instituciones –*venues*– donde tales políticas se formulan o implementan. Incluso, la captura de las políticas puede ser fruto no de un pago, sino de una eficaz estrategia de penetración por parte de lobbies en puestos clave del gobierno o en comisiones decisorias o influyentes. En definitiva, las definiciones de captura vinculadas a pagos no expresan toda la realidad de la captura. Por ello, lo mejor sería definir la captura como la ausencia de autonomía del Estado, una situación en la que ciertos grupos sociales son capaces de controlar a los líderes políticos a través de diversos mecanismos y los líderes tienen poca capacidad y/o poco deseo de resistir tales influencias (Shafer, 1994). Por el contrario, existe autonomía estatal cuando los líderes pueden aislarse razonablemente de las presiones sociales particularistas y son capaces de definir intereses nacionales autónomamente. Veamos ahora diversas modalidades de captura.

A) El modelo tradicional de captura

Este modelo ha sido estudiado por el *World Economic Forum* en su *Global Competitiveness Report*, a través de una encuesta en la que, entre otras muchas cuestiones, se preguntó a líderes empresariales –7.741 empresas fueron encuestadas– de 102 países la frecuencia con que diferentes formas de corrupción política se manifestaban en su país. La primera pregunta estaba relacionada con la frecuencia de los sobornos a políticos como instrumento para influenciar la elaboración de políticas en su país. Ante esa pregunta, las respuestas de los empresarios indicaban que sólo en el 27% de los países dichos pagos no ocurrían nunca o casi nunca –España estaba entre esos afortunados países–, mientras el 17% reflejaban que tales pagos eran normales o muy normales –Argentina o República Dominicana caían en este grupo–. La segunda pregunta se relacionaba con la frecuencia de las donaciones ilegales a los partidos políticos a cambio de influenciar políticas. En este caso, las respuestas que indicaban que tales acciones eran raras o muy raras quedaban en un modesto 18%, pero las respuestas que reflejaban que tales acciones eran comunes o muy comunes ascendían al 41%. España en este caso quedaba en un estado intermedio, ni raras ni comunes. Finalmente, la tercera pregunta se refería a la frecuencia con que las donaciones legales a los partidos políticos tenían influencia directa en los resultados de las políticas públicas. En este caso, en el 89% de los países se consideraba que el impacto era alto o moderado –España o Estados Unidos incluidos– y sólo en un 11% lo veían como bajo. La conclusión global de esta encuesta es que la captura de las políticas a través de pagos legales o ilegales es muy frecuente, lo que explicaría la mala imagen de los políticos que tantas veces vemos reflejada en las encuestas. Una política capturada es una política que no se construye pensando en el interés general, sino en intereses parciales e insolidarios.

Existen dos ámbitos de política donde la captura a través de pagos ilegales es bastante frecuente. Una es la política de defensa y, dentro de ella, la compra de armas. La otra es la política energética y, dentro de ella, la industria del petróleo. La compra de armas reúne todas las condiciones para que exista corrupción a gran escala (Courtney, 2002). En primer lugar, se caracteriza por el secretismo; secretismo en las decisiones y en sus fundamentos. También, en segundo lugar, es un ámbito donde la apelación a la seguridad nacional permite obtener un ámbito de discrecionalidad y opacidad mayor que en casi todo el resto de las unidades del gobierno. Tercero, la estrategia de control del mercado por parte de las empresas arrastra a una competitividad que incentiva las conductas corruptas. Las empresas europeas, por ejemplo, tienen que luchar mucho para conseguir contratos en mercados donde las empresas estadounidenses tienen un control casi exclusivo, muchas veces gracias a las presiones diplomáticas. Cuarto, la complejidad de los contratos y la cuantía de los mismos en este ámbito es mayor que en otros negocios, pues la sofisticación del material exige un conocimiento experto del tipo de armas que se compran o venden, y es más difícil fijar precios tipo. Y a la complejidad también contribuye la presencia de acuerdos opacos, con contraprestaciones *offset,* que facilitan los acuerdos; por ejemplo, la inversión en una empresa del país receptor que fabrica componentes útiles para los carros de combate comprados. Quinto, es normal el uso de oficinas de negocio locales en las que personas nacionales del país comprador utilizan métodos dudosos para conseguir los contratos; posteriormente, lo normal es que las empresas productoras, cuando surge el escándalo, se laven las manos y adopten la estrategia del avestruz, es decir, que afirmen que ellos no conocían nada de los problemas de soborno existentes en el país correspondiente, problemas que eran "debidos a la actuación de los representantes locales de la empresa", representantes, por cierto, contratados específicamente para saltarse las leyes del país productor y así exculpar a los responsables verdaderos. Finalmente, la extensión del problema de las *revolving doors,* es decir, la salida de actores clave del ejecutivo o la Administración, con el fin de incorporarse a una gran empresa de fabricación o consultoría con la que tenían relaciones de control o regulación mientras eran funcionarios o altos cargos. Entre 1985 y 1995, en Gran Bretaña se han producido unas 2.000 excedencias de este tipo, es decir, 2.000 funcionarios que, trabajando en puestos de responsabilidad en el ámbito de la política de defensa, han pasado después a trabajar en empresas privadas dedicadas a la fabricación de armas, donde sus salarios eran muy superiores. Un ejemplo muy actual es el del general Larry Welch, ex jefe de la Fuerza Aérea de Estados Unidos, quien es actualmente administrador de una gran empresa armamentística –Caci–. Ese mismo general, en 2003, fue el encargado de evaluar "imparcialmente" un proyecto de armamento por valor de 150.000 millones de dólares, que precisamente recayó mayoritariamente en Caci.

Los efectos de la corrupción en el negocio de la compraventa de armas son muy graves, pues se produce una financiación excesiva de un tipo de política que drena recursos para hacer frente a necesidades mucho más urgentes. También, genera inestabilidad regional, pues la compra de armas por parte de un país incentiva a sus vecinos a armarse también. La escalada de gastos militares en Pakistán y la India sería un ejemplo de ello. Además, llega a producir desestabilización de regímenes y golpes de Estado como consecuencia de la deslegitimación que genera. En Sudáfrica, la captura de las decisiones de compra de armas ha sido uno de los escándalos más importantes post-apartheid. En total, se han gastado unos 9.000 millones de dólares en compra de aviones y fragatas para defender a Sudáfrica de vecinos que no suponen ninguna amenaza real para el país

(Roeber, 2004). En las prácticas corruptas están implicados desde el portavoz parlamentario del African Nacional Congress, Tony Yengeni, hasta el hasta hace poco ministro de Defensa, Joe Modise. Todo ello mientras faltan recursos para combatir la brutal epidemia de SIDA existente.

En cuanto a la industria petrolera, la corrupción se produce esencialmente en la compra de licencias de extracción. No obstante, el caso Elf Aquitaine muestra que las compañías petrolíferas pueden utilizarse políticamente no sólo para adquirir espacios nuevos de extracción, sino para otras muchas actividades (Shaxson, 2004). Elf era una empresa pública francesa hasta 1994, una empresa donde recalaban funcionarios de elite durante un tiempo, para desarrollar "política de Estado". Elf usó sobre todo Gabón como centro de operaciones, allí sostuvo durante decenios a su corrupto presidente, para asegurarse una base de operaciones en África. En Gabón, un país rico en petróleo, se concedieron a Elf licencias de extracción muy generosas a cambio del mantenimiento del régimen. En Gabón, a través de bancos-pocilga se ocultaban sobornos, se mantenían cuentas opacas *offshore* y se compraban mercenarios y armas para asegurarse otros acuerdos de extracción y para intervenir geo-estratégicamente en África. El proceso a Elf, llevado entre otros jueces por Eva Joly, ha permitido conocer que mediante esta empresa las autoridades francesas intervinieron en la compra de decisiones en más de 12 Estados. Además, la empresa sirvió para financiar rutinariamente a los grandes partidos franceses y a sus servicios secretos. En conjunto, la corrupción en la industria petrolífera, los bancos con cuentas opacas, el blanqueo de capitales fruto de negocios ilícitos y el tráfico de armas se juntaron en el caso Elf, desatando la indignación internacional contra estas prácticas. De ahí que, tanto para el negocio de las armas como para el del petróleo, se demanden internacionalmente –especialmente por ONG como Transparencia Internacional– al menos tres tipos de medidas: primero, el cumplimiento de la Convención de la OCDE contra el pago de sobornos en el extranjero; en segundo lugar, el mejor control de las licencias de exportación por parte de los gobiernos en estos dos ámbitos –armas y petróleo–, exigiendo el compromiso de la dirección de las empresas de que no se pagan sobornos y de que se ha constituido un departamento interno de control de la exportación; tercero, el impulso de medidas como el "publicita lo que pagas", por virtud de la cual los órganos reguladores de los gobiernos obligan a las empresas petrolíferas a que firmen un acuerdo por el que se comprometen a exponer públicamente lo que pagan en impuestos y "otros gastos" en los países donde invierten. Medidas en sí insuficientes, aun cuando suponen un avance en este complejo mundo.

Junto con estos ejemplos de pagos ilícitos para capturar decisiones, también existen supuestos en los que el pago es lícito, pues se incorpora a la financiación de campaña electoral. Un ejemplo de este tipo de situaciones nos lo ofrece el caso Enron. La gigantesca compañía energética tejana empezó a tambalearse en el otoño de 2001 y finalmente fue declarada en bancarrota. Pero los datos demuestran que esta situación sólo se podría haber producido como se produjo si los órganos reguladores de Washington hubieran cerrado los ojos a la evidencia de ciertos hechos. Y esta incompetencia inducida tiene un origen. Enron, directamente o a través de sus empleados, había donado unos 6 millones de dólares a campañas electorales de congresistas y también a las presidenciales en los últimos 13 años. El juego político les había servido a sus dirigentes para mantener un conjunto de actividades que implicaban un claro fraude a sus accionistas.

B) Captura por intimidación

Otro supuesto de captura es el que se produce cuando existe intimidación. El mejor ejemplo es la intimidación mediática. Berlusconi es hoy el presidente del Consejo de Ministros italiano, pero durante un tiempo fue el líder de la oposición. No obstante, en todo momento ha condicionado la política de medios en Italia (Gómez, y Travaglio, 2004). Su monopolio televisivo es un arma intimidatoria formidable. En los últimos 20 años, ya estuviese en el gobierno ya en la oposición, ya dentro o fuera del Parlamento, nunca se ha pasado una ley en materia de televisión –incluso de justicia– que le desagradara. Desde los decretos Craxi "salva-Fininvest" de 1984-85, a la ley Mammi de 1990, pasando por la ley Maccanico de 1998, demuestran el peso de Berlusconi, incluso con el gobierno del Olivo, en la configuración de normas sobre televisión o justicia en Italia. La razón de ese peso: la fuerza intimidatoria de la televisión en sus manos.

C) Captura burocrática

Un tercer ejemplo es el de la captura burocrática. En estos casos, lo que sucede es que la burocracia usa su veto informativo –negar información importante a los decisores políticos– o su veto decisorio –ralentizar la implantación de medidas– para evitar políticas que atenten contra sus intereses y mantener el control de ciertas decisiones. En México, por ejemplo, la Dirección Federal de Seguridad pasó, entre 1961 y 1981, de cincuenta a tres mil empleados, que, a su vez, controlaban diez mil informantes. Para ello, exageraron sin recato las amenazas a la seguridad del Estado, y dejaron florecer o prolongaron artificialmente la rebelión guerrillera y terrorista, con lo que justificaron su existencia y su prestigio como órgano represor.

En países como España, donde el sistema de cuerpos tiene aún vigencia –aunque se mezcle con un sistema de puestos– la captura burocrática es bastante común. El modelo de organización por cuerpos –conjuntos de funcionarios que ingresan siguiendo el mismo proceso y que realizan funciones análogas– implica que conviven dos lógicas, la de la organización con su misión y objetivos, y la de los cuerpos –sobre todo los superiores o más prestigiosos– con la suya. Los cuerpos superiores son grupos de interés que intentan sobrevivir y alcanzar cotas de poder cada vez mayores en las organizaciones donde se sitúan, e incluso en otras afines. Ello implica que la definición de nuevos objetivos para la organización puede estar influenciada por los intereses de un determinado cuerpo; pero, aunque no fuera así, lo cierto es que habrá una lucha de poder entre los cuerpos superiores por ver quién domina la nueva estructura creada para cumplir los objetivos. La ventaja fundamental del modelo de cuerpos es que el prestigio de los cuerpos depende de que sus miembros tengan una preparación excelente y unas competencias inigualables por otros cuerpos, circunstancia que hace que los procesos selectivos no estén politizados y sean bastante objetivos, además de rigurosos. Sus desventajas son bien conocidas, por una parte, intentan controlar monopolísticamente la definición de políticas en el sector donde se sitúan; además, su control de los procesos selectivos puede degenerar en comportamientos endogámicos; también, los procesos selectivos se realizan sin información relevante, pues no se conoce el puesto concreto –a veces ni la organización donde tomará posesión– que va a desempeñar el candidato, lo cual provoca que se tienda a demandar mucho conocimiento general y que no se controlen ni las habilidades ni las actitudes necesarias para ocupar los puestos definitivos; finalmente, el control del rendimiento entre miembros del mismo cuerpo suele ser deficiente, por razones de deferencia y mal entendido compañerismo.

Por ejemplo, en España, el Cuerpo Diplomático controla administrativamente la política de cooperación al desarrollo español. Ello implica que los valores y prioridades de los diplomáticos permean esta política; como quiera que sin ellos la política no podrá implantarse, la opción gubernamental puede ser la de mantener al Cuerpo controlando la implantación de la política y asegurándole puestos en la estructura de la cooperación que eviten la pérdida de información y el control de los recursos por parte de sus miembros, o puede ser la confrontación con tal grupo de interés. En España, es muy normal que se evite la confrontación con cuerpos poderosos, esté el gobierno que esté, máxime cuando el propio ejecutivo está conformado en gran parte con miembros de diferentes cuerpos de elite. De ahí que se pueda optar –y se opte– por dejar el control administrativo de la cooperación en manos del cuerpo diplomático. Todo ello aunque para el citado cuerpo la cooperación sea una actividad secundaria en sus actuaciones. Si el Gobierno intentara crear un cuerpo especializado que realizara y controlara estas actividades, la oposición de los diplomáticos sería muy fuerte. Pero, además, haría al ejecutivo entrar en una batalla en la que la pérdida de información, los bloqueos de implantación y las dilaciones pondrían en riesgo la eficacia gubernamental en la política exterior. De ahí que se opte normalmente por ceder poder a los cuerpos y admitir ciertas capturas en el aparato del Estado. En muchos casos, considerando los pros y contras de la confrontación con los cuerpos, puede ser una solución sensata evitar ésta, por lo que no debería considerarse corrupción política la cesión de espacios administrativos a los cuerpos; pero en otras ocasiones esto no es así, y la actitud del gobierno –y/o de los cuerpos– expresa un claro ejemplo de corrupción de la política.

D) Captura de posiciones

Finalmente, la captura puede ser fruto de la estrategia de cobertura de posiciones por parte de lobbies o empresas. En Estados Unidos, numerosas empresas han situado en sus consejos de administración a destacadas figuras de la política y, desde allí, estas figuras han conectado con los gobiernos para defender políticas que les fueran rentables a las citadas empresas. Últimamente, la situación es ciertamente escandalosa. La presencia de políticos neoconservadores –*neocons*–, vinculados ideológicamente al actual presidente, en los consejos de administración de empresas que están haciendo un gran negocio con la guerra de Irak, demostrarían que esta estrategia empresarial, unida a la propia estrategia política de control, ha tenido éxito. Como cuenta Estefanía (2004: 13), basándose en *Le Nouvel Observateur,* desde la limpieza de trajes militares, hasta la formación de policías iraquíes, pasando por la alimentación de soldados, la recogida de informaciones o los interrogatorios a los detenidos en la cárcel de Abu Ghraib, pocas son las funciones militares, con excepción de la guerra propiamente dicha, que no hayan sido subcontratadas con empresas en las que figuren destacados *neocons* en sus consejos de administración. Pero más grave aún es que el vicepresidente Dick Cheney, que posee 423.000 opciones sobre acciones de Halliburton y que sigue cobrando de tal compañía, haya coordinado un megacontrato para la explotación de petróleo en Irak, concedido a dedo, dos semanas antes de que empezara la guerra, al propio grupo Halliburton. Empresa que también tiene ahora contratos muy cuantiosos para la logística y alimentación de las tropas, y que está siendo investigada por el Pentágono por excesos en la facturación de gasolina y múltiples irregularidades en sus otras facturaciones al gobierno. Por ejemplo, una caja de 15 libras de beicon, Halliburton la vende al ejército a 80 dólares y en el mercado cuesta 12 dólares, una caja de tomates la vende a 13-15 dólares y en el mercado cuesta 5 dólares, los servicios de lavandería –por libra de ropa– para la tropa los cobra a 6,60 dólares y en Nueva Cork ese mismo servicio cuesta 85 centavos y una caja de refrescos la vende por 42 dólares cuando en el mercado costaría 11,88 dólares. La funcionaria que destapó el asunto, Bunnatine Greenhouse, miembro del Senior Executive Service con una intachable hoja de servicios al Estado, y con destino actual en el US Army Corps of Engineers puede perder su puesto por haber osado enfrentarse a tan poderosos adversarios. En suma, que la guerra es un buen negocio para un grupo de empresas estadounidenses muy vinculado políticamente al gobierno y que no parecen dispuestas a permitir que se les acabe tal fuente de beneficios extraordinarios. No es sencillo dar el salto y decir que la guerra de Irak, con todas sus falsas justificaciones, fuera un ejemplo de captura de política, pero sí se puede afirmar que múltiples decisiones –y las normas que las generan– durante la ocupación de Irak sí están capturadas.

En otras ocasiones, la captura es fruto de la presencia de representantes de lobbies en espacios de consulta o mesas de diálogo diferentes. Así, el proceso consultivo de la Unión Europea crea una estructura de relaciones que privilegia a determinadas organizaciones y sectores de actividad. Por ejemplo, el "Comité de diálogo social sectorial de las telecomunicaciones" es el que está presente en más sectores de actividad, además del suyo; en concreto en siete. De ahí que los representantes de las empresas de ese sector tengan una gran cantidad de oportunidades de influir en la toma de decisiones de la Unión (Mérida, 2004). Por todo ello, se reclaman con insistencia normas más detalladas de control de los lobbies en todo el mundo, como, por ejemplo, obligarles a hacer público lo que se gastan en cada campaña, la publicidad de con qué partidos políticos o candidatos han trabajado previamente los lobbistas o la obligación de los funcionarios visitados de dar a conocer quién les visitó en nombre de un lobby y para qué.

E) Conclusiones

En resumen, la captura de la política tiene muy diversas modalidades de presentación. Pero en casi todas ellas hay corrupción de la política. Y hay corrupción de la política porque los actores políticos o gubernamentales implicados en las tomas de decisión no consideran el interés general como principio que guíe las mismas, sino que, por diferentes motivos, ponen en primer lugar intereses parciales sobre los comunes y deslegitiman con ello la actividad política. La política capturada hace que las selecciones ciudadanas a través del voto a un programa a veces sean inútiles, y que sean fraudulentas las decisiones. Destruye, además, el principio de la igualdad política, pues genera actores privilegiados a los que garantiza una posición relevante en la toma de decisiones, posición que no es fruto del apoyo mayoritario a sus opciones ni a la coincidencia de sus preferencias con las de la mayoría, sino a la utilización de métodos fraudulentos para garantizarse un beneficio inmerecido. La captura es inequitativa e insolidaria y envilece la razón de ser de la propia política, que ha de buscar siempre superar la lucha de todos contra todos a través de decisiones socialmente compartidas en aras del bien común. En suma, la captura es una de las graves enfermedades que sufre la política de este tercer milenio.

3.5.2. El abuso de poder

El abuso de poder consiste en el uso de las instituciones públicas para reforzar el poder partidista y dificultar la labor de la oposición, tanto de la oposición de otros partidos como la de la sociedad civil. El abuso es un intento deliberado de quebrar el principio de la igualdad política mediante la ocupación y uso partidista de organizaciones que habrían de ser independientes e imparciales en la búsqueda del interés general, y que se instrumentalizan para consolidar poder. En el abuso de poder suele haber una voluntaria quiebra o manipulación de las reglas procedimentales de la democracia para beneficio partidista, pero puede hacerse plenamente dentro de la ley.

El abuso de poder es parte consustancial de los regímenes autoritarios y muy normal en las democracias iliberales. En Perú, durante el gobierno de Fujimori, el abuso de poder se instaló en todos los niveles de la acción de gobierno. Por ejemplo, a los medios de comunicación se les fue controlando a través de la extorsión, las ayudas tributarias y la compra directa de quienes los dirigían. Los principales empresarios de medios de comunicación y algunos periodistas prestigiosos fueron sobornados con importantes sumas de dinero, pero aquellos medios que se resistieron sufrieron la supresión de los contratos publicitarios gubernamentales y la puesta en marcha de procesos judiciales en su contra. El Servicio de Inteligencia Nacional, que debía ser un órgano al servicio del Estado y su interés general, disponía de una partida presupuestaria secreta destinada a comprar la conciencia de periodistas, así como a financiar directamente el sostén o nacimiento de medios de comunicación afines. Por ejemplo, el director de América Televisión –Francisco Croussillat–, un gran medio televisivo de señal abierta, firmó un contrato personal de un millón y medio de dólares con Vladimiro Montesinos, por virtud del cual se comprometía a "revisar diariamente con él el contenido de todos los titulares y todos los programas noticiosos antes de que sean propagados, debiendo incorporarse las observaciones que el contratante considere precisas". Quien no se plegaba a la presión, como el empresario Baruch Ivcher Bronstein, accionista mayoritario de la red televisiva Frecuencia Latina, se arriesgaba a una persecución implacable. Bronstein dio una información en sus televisiones relativa a los sobornos del narcotraficante Demetrio Chávez "El Vaticano" a Montesinos. En represalia, se montó un dispositivo legal que privó a Bronstein de su nacionalidad peruana, con lo que debía, al tiempo, dejar la propiedad de las televisiones, pues la ley peruana prohíbe a extranjeros tener la propiedad de medios de comunicación. Posteriormente, llegaron las amenazas de muerte y, finalmente, Bronstein y su familia abandonaron Perú. En general, la Administración tributaria y el poder judicial fueron instrumentos que Fujimori utilizó en sus chantajes a todos los empresarios de telecomunicaciones (véase www.fujimoriextraditable.com.pe).

Ejemplos de abuso de poder se pueden encontrar también con facilidad en la Rusia gobernada por Putin. Las relaciones con los oligarcas han estado marcadas por un continuo uso de los poderes estatales para perseguir a los rebeldes y premiar a los dóciles. Así, en el concurso para la privatización de Slavneft, la octava compañía petrolera del país, la empresa fue entregada a un gran amigo y apoyo financiero de Putin, Abramovich; sin embargo, Jodorkovsky ha sido encarcelado y "la mayoría de las opiniones coinciden en señalar que el oligarca había acabado tras las rejas por haber violado el acuerdo tácito existente entre Putin y los oligarcas, alcanzado poco después de la elección del presidente. La esencia de este acuerdo residía en el hecho de que el presidente no entraría a revisar los resultados de la privatización de los años noventa con la condición de que los oligarcas no se inmiscuyeran en política y preservaran su lealtad hacia el presidente. Jodorkovsky ha estado financiando los partidos de la oposición a Putin y los medios críticos con el gobierno, sin ocultar al mismo tiempo sus ambiciones políticas. Es decir, ha cometido los mismos pecados que Berezovsky o Gusinsky, sólo que éstos se ocultaron a tiempo en el extranjero, mientras que a Jodorkovsky no le dio tiempo o no lo quiso hacer" (*Rebelión Internacional,* 10 de noviembre de 2003).

Pero los abusos de poder no quedan relegados a democracias iliberales o regímenes autoritarios, también forman parte del panorama habitual de la Unión Europea. Basta con visitar la Italia de Berlusconi. El primer ministro italiano ha estado implicado en 15 juicios por muy diferentes delitos; pero no ha podido ser condenado dada la utilización de los poderes del Estado para modificar normas, amnistiar delitos o lograr la prescripción de algunos otros. En concreto, fue condenado por falso testimonio en el juicio sobre la logia P2, pero ha sido absuelto por prescripción del juicio por soborno a la Guardia de Finanzas y del juicio por soborno a jueces, conocido como Sme-Ariosto –aunque se dan por probados los sobornos en ambos casos–, también ha sido amnistiado por siete delitos de falsedad en balance (Gómez y Travaglio, 2003).

Ante todo el volumen de acusaciones y denuncias contra Berlusconi, la opción de éste para mantenerse en el poder y no ir a la cárcel, aparte de las acusaciones contra los "jueces comunistas" y las desacreditaciones y manipulaciones televisivas, ha sido el abuso de poder. Siguiendo el relato de Barbacetto, Gómez y Travaglio (2002), tras su victoria electoral en 2001, el primer decreto del gobierno consistió en atribuir a los ministros el derecho de nombrar magistrados, adscribiéndoles funciones administrativas, sin pasar por el Consejo Superior de la Magistratura (CSM). El propio 18 de junio de 2001, al presentar a su gobierno, anuncia una ley sobre conflicto de intereses en los primeros 100 días de su mandato. Al final tarda más de 1.100 días. Pero, lo que es más grave, la Ley Frattini declarará que no hay conflicto de intereses en supuestos como el de Berlusconi, en los que existe "mera propiedad". En julio de 2001, en el documento de programación económica y financiera, se introduce el juez único de primer grado y se dan competencias penales al juez de paz, además se reducen las asignaciones presupuestarias para la justicia. En septiembre de ese año, se elimina la protección policial a jueces empeñados en luchar contra la corrupción y la mafia. Más tarde, se establece un sistema de comisiones rogatorias con Suiza que hace casi imposible que tengan efectos procesales las informaciones bancarias procedentes de Suiza. En septiembre, se establece por decreto que los capitales evadidos al margen de la ley –y cuyo origen puede ser el narcotráfico o el tráfico de seres humanos– pueden reingresar a Italia pagando un 2,5% de multa. El 6 de diciembre, en Bruselas, Italia es el único país de la UE que vota contra la "orden de detención europea", sobre todo porque está en contra que se incluyan en ella los delitos de corrupción, fraude y otros delitos financieros. En enero de 2002, mediante decreto, se despenaliza prácticamente la falsedad en balances, asegurándose así una amnistía al propio presidente del Consejo de Ministros. En febrero de ese año, se crea una Comisión de investigación en el parlamento sobre "el uso político de la justicia". En marzo, el Senado aprueba definitivamente la reforma del Consejo Superior de la Magistratura, con la intención obvia de paralizar su funcionamiento y hacer inviable el ejercicio de sus funciones. Y en junio de 2003 se declara la inmunidad durante el ejercicio del cargo del presidente del Consejo y de otros representantes de altas magistraturas del Estado, con la ley Schifani y el laudo Maccanico, que significan la suspensión de todos los juicios a Berlusconi, incluso por delitos cometidos antes de ser presidente (Gómez y Travaglio, 2003). Por fortuna para la democracia italiana, la Corte Constitucional declaró inconstitucional la ley Schifani. En suma, todo un continuo ejercicio del abuso de poder, que continúa cuando se escriben estas líneas.

Finalmente, es preciso dejar claro que en España también se ha abusado del poder, intentando controlar medios de comunicación para ponerlos al servicio del gobierno; e, incluso, atacando desde el poder institucional a medios no afines, mediante la actuación prevaricadora de un juez. Por ejemplo, el proceso de privatizaciones de las empresas más rentables, "las cinco joyas de la corona": ENDESA, Tabacalera, Repsol, Telefónica y Argentaria (Mota, 1998) son un ejemplo de abuso de poder. Se explicará el por qué. Primero, se creó un Consejo de Privatizaciones para velar por la transparencia del proceso, al que, además se le otorgaban competencias decisorias sobre qué empresas vender y cómo, pero, cuando se pone en marcha el plan, el Consejo pasa a ser consultivo. Segundo, mientras son todavía públicas, el gobierno nombra como presidentes de las empresas a personas muy afines al mismo –incluso en algún caso a amigos personales del presidente del gobierno–, a continuación se componen los consejos de administración con una mayoría de consejeros independientes nombrados por el gobierno; más tarde, se blindan los consejos con limitaciones a la capacidad de voto u otros mecanismos que limitan la posibilidad de acceder al poder por parte de grupos ajenos a los progubernamentales. Finalmente, se privatiza, dejando como presidentes de las empresas a los previamente nombrados, para pasar ulteriormente a nombrar otros consejeros independientes afines que sustituyen a los del Estado. Como quiera que no existían grupos de accionistas bien organizados, el resultado final es que las empresas antes públicas quedan ahora en manos de un conjunto de empresarios amigos del gobierno. Tercero, las empresas privatizadas se usan para reforzar la estrategia mediática del gobierno, de forma que –sobre todo Telefónica– irrumpen en el mercado de los medios de comunicación adquiriendo importantes paquetes de acciones de televisiones, emisoras de radio y periódicos. Cuarto, las grandes empresas públicas se venden antes de liberalizar el mercado, de forma que, cuando son privadas, operan en mercados monopolísticos u oligopolísticos, con los inmensos beneficios que ello les reporta. Quinto, los enormes ingresos obtenidos se gestionan de forma opaca y se usan en parte para sanear otras empresas públicas deficitarias, de cara a su posterior privatización.

Pero más grave aún fue que el gobierno presidido por José María Aznar intentó acallar la voz de un medio de comunicación hostil y para ello utilizó todo tipo de abusos: declaró ilegal el descodificador de la televisión de pago propiedad de PRISA mediante un decreto-ley alegando urgencia, subió el 10% el IVA que esa televisión debía pagar, más tarde encargó un informe jurídico y económico que sirviera de base para presentar cargos criminales contra la citada empresa, finalmente, el juez Gómez de Liaño, con la ayuda de fiscales al servicio del gobierno inició diligencias penales contra PRISA, retiró los pasaportes a los miembros de la junta directiva e impuso una desproporcionada fianza individual para el presidente de la empresa. La investigación judicial, que duró un año, declaró, finalmente, injustificadas las actuaciones (Maravall, 2003). El juez Gómez de Liaño fue declarado culpable de prevaricación por su actuación en el caso PRISA y condenado a perder su puesto en octubre de 1999. Sin embargo, a pesar de las evidencias, el gobierno, en diciembre de 2000, procedió a indultar al citado juez, en un claro caso de pago de favores prestados y abuso de poder.

El abuso de poder en ocasiones se inserta en la propia cultura política del país, con lo que se hace más difícil erradicarlo. Es, por ejemplo, el caso del nepotismo en Brasil y algunos otros países latinoamericanos. El nepotismo tuvo su culminación histórica con el papado de los Borgia, con lo que podría decirse que tuvo una impronta española desde su origen. El término procede del latín *nepos,* que significa "nieto" o, para los Papas, "sobrino", e implicó una concesión de cargos eclesiásticos a familiares directos de los Papas por el mero hecho de su parentesco. Rodrigo de Borja –Alejandro VI– otorgó a su nieto de dos años el Ducado de Sermaneta, por ejemplo. Hoy en día consiste en un otorgamiento de cargos o contratos públicos a parientes sacrificando el principio de mérito y la competencia. En Brasil (de acuerdo con información procedente del CLAD), ya en la propia *Carta do Achamento*, Pero Vaz de Caminha solicitaba al Rey Dom Manuel un empleo para su yerno. Después, en plena coherencia con los orígenes, el "familismo" se convirtió en rasgo típico de la estructura social brasileña, de ahí que hoy sea normal conocer casos como el del municipio de Floresta Azul, en el interior de Bahía, donde el alcalde entregó todas las secretarías y cargos de confianza a parientes, de forma que, al final, uno de cada 15 funcionarios era pariente del alcalde. En total, en el año 2000, el diario O Globo denunció que, de los 6.000 cargos de libre designación del gobierno federal, cerca de 600 estaban ocupados por parientes y cabos electorales de los dirigentes de partidos gubernamentales.

Pero ese uso clientelar de los nombramientos, con el correspondiente abuso de poder, no se limita a países en desarrollo, sino que también en los países más desarrollados hay experiencias de ese tipo. Por ejemplo, como consecuencia de la terrible tragedia que ha vivido Estados Unidos con ocasión del huracán Katrina y la posterior gestión de sus consecuencias, se ha conocido que la organización federal encargada de prever y responder ante estos desastres, la Federal Emergency Management Agency (FEMA), ha sido ocupada en sus puestos de dirección por personas sin ninguna preparación para este tipo de puestos, seleccionados tan sólo por su lealtad al presidente. Su director provenía de la Asociación Internacional de Caballos Árabes y sus más importantes ejecutivos eran gente dedicada a trabajos de imagen para el presidente (*New York Times,* 9 de septiembre de 2005). Obviamente, cuando se enfrentaron a una situación de este tipo fracasaron estrepitosamente y muchas personas perdieron la vida innecesariamente por ello. En suma, estos actos de abuso al final tienen consecuencias negativas para la ciudadanía, por fortuna no siempre tan visibles y trágicas como en el caso arriba mencionado.

En definitiva, todos estos intentos gubernamentales de consolidar poder abusando de las instituciones públicas y de atacar y debilitar a la oposición política y social usando de instrumentos que deberían estar al servicio del interés común son un claro ejemplo de corrupción política, que no puede ser obviada.

3.5.3. El fraude electoral

Bajo este rótulo se pueden incluir todo un conjunto de actuaciones tendentes a manipular indebidamente los procesos electorales con carácter previo, durante el proceso o al finalizar el mismo. En muchas ocasiones el fraude está muy vinculado al clientelismo, sobre todo cuando existe un cierto nivel de cautividad en el voto. Pero, en otros casos, la relación entre quién influye y quién es influido es momentánea y no se generan lazos estables de dominación, por lo que no podemos hablar de clientelismo.

La corrupción electoral puede generarse antes de las propias elecciones o durante las mismas. Existe una abundantísima literatura al respecto que ha sido recientemente sistematizada (entre otros, Lehoucq, 2003), en ella se muestran las infinitas variedades de fraude electoral que a través del mundo se han podido recolectar. En fraude previo a las elecciones, es muy importante tanto la amenaza física si se vota contra los intereses de los amenazantes como la manipulación de censos en sus diferentes variantes. Existe también abundante literatura sobre la reconfiguración de distritos electorales para asegurarse la reelección *–gerrymandering–* y sobre la inequidad fraudulenta en normas electorales que sobrerrepresentan distritos y a sus votantes.

Las amenazas físicas contra votantes son propias de países con situaciones de semidemocracia o de autoritarismo más o menos encubierto. Sin embargo, en países plenamente democráticos, como España, en determinadas localidades rurales del País Vasco existen amenazas a quienes votan a partidos favorables al sistema constitucionalmente vigente, por parte de los cómplices del terrorismo de ETA. A veces no es necesaria la amenaza física para lograr el control del voto. El voto cautivo, por ejemplo, implica situaciones de desigualdad muy fuertes, con dependencias económicas y sociales de caciques locales, sin que el Estado sea capaz de crear condiciones materiales de igualdad suficientemente eficaces para garantizar el ejercicio libre de los derechos políticos. El voto cautivo se corresponde con entornos de clientelismo tradicional (Corzo, 2002).

En la España de la Restauración, el caciquismo estaba tan consolidado en la España rural que no era necesario el fraude en los recuentos, pues efectivamente, el voto cautivo aseguraba que los resultados eran conformes a lo previsto en los acuerdos entre gobierno y caciques. Pero, sin embargo, en los distritos urbanos donde los resultados no eran plenamente confiables, los fraudes durante el proceso de votación eran manifiestos y constantes. Así, se llenaban las urnas con votos falsos, se sustituían urnas, se impedía a los opositores votar o acceder a las urnas, se situaban éstas en lugares peligrosos o desagradables –como en salas de hospitales de infecciosos–, se permitía votar varias veces a los afines, se votaba en lugar de personas muertas o inexistentes, o incluso en lugar de opositores reconocidos –las famosas "escuadrillas volantes"–, y se anunciaba en los lugares de votación que el candidato de la oposición se había retirado (Varela Ortega, 2001: 478-479). En las elecciones de 2000, en el Perú de Fujimori, los actos de fraude fueron constantes. Así, se falsificaron un millón de firmas apoyando la candidatura de "Perú 2000", hubo 415 denuncias de participación de funcionarios del Estado en actos electorales comprometiendo recursos públicos si se votaba a Fujimori, se hostigaba a través de la prensa amarilla y la televisión a los opositores, en numerosas ciudades de Perú se encontraron actas firmadas por miembros de mesas antes de que se procediera al recuento, etc.

Es más difícil considerarlo siempre como corrupción electoral, pero sí implica en ocasiones un cierto fraude el uso de la normativa electoral para potenciar a determinados partidos y dificultar la representación de otros. En Estados Unidos, por ejemplo, se insiste por diferentes autores en el sesgo del sistema electoral a favor de un sistema bipartidista. Pero la razón existente tras ello puede perfectamente ser alegada como fundada en la búsqueda del interés general, dado que el bipartidismo fuerza a los dos partidos a "centrarse" y dificulta el éxito de partidos y candidatos con agendas extremistas. En otras ocasiones, la norma electoral sobrerrepresenta a ciertos distritos frente a otros. La justificación es, en ocasiones, también sólida desde el punto de vista democrático. Pues puede hacerse para asegurar que minorías culturales, lingüísticas o sociales tengan una voz suficientemente audible en un parlamento dominado por mayorías culturales o sociales diferentes. Sin embargo, en otras ocasiones, la sobrerrepresentación es de tal calibre que no podría justificarse racionalmente y entraría dentro de la corrupción electoral.

Lo que en ningún caso es sencillo de ser justificado, como fundado en el interés general, es la reconfiguración de distritos por intereses partidistas. Tras cada actualización del censo nacional en Estados Unidos, se procede a reestructurar los distritos electorales. A través de un proceso conocido como *gerrymandering,* el partido mayoritario en las legislaturas estatales o en los condados tiene la posibilidad de rediseñar los distritos existentes para proteger a los representantes de su partido ya electos –*incumbents*– y para ampliar su mayoría, y esta posibilidad es ampliamente utilizada. La forma de realizarlo es a través de una concentración de votantes, de los que se sabe que se identifican con el partido, en distritos que estaban antes competidos, sacándolos de otros donde la mayoría está garantizada. En Utah, el legislativo controlado por los republicanos trasladó a 684.000 personas de un distrito a otro para conseguir derrotar a un candidato demócrata al Congreso (*Wall Street Journal,* 7 de noviembre de 2001). También, sacando de distritos competidos a votantes identificados con la oposición y pasándolos a distritos donde la oposición tiene ya amplia mayoría. O unificando en un solo distrito dos o más distritos que antes controlaba la oposición, con lo que dos o más políticos de la oposición tendrán que luchar entre sí. Por ejemplo, en Michigan se han comprimido seis distritos controlados por demócratas en sólo tres.

Esto crea distritos realmente extraños en sus formas y diseños, pero, sobre todo, desanima a los votantes y deslegitima los procesos. Por ejemplo, de acuerdo con el Congressional Quaterly, sólo 29 de los 435 escaños de la Cámara de Representantes estadounidense son competitivos; en 2000-2002 eran 50, en 1992-1996 eran 100, y, ahora, de los 29, realmente competitivos son 13. En 2002, en cuatro de cada cinco elecciones a congresista la elección se ganó por más de 20 puntos, en 200 por más de 40 puntos y en 80 no hubo ni siquiera adversario. La solución sería la de dejar que comisiones independientes realizaran esta labor –como ocurre en el Reino Unido o Canadá–, pero no parece que, salvo en algún caso, como en Iowa o Arizona, esto se haya conseguido. La conclusión de todo este proceso, actualmente, es que aunque los demócratas tuvieran un 52% de los votos en las elecciones al Congreso, los republicanos seguirían teniendo mayoría, pues los demócratas sólo conseguirían reducir sus escaños vulnerables de 14 a 10. Entre 1992 y 2002, los republicanos han conseguido, a través de este sistema fraudulento, aumentar en 56 sus escaños seguros (*The Economist,* 18 de septiembre de 2004). Por todo ello, podemos afirmar que el *gerrymandering,* al consistir en un conjunto de actos destinados a evitar fraudulentamente que el principio de igual valor del voto se haga real, es un claro ejemplo de corrupción electoral.

Durante el mismo proceso electoral, un fraude muy típico ha sido y es el de la compra del voto. Este acto corrupto se produce cuando un candidato o un representante de un candidato o partido ofrece al votante un incentivo para que le favorezca en el voto, o para que se abstenga de votar (Pfeiffer, 2004). Algunos autores distinguen entre voto gregario y voto vendido (Rouquie, citado por Corzo, 2002); el primero sería el que se produce con carácter puntual, sin que se consoliden lazos de intercambio entre los agentes implicados; el segundo sería aquel que cae dentro del clientelismo partidista, en el que existen lazos de intercambio permanentes entre el que compra y el que vende. El incentivo no tiene por qué ser dinero, se puede incentivar con comida, vestidos, medicinas, infraestructuras para una comunidad, material de construcción, semillas, etc. En Colombia se vendían, en la última campaña electoral presidencial, empleos de corta duración y contratos públicos por votos. Pero, en ocasiones, el incentivo es la pura amenaza de que se retirarán inversiones, empleos o bonos de ayuda para aliviar la pobreza a quienes subsisten gracias a ellos, práctica realizada por el PRI en su momento. En términos de datos globales, en Brasil y Filipinas el 7% de la población votante reconoció, en marzo de 2001, haber recibido oferta de dinero por su voto; en México se estima que la compra afecta a entre el 5 y el 26% de los votantes; en Argentina, el 24% de los entrevistados por Gallup en 1999 declararon que conocían a alguien que había vendido su voto. Y en las elecciones locales de la tercera ciudad en importancia de Taiwan, el número de votantes que reconoció haber vendido su voto alcanzaba la alarmante cifra de 26%, de acuerdo a Transparency International.

Lo normal es pensar que quien vende su voto debe ser una persona de bajo nivel económico y cultural, y así es en muchos casos. Pero no siempre. En encuestas mexicanas referidas a las elecciones legislativas de 2001, se demostró que la mayoría de quienes vendían y eran comprados vivían en barrios de bajo nivel de renta. En Argentina, mientras el 6% de los encuestados declararon que habían recibido algo de los candidatos, este porcentaje subía al 17% entre los más pobres. Pero los datos de Brasil no son tan claros (Pfeiffer, 2004), aunque es cierto que es en los estados más pobres donde se produce la mayor compra, no es cierto que el nivel educativo determine la oferta, pues en porcentaje sobre población de clase media había más oferta para gente con estudios medios y superiores que la que había sobre porcentaje de población pobre para la gente sin estudios o con estudios primarios.

La compra de votos implica, no obstante, un gran riesgo; no sólo porque sea delito en numerosos países –de hecho, la penalización de tal práctica en Brasil puede ayudar a explicar que se redujera de

6 millones de ofertas en elecciones legislativas en 2000 a 3 millones en presidenciales en 2002–; sino también porque, aunque se pague, no hay garantías plenas de que el receptor cumpla su parte del compromiso. Por ejemplo, en Filipinas, algunos estudios indican que sólo el 30% de los que vendieron el voto votaron finalmente por el que compró. De ahí que los compradores busquen ingeniosos métodos de control sobre los vendedores de voto. Por ejemplo, en Misiones, Argentina, a los comprados se les da abundante comida y bebida, después se les tiene en casa durante la noche, y finalmente, por la mañana, al recogerles para llevarles a votar se les introduce el sobre con la papeleta en el bolsillo (Pfeiffer, 2004). En todo caso, cuanto más pequeña es la comunidad más facilidades existen para el control del vendedor de voto.

Esta práctica de la compra de votos es altamente perjudicial para la democracia y para la imagen de la política. Las razones son numerosas, pero destacaría tres. En primer lugar, la personalización de la política, que se convierte en un intercambio particularista de intereses y no en una búsqueda del interés común. Segundo, que separa el voto del control del gobierno, de forma que nadie que vende su voto puede quejarse por la ineficacia o inmoralidad del elegido en el ejercicio del poder, pues con la recepción del dinero o incentivo se vendió el derecho a criticar. Quien vota libremente, sin vender su voto, mantiene plenamente su derecho a exigir al gobierno que rinda cuentas, y que cumpla con su plataforma electoral; quien vende su voto ya recibió con el dinero la contrapartida. Cuando la ciudadanía vota libremente se crea un vínculo de obligaciones entre el partido o candidato vencedor y el electorado, unos cumplieron con su deber ciudadano votando, los otros tienen que cumplir con su deber como representantes sirviendo al interés común. La compra de votos rompe ese vínculo: unos cumplieron con su deber votando al que paga, los otros cumplieron con su deber pagando. Tercero, rompe el principio de igualdad política e igualdad básica entre candidatos, pues finalmente deja en manos de los que pueden pagar el resultado de las elecciones y convierte en irrelevantes los intereses de los ciudadanos que no contribuyan a sostener económicamente tal sistema de intercambio. En suma, hace de la política una actividad que sólo pueden ejercer los potentados –o quienes desde el poder usan corruptamente fondos públicos para la compra– y que sólo considera los intereses de quienes pueden aportar fondos para la compra.

Finalmente, el fraude electoral puede realizarse tras las elecciones; cuando un partido o gobernante en el poder considera que los resultados no son los deseados, su opción ante ello puede consistir en falsificar los resultados. Por ejemplo, Fujimori, en las elecciones de 9 de abril de 2000, tras constatar el triunfo en primera vuelta de Toledo falsificó los datos y se colocó en primer lugar, con un 49,98% frente al 40,24% de Toledo. Más recientemente, en Ucrania, ante la presión ciudadana e internacional, el Tribunal Supremo aceptó la impugnación de la oposición contra la decisión de la Comisión Electoral Central de declarar ganador de las elecciones presidenciales al primer ministro Victor Yanukovich. Celebradas de nuevo las elecciones resultó vencedor Victor Yuschenko, el líder opositor. Lógicamente, el fraude electoral a este nivel, cuando tiene éxito, desliza el país hacia el autoritarismo y deslegitima moralmente la actuación gubernamental. La forma de evitar tales desmanes consiste, esencialmente, en tener organismos electorales que sean independientes y estén bien dotados técnica y presupuestariamente. El ejemplo mexicano al respecto es determinante; tras decenios de falsificación electoral, la consolidación de la independencia del Instituto Federal Electoral permitió la alternancia.

3.5.4. El crimen organizado

La variante más grave de corrupción política y, también, de corrupción en sentido estricto es la incorporación de actores gubernamentales a las redes del crimen organizado. En ese momento, el Estado se convierte en un delincuente más y deja de cumplir la labor esencial que le da fundamento: garantizar la vida, la libertad y la seguridad de sus ciudadanos.

Los estudios sobre el crimen organizado han tenido en la obra de Gambetta (1993) un punto de inflexión importantísimo. Según este sociólogo, el crimen organizado está asociado a la producción de dos tipos de bienes: la protección y la venta de otros bienes y servicios ilegales. En el caso de la Mafia siciliana, la especialización clave de este grupo ha sido la protección de mercados legales e ilegales, generando un relativo nivel de confianza gracias a su hábil utilización de la imagen de seriedad y fiabilidad en sus actuaciones. Las empresas de protección pueden ser de tres tipos (Alexander, citado en Resa, 2004). En primer lugar la empresa leviatán que, de manera monopolista, se dedica a recaudar el excedente de las pequeñas empresas competitivas; segundo, la empresa que se alía con una empresa de producción de bienes para imponer sanciones a los pequeños productores; tercero, las empresas productoras de bienes que generan una superestructura matriz que se encarga de la protección. Estas empresas de protección actúan como monopolistas en ámbitos territorialmente definidos y de tamaño normalmente reducido. Su supervivencia depende de su reputación y, en la reputación, la violencia juega un papel esencial.

En cuanto a los otros tipos de empresas, las productoras de bienes y servicios ilegales, su tipología es enormemente variada. Pueden clasificarse por el origen étnico –mafia albanokosovar, por ejemplo– o por su origen nacional –mafia rusa– o por sus productos –drogas, tráfico de blancas, etc.–. También pueden clasificarse en función de si producen valor añadido o se dedican tan sólo a redistribuir rentas existentes; las primeras se sitúan en mercados ilegales, mercados en los que la producción o distribución ha sido declarada ilegal, como es el caso del negocio de drogas; las segundas son las especializadas en robos, fraudes o secuestros (Naylor, 1997).

Pues bien, hecha esta pequeña introducción, la forma normal de entrar los políticos y altos funcionarios en las redes de crimen organizado es convirtiéndose en empresas de protección. En cuanto a los funcionarios de bajo nivel, esencialmente la policía, la forma de entrar ya es doble, o bien garantizando protección o bien produciendo directamente bienes ilegales. En México, la policía se ha especializado en secuestros, especialmente cuando el negocio de protección al tráfico de drogas ha sido más perseguido políticamente. A nuestros efectos, es importante sobre todo la corrupción en los niveles políticos o de la alta burocracia, pues es en este ámbito donde se traiciona más claramente la razón de ser del Estado y de la política.

Las empresas dedicadas a la producción y distribución de drogas, al estar en un mercado ilícito, no tienen garantías legales, ni judiciales en caso de impago o estafa. Además, su mayor enemigo es la expropiación por parte del Estado, cuando éste decide aplicar la ley. De ahí que para ellas sea fundamental asegurarse garantías que favorezcan su viabilidad a largo plazo. Esto se consigue comprando protección. Y el mejor protector es el propio Estado. El Estado, a través de sus redes corruptas, puede garantizar la represión de comportamientos inadecuados tanto de subordinados como de clientes y proveedores del narcotraficante. Y además, puede incumplir, previo pago, sus actividades represoras y expropiadoras, en suma, puede obviar el cumplimiento de la ley.

Lo específico del caso de México es que la venta de servicios de protección ha sido monopolizada por funcionarios públicos para su beneficio personal (Resa, 2004: 477). Uno de los momentos más álgidos de esta integración de las actividades estatales y las del crimen organizado se produce cuando Carlos Salinas de Gortari nombra a Javier Coello Trejo como Vicefiscal General de Investigación y Lucha contra las drogas. Bajo su tutela se constituyó un auténtico cártel de protección, llegando a controlar la mayoría del tráfico de drogas en México. Coello Trejo tenía como mano derecha a González Calderón, quien se encargó de dos encomiendas esenciales para asegurar el prestigio de su jefe ante el presidente. Primero, dirigió la detención del multimillonario secretario general del Sindicato Revolucionario de Trabajadores Petroleros, Hernández Galicia. Para justificarla le acusó del asesinato de un fiscal, que había aparecido en su vivienda de Tampico. Pero ese cadáver había sido introducido fraudulentamente desde el exterior por orden del propio González Calderón. La razón fundamental de la detención fue que el corrupto

Hernández Galicia había financiado generosamente la campaña de Cuauthémoc Cárdenas, el candidato del PRD que, probablemente, ganó las elecciones, pero que mediante fraude electoral fue apartado de la presidencia. La segunda encomienda fue la de la detención del narcotraficante más importante del país, Miguel Ángel Félix Gallardo. Esta detención se produjo con bastante sencillez, pues el narco había pagado religiosamente protección a las autoridades correspondientes y no preveía su captura. Pero Salinas necesitaba esta detención para obtener del gobierno estadounidense la certificación favorable en la lucha contra las drogas y conseguir con ello un perdón de parte de la deuda externa (Resa, 2004: 491-493). Coello Trejo, tras estos éxitos, se dedicó a detener a toda la cúpula anterior de la Dirección Federal de Seguridad para quedarse con todo el negocio, y eliminó a algunos de los empresarios de drogas que habían sido protegidos por dicha cúpula, creando su propio cártel, de quien formaban parte una nutrida nómina de narcotraficantes. Estos narcos fueron distribuidos por toda la geografía nacional y fueron rotados en función de los intereses de Coello y de las quejas institucionales que generaran.

Frente al caso mexicano, donde la conexión con el crimen organizado se da esencialmente en el nivel burocrático, y donde los políticos, por regla general, han hecho la vista gorda a cambio de favores, en el Perú de Fujimori la relación con el crimen organizado alcanzó a la presidencia. De hecho, en 1996 se descubrió un cargamento de cocaína en el avión presidencial. Se cree que la operación trataba de comprar armas con cocaína a Rusia y Bielorrusia. Por otra parte, mediante diversas normas legales, se estableció que el control de la lucha antidroga correspondía al ejército y, de esa forma, se controló por Montesinos todo el sistema de aterrizaje y despegue de aviones con pasta básica de coca a Colombia. A partir de ese momento, Montesinos sometió a todas las empresas exportadoras de droga al pago de un canon. El problema vino cuando uno de los capos –Vaticano– se negó a pagar las cantidades exigidas por el gobierno. En ese momento le detuvieron. Pero el narco denunció en los tribunales que pagaba 50.000 dólares mensuales a Montesinos y a varios militares como peaje por sus vuelos y que éste le avisaba por radio de las incursiones antidrogas. Obviamente, Vaticano fue torturado para hacerlo callar, pero se ratificó en su denuncia. En 2001, el poder judicial ordenó la detención de dos generales por su participación en la protección del tráfico de drogas.

Estas conexiones con el crimen organizado no se agotan en países latinoamericanos, pues bien cerca, en Italia, se acaba de condenar a nueve años de prisión a Marcelo dell'Utri, amigo íntimo de Berlusconi, y fundador de Forza Italia, por colaboración externa con asociación mafiosa. Los jueces han considerado para condenarle que Dell'Utri ejerció durante años como "conexión entre la Cosa Nostra, el mundillo económico milanés y el sistema institucional" y que canalizó grandes sumas de dinero hacia la Mafia (*El País,* 12 de diciembre de 2004). Pero el propio Berlusconi, de acuerdo con lo que consta como probado en sentencia de la Corte de Apelación de Caltanisetta, de 23 de junio de 2001, mantuvo junto con Dell'Utri una reunión con Salvatore Riina y otros capos de la Mafia, que dio lugar a acuerdos beneficiosos para ambas partes, al menos en el aspecto económico (Gómez y Travaglio, 2003: 443-444).

Y en España, en Marbella, la presencia del crimen organizado es notoria, pues se han registrado varios tiroteos y más de 50 secuestros en 2004, presencia que no ha dejado sin enturbiar la labor de los políticos municipales desde hace ya algunos años. De hecho, de los 27 miembros del equipo de gobierno 8 están procesados por delitos de corrupción. De acuerdo con Gómez-Céspedes, Prieto y Stangeland (2003), los pasos por los que se llega en estos municipios como Marbella a la integración de la política y el crimen organizado son los siguientes: primero, se recalifican ciertos terrenos o se venden aprovechamientos urbanísticos a precio inferior al mercado por las conexiones especiales de ciertos empresarios de la construcción con los políticos locales; segundo, una vez se empieza a urbanizar, la zona se convierte en foco de atracción para el blanqueo de capitales procedentes del narcotráfico y de otros actos delictivos; tercero, una vez que ya están afincados en el municipio correspondiente, los criminales siguen comprando terrenos e inmuebles y garantizándose un espacio de seguridad; cuarto, cuando ya están asentados, empiezan también a pedir recalificaciones y se hacen con el control de inmobiliarias y constructoras; quinto, y finalmente, ya se lanzan al control político del Ayuntamiento, para ello crean grupos independientes o capturan los partidos tradicionales. En conclusión, es necesario tomar medidas que impidan esta expansión. Por ejemplo, un mayor control y transparencia en la política urbanística, una potenciación de la labor de la fiscalía anticorrupción en estas áreas, un mejor control por parte de los partidos de los mecanismos de ingreso y selección de dirigentes en localidades de riesgo, y una modificación en la normativa electoral, para facilitar la prohibición de listas sostenidas por el crimen organizado.

Para finalizar este repaso, es preciso destacar que la conexión del crimen organizado con políticos corruptos ha incorporado finalmente también al terrorismo. De acuerdo con Raab y Milward (2003), Sierra Leona se convirtió en noticia mundial cuando un grupo rebelde dirigido por Foday Sankoh comenzó a mutilar mujeres y niños como método de desatar el terror y mantener el control de los campos de diamantes existentes en el país. Este grupo fue capaz de traficar con diamantes por millones de dólares a través de la frontera de Liberia. En Liberia, un antiguo señor de la guerra se convirtió en presidente, Charles Taylor, y desde su llegada al poder Monrovia fue la meca de todo tipo de redes delictivas que compraban diamantes como método de lavar dinero. Los diamantes se han convertido en la forma más sencilla de lavar dinero y de realizar transferencias sin pasar por bancos, con lo que al-Qaeda ha encontrado en Liberia un espacio donde conseguir diamantes a cambio de dinero y armas, evadiendo los controles que Estados Unidos ha establecido de todas sus operaciones bancarias. Naciones Unidas ha estimado que los diamantes "sangrientos" que salieron de Liberia en 1999 tenían un valor de unos 75 millones de dólares en el mercado. Por cada transacción Taylor cobraba una comisión. En resumen, Taylor ha usado Liberia como una gigantesca empresa criminal que ha atraído a mercenarios de Sudáfrica, a narcotraficantes latinoamericanos, a mafias ucranianas y también a operativos de al-Qaeda antes del 11 de septiembre, a cambio, en este caso, de un millón de dólares transferidos directamente a Taylor.

Todo este conjunto de datos nos muestran que los efectos de la corrupción y el florecimiento de políticos sin escrúpulos en Estados fallidos no son problemas menores para la seguridad mundial. Las redes oscuras se entrelazan y protegen poniendo en peligro no sólo la imagen de lo público, sino la propia vida e integridad de millones de seres humanos.

CAPÍTULO 4
Conclusiones

CUANDO SE ANALIZA la corrupción se corre el riesgo de quedarse con lo anecdótico y olvidar lo esencial; la corrupción hunde sus raíces de forma ramificada y profunda, además de ser fruto de patologías sociales y económicas –institucionalizadas informalmente– que dan vida a su capacidad de destrucción. Por ello, si se pretende combatirla cortando sus ramas, lo único que se consigue es que más adelante vuelvan a surgir con igual o más fuerza. El camino, pues, consiste en evitar que le llegue el agua y la luz que le alimentan y cortar sus raíces. El análisis del fenómeno de la corrupción no puede realizarse considerando tan sólo la interacción entre políticos y empresarios, ni analizando exclusivamente la actuación de las burocracias; es preciso conocer el sistema político y social del país en el que se inserta y ver en qué medida las diferentes variables sociales, económicas y políticas afectan a la corrupción y cómo ésta afecta a las estructuras sociales, a los sistemas de incentivos y al comportamiento político.

4.1. Breve *excursus* sobre las causas e instrumentos

A lo largo de las páginas anteriores hemos visto un gran número de situaciones y casos de corrupción política. Tanto estos casos como los supuestos de corrupción en sentido estricto que cada día encontramos en la prensa o en las audiencias y juzgados son fruto de un gran conjunto de variables que explican su existencia y su pervivencia. Sistematizar y explicar todas las posibles causas de corrupción es una labor compleja que no corresponde a las intenciones de este texto; no obstante, sí conviene, antes de finalizar, tener una visión de conjunto del fenómeno para facilitar la búsqueda de posibles soluciones a quienes se dedican a ello. El mejor método para conseguir una explicación causal suficientemente comprensiva es el de analizar la situación que se vive en países con corrupción sistémica, pues en ellos, si no todas al tiempo, sí una gran parte de las variables explicativas están presentes.

En cualquier caso, conviene destacar que las variables que explican la corrupción son, a su vez, explicadas por ésta. Es decir, que la corrupción se entiende mejor inmersa en un círculo vicioso en el que distintas variables producen corrupción y, a su vez, ésta produce la expansión de dichas variables. Así, por ejemplo, la falta de confianza en las instituciones favorece la corrupción, pero, a su vez, la corrupción favorece la falta de confianza en las instituciones. Al final, lo que surge es un círculo vicioso de ingobernabilidad y destrucción de las bases de convivencia. Círculo que sólo se detiene si la clase política y las elites económicas y sociales del país correspondiente se embarcan conjuntamente en la reconstrucción de la integridad política, económica y social. Siguiendo con este argumento, conviene insistir en que, cuando la corrupción es elevada en una sociedad, su fundamento reside, además de en las perversiones de la naturaleza humana –que no son exclusivas de ningún país, raza o territorio–, en la desigualdad, en culturas políticas dominadas por la desafección o, peor aún, la apatía democrática, en la cultura prebendalista inserta en los partidos políticos de dichas sociedades y en la debilidad institucional generalizada.

Sobre las perversiones de la naturaleza humana es difícil trabajar, aunque siempre, a través de la educación y la socialización en valores cívicos, se pueden reducir los casos de personas guiadas por valores antisociales y éticamente infradesarrolladas. Sobre las otras variables señaladas el trabajo también es largo y, en ciertas condiciones, especialmente sinuoso. Cuando todas las variables confluyen al mismo tiempo, la situación para un país empieza a ser muy preocupante. Pero, además, en ocasiones, los instrumentos de minimización de los efectos de la corrupción están desactivados o, lo que es peor, también ellos están infectados por el virus, con lo que a los fundamentos perversos se unen incentivos institucionales al comportamiento inmoral. En esos casos, nos encontramos ya plenamente situados dentro del círculo vicioso de la corrupción (véase figura 4.1), con todo lo que ello implica. Pasemos, a continuación a realizar un breve repaso de variables clave para entender la presencia de corrupción.

Primero, es necesario destacar que el bajo *desarrollo moral* de una población, y sobre todo de una clase política, explica en gran medi-

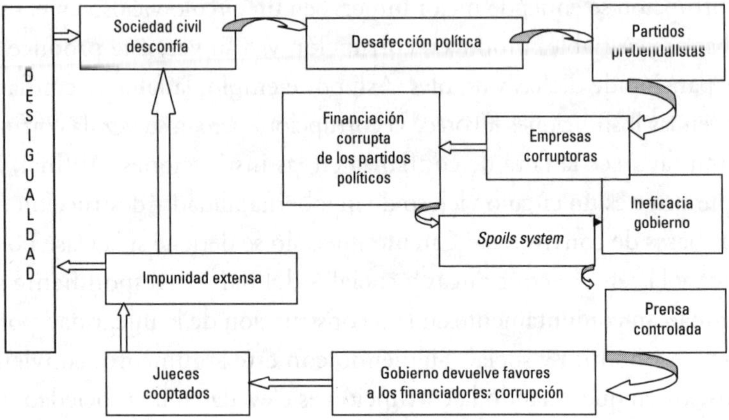

Fuente: Elaboración propia.

FIGURA 4.1. El círculo vicioso de la corrupción.

da la existencia de corrupción. El desarrollo moral implica el grado de adquisición por una persona de la capacidad de actuar siguiendo principios universales para tomar una decisión moral. Obviamente, estos principios no pueden ser sino concepciones mínimas de valor que permitan a todas las personas estar de acuerdo. El bajo desarrollo moral no tiene un fundamento racial ni cultural, sino que es fruto sobre todo de la ausencia de educación, interacción y comunicación. De acuerdo con Kohlberg (1984), los factores que posibilitan el desarrollo moral son dos: el desarrollo del razonamiento lógico y el desarrollo de la capacidad de toma de rol, o empatía. El desarrollo cognitivo es un elemento necesario pero insuficiente para alcanzar un elevado desarrollo moral; también es insuficiente en sí misma para el desarrollo moral la capacidad de situarse en el punto de vista de los otros. Lo que permite el desarrollo es que se produzcan situaciones en las que se rompe la seguridad en los propios juicios ante un conflicto de valores, es decir, cuando el sujeto se queda sin razones para resolver un determinado dilema. En esos momentos de estimulación cognitivo-estructural y de estimulación social se buscan nuevas razones y principios de conducta que, cuando se encuentran, normalmente implican un nivel de desarrollo moral más elevado.

Las condiciones que estimulan la reflexión moral tienen un componente social y político muy importante. Para empezar, el desarrollo moral comienza en la escuela, en los grupos de amigos, en la esfera pública y en la familia. Si se quiere promover una sociedad con desarrollo moral elevado, las familias deben generar espacios de diálogo y de interacción, espacios que faciliten la toma de rol, el ponerse en la situación del otro. Para seguir, es conveniente que las escuelas fomenten la autonomía y la libertad de expresión, que abran el debate sobre la justicia y la moral, que fomenten el contacto de puntos de vista diferentes y que abran vías a la participación en la definición de reglas y en el ejercicio del poder. También es importante el desarrollo del capital social positivo, de la interacción entre muy diferentes personas en grupos diversos y abiertos, y de éstos entre sí, pues la interacción obliga a la comunicación y al intercambio de visiones. Finalmente, desde el punto de vista político, el sistema político más adecuado para fomentar el desarrollo moral es la democracia deliberativa, pues es en ella donde las posibilidades de toma de rol ajeno, de exigencia de argumentación y de participación en la definición de las reglas de justicia es mayor (Kohlberg, 1987).

Segundo, diversos estudios han señalado convincentemente que la corrupción se da con mayor fuerza en países con alta *desigualdad* económica. Incluso con un concepto de corrupción minimalista, como es el que usarían los juristas, centrado esencialmente en conductas penalmente sancionables –sobornos, cohechos–, los datos de las encuestas mundiales de percepción de la corrupción nos indican fehacientemente que los países con corrupción más baja son los que poseen una menor desigualdad, medida con el Índice GINI o con otros más completos. Ciertamente, países como los escandinavos ocupan una y otra vez el *ranking* de países menos corruptos. Y todos los países con corrupción muy elevada son países con desigualdades elevadas.

En relación con la dimensión estructural de la desigualdad, se puede comprobar cómo las sociedades con desigualdad elevada se caracterizan por una baja movilidad entre estamentos sociales y una alta estabilidad de las elites, circunstancia que crea redes verticales de clientelismo y densas redes horizontales entre elites en las que anida la corrupción. En estas sociedades, los mecanismos de control social están infradesarrollados y, por ello, las elites pueden aprovecharse del control propio sobre la justicia, los medios de comunicación, y el conocimiento (Karstedt, 2002). Obviamente, como el sistema opera en un círculo vicioso, cuanta más corrupción existe, también existe más desigualdad y viceversa.

Aunque es más difícil de medir, también la desigualdad psicológica, es decir, la aceptación de la dominación internalizada, enraizada en la cultura de la sociedad, es un factor impulsor de la corrupción; cuando las personas asumen que son inferiores con respecto a otros, incluso si se les provee de bienes primarios y derechos para defenderse no los usan y vuelven a aceptar la dominación arbitraria. Esta idea nos lleva a recordar la excelente tesis de Sen (1995), en la que nos argumenta convincentemente que la igualdad exige una capacidad básica igual, no sólo de bienes materiales o ingresos económicos suficientes, sino que también requiere una capacidad cultural, económica y social para actuar libremente. La dimensión cultural de la desigualdad la expresan encuestas sobre la *distancia de poder,* basadas en la medición de patrones valorativos que legitiman y apoyan las relaciones de poder jerárquicas. Existen sociedades donde es muy elevada esta aceptación de que existen elites y que deben mandar por su superior conocimiento y/o fuerza. En estas sociedades, como consecuencia de lo anterior, existe un elevado sentimiento de inseguridad, fruto de las relaciones de dependencia y obediencia, así como de la falta de control de la arbitrariedad de las elites.

Todos estos elementos culturales y estructurales han sido medidos a través de distintas fuentes –coeficiente GINI, renta *per capita,* nivel de confianza intersubjetiva, distancia de poder, porcentaje de mujeres que alcanzan el nivel secundario de educación–, para 35 países (Karstedt, 2002), y los resultados demuestran que todas las dimensiones estructurales de la desigualdad tienen una fuerte correlación con el índice de percepción de la corrupción de Transparency International: sociedades con altos niveles de desigualdad en los ingresos tienen altos niveles de corrupción, mientras que aquellas con bajos niveles de desigualdad presentan bajos niveles de corrupción. Curiosamente, aunque en la desigualdad estructural la correlación no es lineal, es decir, que cuando se alcanza un cierto grado de igualdad ya los resultados de corrupción son mucho más imprevisibles; sin embargo, en la desigualdad psicológica y cultural la correlación sigue siendo lineal, a más desigualdad psicológica más corrupción y viceversa.

Tercero, además, estudios recientes nos muestran que la desigualdad correlaciona con bajos niveles de *confianza interpersonal* (Rothstein y Uslaner, 2005). La confianza generalizada es fundamental para la generación de solidaridad social, cuando la gente confía en general en los demás tiende a sentirse parte de un mismo proyecto y a ser más solidaria. Los países con mayor nivel de confianza interpersonal tienden a ser más igualitarios (véase figura 4.2). La desigualdad, sin embargo, promueve un desarrollo de la confianza particularista, una confianza en los de la propia clase o en los del propio círculo familiar, social, religioso, pero destruye la confianza generalizada. La confianza generalizada no surge en sociedades jerarquizadas, con rígidas divisiones sociales y una distribución del poder extremadamente inequitativa. La propia democracia tiene en ese ámbito graves dificultades defuncionamiento (Dahl, 1971: 81 y ss.). Los países escandinavos, con sus políticas universalistas de protección social son el mejor ejemplo de cómo conseguir un círculo virtuoso de confianza generalizada y relativa igualdad. Por el contrario, en Latinoamérica nos encontramos con la situación inversa, desigualdades exacerbadas que promueven una desconfianza que impide, precisamente, el desarrollo de políticas de solidaridad y redistribución.

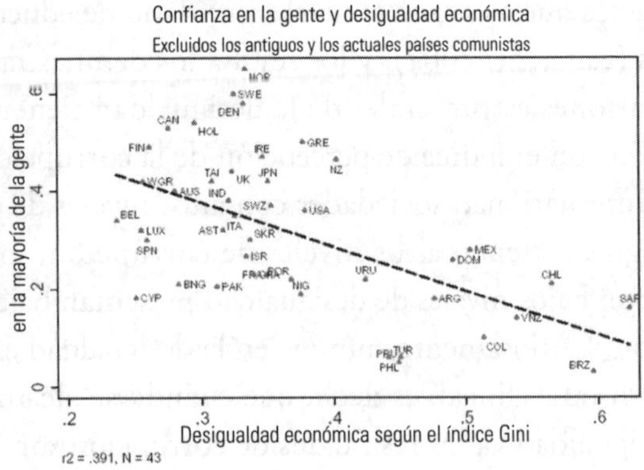

Fuente: Rothstein y Uslaner, 2005.

FIGURA 4.2.

Ahora bien, ese impedimento también tiene mucho que ver con la existencia de corrupción. Así:

a) La desigualdad hace que por parte de activistas políticos opositores a tal estado de cosas se vea el sistema como injusto, que la riqueza y el poder se perciban conectados con la propia corrupción, y esa visión favorece el uso de mecanismos corruptos para conseguir también el acceso al poder o la riqueza; de hecho, un problema de una parte importante de la izquierda latinoamericana ha sido el creer que debían usar los mismos medios que los partidos tradicionales para acceder al poder, y que ya desde el poder cambiarían las cosas, pero esos medios han sido un cáncer que han impedido, después, precisamente el cambio.

b) La desigualdad elevada provoca una distribución también muy desigual del poder, de ahí que las instituciones públicas, a pesar de lo que digan las normas, funcionen de forma discriminatoria y parcial. Esas discriminaciones, unidas a la necesidad de acceder a bienes y permisos públicos, llevan a aceptar la inclusión en redes clientelistas como mecanismo normal de acceso a lo esencial. La ciudadanía acepta la corrupción a nivel personal aunque la critique a nivel colectivo.

c) Cuando surgen políticas que podrían paliar situaciones de pobreza o desigualdad extrema, el subdesarrollo profesional y la propia corrupción de la burocracia impiden una implantación mínimamente eficaz.

d) La desigualdad es caldo de cultivo del capital social negativo, de todo un conjunto de redes de extorsión, de favores mutuos entre oligarquías, que aseguran la impunidad y lanzan el mensaje de que ésa es la forma normal de lograr las cosas. Lo que, a su vez, impide la generación de políticas sociales universalistas y eficaces que podrían reducir la desigualdad y generar con ello confianza intersubjetiva. Para empezar, porque nadie tiene incentivos para pagar impuestos que den acceso a bienes universales que, finalmente, estarían en manos de políticos corruptos.

Las fuertes desigualdades estructurales y psicológicas provocan, en resumen, entre otros factores, que el nivel de *confianza* personal y hacia las instituciones sea bajo. Es difícil confiar en instituciones públicas que den respuestas universales e imparciales cuando existen niveles de desigualdad brutales. Los más débiles saben que las instituciones, en esas circunstancias estructurales, no tratan a todos por igual. Y también saben, cuando existen condiciones de pobreza elevadas, que es fácil la compra del voto y la aceptación de la dominación arbitraria a cambio de bienes esenciales. De ahí que, por regla general, cuando la ignorancia y la pobreza son muy elevadas la ciudadanía desconfíe de la capacidad de decisión autónoma de sus conciudadanos en la actividad política. La política no se ve como un espacio de deliberación para la toma de decisiones que beneficien a la comunidad, sino como un espacio opaco al que se accede para conseguir beneficios particulares a cambio de ceder autonomía y libertad. La ventana de acceso a la política son los patrones o líderes locales de los partidos políticos, los cuales ofertan relaciones clientelares en cascada, de forma que los más pobres suelen contactar con la política a través de los lugartenientes del patrón, con lo que la opacidad se expande. Todo este sistema clientelar inhibe la acción colectiva, y al inhibirla destruye capital social positivo, circunstancia que hace más difícil la labor de control de los políticos, incentiva la ausencia de transparencia en las instituciones públicas y reduce la participación en la toma de decisiones. En consecuencia, es un foco de corrupción política y corrupción en sentido estricto bastante activo.

La reducción de la capacidad de asociatividad es una de las mayores rémoras del debilitamiento del clima de confianza en las relaciones interpersonales y del clientelismo que surge a su cobijo. Sin asociatividad las capacidades sinérgicas de la sociedad se agotan y los grandes y pequeños pactos y acuerdos que festonan el progreso desaparecen (Kliksberg, 2004). Numerosos estudios atestiguan que una sociedad civil con confianza interpersonal ayuda a construir mejores instituciones que, a su vez, producen un mejor gobierno, lo que, a su vez produce mayor confianza en las propias instituciones y el propio gobierno (Putnam, 1993; Newton y Norris, 1999).

Cuarto, inversamente, la desconfianza social, en niveles agregados nacionales, dificulta crear instituciones políticas y sociales eficaces y, sin estas instituciones, los gobiernos carecen de incentivos para actuar eficazmente. Este proceso acaba, sobre todo en países con democracias recientes, deteriorando la conciencia cívica y desembocando en *desafección política* primero –desconfianza hacia la acción política y los partidos– y, más tarde, en *apatía* e, incluso, en alienación respecto al sistema político y los valores de la democracia. Esta apatía favorece la manipulación y el ejercicio de la dominación arbitraria. Donde existe confianza y capital social positivo, el control político y las demandas al gobierno son intensas, donde tal capital no existe, el control y la demanda son mucho menores, favoreciendo el uso corrupto del poder. Para sostener esta afirmación bastaría con analizar los resultados del último Latinobarómetro, el del 2004, que no expresa un empeoramiento de la situación global, pero sí un cierto estancamiento en el necesario avance hacia la promoción de la democracia. En promedio, entre 1996 y 2000 el apoyo a la democracia en Latinoamérica estuvo en torno al 60%, pero en 2001 bajó al 48%. Hoy está en torno al 53%, pero si se considera la población global de los países consultados el resultado apenas llega al 50%. A su vez, el índice de satisfacción con la forma en que la democracia funciona en cada país nos da como resultado que, prácticamente, en ningún país el número de respuestas satisfactorias es superior a las insatisfactorias. De dieciocho países, entre 1996 y 2004, sólo en tres ha mejorado el número de los que creen que la democracia es preferible a cualquier otra forma de gobierno: Venezuela, Honduras y Chile. En el resto de países, excepto México que se mantiene invariable en el 53% de apoyo democrático desde 1996, la valoración positiva de la democracia ha disminuido, con cifras que superan un escandaloso –15% en cinco países: Guatemala (de 51 a 35), Perú (de 63 a 45), Bolivia (de 64 a 45), Nicaragua (de 59 a 39) y Paraguay (de 59 a 39)–. Y con respecto a las instituciones componentes del sistema político, los datos son también muy ilustrativos de la falta de confianza en dichos actores: apenas el 20% de la población manifiesta tener confianza en los partidos políticos, el Congreso supera levemente ese 20%, el poder judicial y la policía apenas superan el 30%, los presidentes apenas llegan al 40% (véase cuadro 4.1), en consecuencia, difícilmente podrán estas instituciones dirigir legitimadamente la gobernación de sus respectivos países.

CUADRO 4.1

Índice de confianza en instituciones en América latina[1]

Confianza en instituciones				
Poder judicial	*Gobierno*	*Municipios*	*Congreso*	*Índice*
1,96	1,93	2,12	1,88	1,97

Índice de confianza en actores		
Gente que dirige país	*Partidos políticos*	*Índice*
2,12	1,61	1,86

Fuente: Procesamiento de preguntas p17st, p34st y p36st del Latinobarómetro 2002.

[1] Al consultar a las personas el grado de confianza que tienen en cada una de las instituciones y actores que se mencionan, éstas pueden responder "Ninguna", "Poca", "Algo" y "Mucha". A cada una de estas alternativas se les asigna valores de 1 a 4, respectivamente. Se calculó la confianza promedio de manera que entre más cercano a cuatro sea ese promedio, mayor será la confianza de los entrevistados en ese rubro. Para el cálculo de estos índices se suma el valor de las respuestas dadas a las preguntas que intervienen en el índice y se divide entre el número de preguntas, obteniendo así un promedio simple.

En el origen de la corrupción también es muy importante esta apatía democrática, una apatía que implica abandono de lo público en pocas manos y ausencia de voluntad de control y lucha por la integridad. En países con democracia reciente la desafección y, más aún, la apatía democráticas favorecen una democracia elitista y sin suficientes controles (Torcal, 2003).

Quinto, el deterioro de la confianza social e institucional privilegia la acción de *partidos corruptos y prebendalistas,* y de gobiernos ineficaces. Como ya vimos, en los dos "Barómetro Global de la Corrupción" realizados hasta el momento –el del 2003 y el del 2004– por Transparency International, los datos corroboran la extensión mundial de la desconfianza hacia los partidos. Desconfianza hacia los partidos que seguramente se basa en experiencias y datos ciertos, pero que no por ello es menos preocupante para la salud de la democracia. Es cierto que este fenómeno también está influido por cambios en la cultura política actual y en los sistemas de información (Pharr y Putnam, 2000). Especialmente, el declive gradual de la política ideológica y el ascenso de la política de la confianza, así como nuevas formas de actuación periodística. Mas, a pesar de todo, los partidos siguen siendo el principal canal de participación democrática, e incluso con un cierto nivel de apatía, la ciudadanía en general sigue considerando el voto su único instrumento para cambiar las cosas y reconoce a los políticos como necesarios (Alcántara, 1997). Con ello, se produce un fenómeno contradictorio y poco útil para la mejora del sistema. En muchos países con alta desafección e, incluso, con apatía, la gente sigue votando. Pero el voto agota la lucha por la democracia. Además, dada la fragmentación social y la existencia de amplias bolsas de pobreza desatendidas públicamente, el clientelismo florece, con lo que el voto se particulariza, cuando no se vende. De ahí que el ejercicio del voto sea compatible con un reforzamiento de los partidos y líderes corruptos. En general, existe una compatibilidad entre la demanda en abstracto de limpieza partidista y la aceptación en la práctica del clientelismo; como consecuencia, los partidos corruptos se consolidan y no tienen incentivos para cambiar, prosiguiendo su labor de reparto de prebendas, puestos y contratos sin medida. Es un dato cierto que en países de alta corrupción y con un apoyo débil a la democracia existen partidos históricamente corruptos que tienen una gran estabilidad. Es la consecuencia de la suma de participación electoral alta –aunque en ocasiones sea consecuencia de la obligatoriedad– con control bajo de la actividad de los partidos. Además, los modelos de democracia de mínimos implantados en muchos países se basan en la idea de que hay democracia cuando hay elecciones, lo cual es una simplificación peligrosa. Simplificación que auxilia, también, a la pervivencia de partidos corruptos y sin control. En general, la ausencia de confianza y el reducido capital social positivo provocan una estructura de demandas a los actores políticos y gubernamentales muy fraccionadas, desarticuladas y muy poco universalistas, lo que favorece la irresponsabilidad y la corrupción en los partidos y en los gobiernos.

Sexto, a todo ello se añade que los partidos clientelistas tienen que competir duramente entre sí y con partidos ideológicos. Lo que demanda financiación suficiente. Es cierto que la financiación de los partidos es un problema, a efectos de corrupción, en todo el mundo, pero donde además hay desigualdad, desinstitucionalización, alta desconfianza y desafección el problema es especialmente grave. Y es grave porque en una sociedad con alto grado de desconfianza interpersonal, con fuerte capacidad de intervención estatal y sin instituciones que marquen claras reglas del juego, el mercado no existe como espacio para la libre competencia, más bien es un campo de batalla en el que puede triunfar quien tenga menos escrúpulos. Así pues, el buen empresario encuentra innumerables costes de transacción para desarrollar su actividad y la financiación a los partidos es uno más de entre ellos. Este panorama general ofrece un incentivo claro para *los buscadores de rentas y para los capturadores de políticas.*

Los datos del presente texto nos demostraron, entre otras cosas, que la corrupción de los partidos es menor –aunque hay excepciones– cuando la financiación es casi exclusivamente pública, existen límites muy estrictos a los gastos electorales y se demanda un alto grado de transparencia en las cuentas de los partidos por un órgano fiscalizador independiente y bien dotado. Ello exige, por supuesto, un sistema de instituciones públicas eficaz y honesto, una cultura política apta para aceptar esta necesidad y unas estructuras sociales y económicas que permitan recaudar los impuestos necesarios para financiar a los partidos sin abandonar a la población a su suerte en políticas sociales. Pero por desgracia, dicha situación es imposible en los países con corrupción sistémica. Lo normal es que las normas sobre financiación, cuando existen, no se cumplan y se genere un intercambio perverso entre dinero privado y decisiones públicas, capturándose finalmente políticas y decisiones fundamentales. Estas capturas no son precisamente el mejor método de luchar contra las desigualdades.

Séptimo, en relación a la *institucionalización,* los datos nos indican que la existencia de un servicio civil de carrera y una Administración profesionalizada y con sistemas de controles internos y externos desarrollados es una de las barreras más importantes contra la corrupción. No parece que la existencia de burocracias profesionales fomenten la corrupción, frente a las ideas libertarias que afirman lo contrario, sino que, cuando las burocracias son estables y están socializadas en el servicio público, son uno de los mejores instrumentos de prevención de la corrupción. Dentro de las instituciones del sistema, también la judicatura juega un papel esencial, de ahí que el fortalecimiento de la independencia y la garantía de la imparcialidad judicial sea uno de los objetivos esenciales de la lucha contra la corrupción. Precisamente, el activismo judicial en la lucha contra la corrupción en las democracias avanzadas es hoy en día uno de los fenómenos sociales y mediáticos más relevantes, pero también más eficaces en la batalla anticorrupción. Y, cómo no, la presencia de un órgano electoral independiente y con suficientes competencias para asegurar unas elecciones libres y justas se manifiesta como otro de los elementos clave de una sociedad sin corrupción sistémica. Por todo ello, la inexistencia de un servicio civil de carrera, unida a salarios insuficientes en el sector público para llevar una vida digna, la parcialidad y dependencia política del poder judicial, y la debilidad y captura del órgano electoral son causas esenciales para explicarse la corrupción en cualquier país.

Octavo, precisamente esa inexistencia de profesionales bien formados en el sector público acarrea otro grave problema, cual es el de la *ineficacia e ineficiencia de las políticas* públicas. Ya no es sólo que muchas políticas estén capturadas, es que, además, aunque no lo estuvieran, los gobiernos carecen de profesionales preparados para llevarlas adelante. La permanencia del servicio civil permite formar permanentemente y socializar en valores públicos a sus componentes. El *spoils system* impide o dificulta tener personal capaz durante más tiempo de un mandato, y es obvio que las políticas públicas requieren continuidad. De todo ello se deriva que políticas esenciales para prevenir y reducir la corrupción a largo plazo, como la educativa, carecen de sustento presupuestario y recursos humanos con las competencias precisas para formularlas e implementarlas con éxito. Este fracaso de las políticas genera aún mayores desigualdades y una sensación de inseguridad y abandono profundamente deslegitimadoras; como nos recuerda Paramio (2004: 69), la satisfacción ante la vida va ligada al sentimiento de que los gobiernos electos representan las propias preferencias y de que existen mecanismos sociales que protegen a las personas de una total dependencia de los mecanismos del mercado, tan indiferentes a las necesidades humanas. Cuando todo esto falla, la inseguridad y la sensación de abandono deslegitiman la democracia e incentivan comportamientos asociales.

Noveno, *la prensa* es uno de los instrumentos más importantes para denunciar la corrupción y promover valores democráticos. Pero en países de corrupción sistémica la prensa cae también, aunque haya excepciones, en las redes de la corrupción, y evita la denuncia imparcial y la investigación rigurosa. Como el caso Fujimori nos mostró, la prensa puede, incluso, ser un instrumento eficaz de apoyo a la corrupción y de generación de escándalos falsos contra los políticos honestos. Así pues, el silencio o la complicidad de la prensa es otra de las causas de la corrupción.

Y décimo, la existencia de una *clase política* presta a la denuncia sensacionalista del contrario, pero incapaz de ponerse de acuerdo en generar mecanismos útiles de lucha contra la corrupción, cuando no implicada colectivamente en el mantenimiento de privilegios, extorsiones y sobornos, sería el colofón al trágico círculo antes dibujado.

En conjunto, este deprimente panorama, propio de países con corrupción sistémica, se reproduce parcialmente en países con corrupción media y muy limitadamente en países de corrupción baja. En cualquier caso, de esta visita a los infiernos podemos sacar unas muy breves conclusiones sobre cómo luchar contra la corrupción.

La lucha contra la corrupción exige, si quiere tener éxito, medidas estructurales, medidas preventivas y medidas operativas. Tales medidas estructurales tienen que ver fundamentalmente con la lucha contra la desigualdad, pero también, vinculado a ello, con la preocupación permanente por formular e implantar políticas educativas a todos los niveles que fomenten la conciencia cívica y expandan el compromiso con la ética pública. Y sin olvidar el necesario fortalecimiento del capital social positivo, apoyando para ello todo lo que pueda contribuir a generar una sociedad civil activa y vigilante, densamente poblada de acuerdos y compromisos cívicos y comerciales. Las medidas preventivas se centran en fortalecer los instrumentos internos de control y democracia de los partidos, el desarrollo de códigos éticos en los partidos, en el gobierno y en la Administración, y en la formación en ética pública y democracia a dichos actores: partidos y empleados públicos.

Las posibles medidas operativas son casi infinitas, pero por el nivel territorial podemos distinguir, en principio, las medidas internacionales y las nacionales. Las internacionales son cada vez más importantes, por ejemplo la OECD Convention on Combating Bribery of Foreign Public Officials in International Business Transactions, ratificada por la mayoría de los países de la OCDE en 1999, cuyo nivel de cumplimiento sigue siendo muy bajo a pesar de los cambios normativos internos que desencadenó; o la Convención de las Naciones Unidas contra la Corrupción, de diciembre de 2003, que sigue sin entrar en vigor al no haberse alcanzado el número mínimo de países ratificantes –en mayo de 2005 eran 22 y se necesitan 30 para ello–, aunque ya se superan los ciento veinte firmantes. Dentro de las nacionales, las hay con participación de la sociedad civil y de las empresas, e internas, exclusivamente estatales. Entre las destacables por participación de la sociedad civil y las empresas, están los "pactos de integridad", que son pactos por los que las partes implicadas en las contrataciones y licitaciones públicas se comprometen a renunciar a realizar actos y a usar métodos corruptos. En ellos, las empresas deben establecer sanciones internas para quienes se impliquen en actos de soborno y aceptar la pérdida de la garantía o los avales por incumplimiento del pacto. Medidas de lucha son también todos los instrumentos de medición e información que Transparency International ha desarrollado, como el famoso Índice de Percepción de la Corrupción, el Índice de Fuentes de Soborno, el Informe Anual de Corrupción, el Barómetro Global de Corrupción, o el muy útil *Tool Kit*, o libro de "Herramientas para el control ciudadano de la corrupción", donde se encuentran cientos de ejemplos de cómo luchar contra la corrupción desde la sociedad civil.

En cuanto a las medidas internas, habría que distinguir aquellas destinadas a fortalecer la independencia e imparcialidad del poder judicial, aquéllas destinadas a favorecer la moralidad en el legislativo, y los cientos de posibles medidas para el ejecutivo. De entre ellas, podríamos destacar:

a) Fomento de las comisiones independientes para regular y controlar los mercados estratégicos, y sometimiento de los directivos de las comisiones al control parlamentario.

b) Potenciación del control parlamentario del ejecutivo, exigiendo una mayor presencia del gobierno en el parlamento, la creación de oficinas presupuestarias en sede parlamentaria, o la creación y funcionamiento de rigurosas comisiones de investigación cuando las circunstancias lo exijan. Este modelo de control exigente debe poder ser trasplantado a los gobiernos locales, con sus necesarias adaptaciones.

c) Mejora técnica de los Tribunales de Cuentas y fomento de su independencia; así como creación de Defensores del Pueblo, incluso en el nivel local, y apoyo a su labor mediante la dotación suficiente de medios de investigación.

d) Creación de fiscalías especiales de lucha contra la corrupción y defensa de su independencia. También, favorecimiento del control judicial de todos los actos del gobierno.
e) Garantía de la independencia de las televisiones públicas, donde existen, y sanción del incumplimiento de su deber de formar e informar honestamente.
f) Exigencia de la evaluación de todos los programas públicos y sometimiento de tal labor a una oficina técnica con suficiente nivel de independencia.
g) Promoción de las cartas de derechos ciudadanos en cada agencia gubernamental, independientemente del nivel de gobierno, y establecimiento de defensores del cliente.
h) Control jurídico, contable, económico, de gestión y estratégico a través de órganos internos y externos especializados y profesionales.
i) Participación abierta de los afectados por normas y decisiones en la configuración de las mismas y facilitamiento del control por éstos de su ejecución.
j) Aprobación e implantación efectiva de leyes de transparencia, que aseguren que todo documento público –salvo casos excepcionales recogidos por la norma– pueda ser consultado por la ciudadanía, incluidas las actas de reuniones que conllevan toma de decisiones de relieve.

4.2. Reflexiones finales

En este texto hemos defendido que la corrupción política es una corrupción de la política. Esta corrupción de la política se produce cuando se abandonan los principios básicos que la sostienen y se convierte la política en engaño y manipulación más o menos permanente. Las variantes que se han seleccionado para ilustrar diversos tipos de corrupción política coinciden en algo esencial, la política deja de buscar el interés común y se muestra como un conjunto de acciones destinadas a abusar del poder o a alcanzarlo por cualquier medio. El poder –y a veces el dinero– se convierten en la única razón de ser de la política. El problema entonces es que ésta se deslegitima, pues no nació para sustentar la ambición y la codicia, sino precisamente para evitar que la ambición y la codicia generalizadas nos llevaran a la guerra civil permanente. Es cierto que la política no tiene por qué negar el interés privado, pero es algo más que interés privado; y porque es algo más que egoísmo se otorga a quienes gobiernan el derecho al monopolio de la violencia legítima. Si no fuera algo más, nadie cedería sus derechos para que el más audaz y despiadado nos gobernara. También es cierto que implica lucha por el poder, pero no cualquier tipo de lucha. De ahí el establecimiento de unas reglas y unas normas básicas de funcionamiento.

La corrupción política hace que la política se convierta en una especie de guerra civil larvada, circunstancia que, en circunstancias de fuerte desinstitucionalización, podría llevar –y lleva– a la verdadera violencia y, con ello, al fin de la política, que en definitiva es un camino de huida de la guerra civil permanente. La corrupción política sitúa la política en una tregua en frágil equilibrio, en la que los actores están en permanente acecho del Estado y sus privilegios, no para usarlos en bien de todos, sino para disfrutarlos exclusivamente.

Por el contrario, cuando la política expresa la búsqueda del interés general o del bien común, se legitima y legitima la acción estatal, eliminando de forma permanente los riesgos de conflicto civil. La búsqueda del interés general permite generar sinergias que articulen el esfuerzo común de una sociedad, al menos para la defensa y realización de lo esencial o constitucional; al tiempo, implica un reforzamiento del valor y permanencia de las reglas del juego básicas.

La corrupción política incluye todo un conjunto de acciones que se fundamentan en el "todo vale" para llegar al gobierno o para permanecer en él; pero es una llegada o una permanencia, además, que se agotan en sí mismas, no transcienden en actos beneficiosos para la sociedad o sus mayorías, ni están guiadas por ideales colectivos, sino que implican un uso fraudulento del poder o un incumplimiento egoísta y romo de las reglas del juego. Ciertamente, la política íntegra no impide la discrepancia, ni la búsqueda racional del interés, pero sí establece límites a ambas: el respeto a las reglas básicas del juego. La existencia de puntos de vista diferentes es no sólo real, sino necesaria para la propia política. Pero lo esencial es que ningún punto de vista tiene derecho a primar si no es a través del procedimiento democrático. Las acciones de corrupción política se saltan o contribuyen a saltarse los procedimientos de selección de preferencias o mejores argumentos para capturar decisiones o poderes de forma fraudulenta.

Evitar la guerra civil y buscar el interés general respetando las reglas del juego, sobre todo desde el gobierno, son la razón de ser de la política, su bien interno, aquello que la justifica socialmente y la legitima. No se puede evitar la deslegitimación de la política sin buscar el interés general, pero el interés general no puede abstraerse de esta necesidad de evitar el conflicto, lo cual exige o negociación o deliberación, según qué discurso se asuma. La corrupción política, al no asumir una búsqueda del interés común, hace que el conflicto planee continuamente sobre la sociedad, pues no existen bases legitimatorias de la acción de los políticos y con ello de la acción del gobierno.

Se dijo también en el texto que la política ejercida desde una dictadura es siempre corrupta, pues no puede ejercerse en interés general un gobierno que viola sistemáticamente los derechos humanos. Se puede hacer política sin democracia, pero será siempre política corrupta, pues no puede haber moralidad que no se sostenga sobre la promoción y defensa de los derechos humanos. En consecuencia, la política que hemos juzgado aquí es la política en un régimen democrático y, por ello, será íntegra cuando respete los principios de la democracia y corrupta cuando los viole. En suma, no basta a la política para ser íntegra que evite la guerra, pues debe además promover el interés general; mas ello, en democracia, exige superar el respeto de algunos principios. En el capítulo 2 ya indicamos cuáles podrían ser estos principios, en concreto: el principio de gobierno del pueblo y el principio de igualdad política. Ahora, vamos a convertirlos en cuatro, siguiendo a Dahl (1992: 1). El principio de igualdad intrínseca, que implica que hay que aceptar que cada persona tiene derecho a definir su propia idea de lo que es el bien y la vida buena, y a adquirir un sentido de la justicia. 2. El principio de la consideración equitativa de los intereses, que implica que para considerar de forma imparcial los intereses de cada persona en un proceso de toma de decisiones colectivas todos debe ser tratados equitativamente y deben ser divulgados los intereses de quienes están involucrados en dicha toma de decisiones. 3. La presunción de la autonomía personal, que implica reconocer a las personas la capacidad de revisar sus propios fines, y de ahí la capacidad de decidir sobre los principios morales a través de la reflexión; por ello, nadie está mejor capacitado que uno mismo para saber si las políticas promueven sus intereses. 4. El principio categórico de la igualdad, que consiste en que todas y todos los ciudadanos están calificados para autogobernarse. Esto implica, en términos institucionales, derecho de sufragio, igualdad de oportunidades de los candidatos, neutralidad del gobierno en la organización del proceso electoral, etc.

Definidos estos principios, pasaremos ahora por su filtro los ocho tipos de corrupción política que definimos y analizamos (véase cuadro 4.2).

1. La corrupción parlamentaria. En estos casos se quiebra el principio de consideración igualitaria de los intereses, así como, en el caso del transfuguismo, el principio categórico de la igualdad, pues los ciudadanos no se autogobiernan si aquella persona que eligieron en una lista y con un programa abandona dicha lista y programa.
2. La corrupción judicial. Quiebra el principio de la consideración igualitaria de los intereses.
3. El clientelismo. Quiebra el principio de la consideración igualitaria de los intereses, también el principio de autonomía, pues se niega a los clientes la capacidad de saber lo mejor para sus intereses, salvando el interés inmediato y parcial; e incluso el principio de igualdad intrínseca, pues el patrón domina arbitrariamente; y el principio categórico de igualdad, pues niega el autogobierno a quienes no se someten.

CUADRO 4.2

Principios de la democracia transgredidos por la corrupción política

Tipos de corrupción política	*Principio de igualdad intrínseca*	*Principio de la consideración equitativa de los intereses*	*Presunción de la autonomía personal*	*Principio categórico de la igualdad*
Corrupción parlamentaria		X		X
Corrupción judicial		X		
Clientelismo	X	X	X	X
Financiación corrupta		X	X	X
Captura de políticas	X	X	X	X
Abuso de poder				X
Fraude electoral		X	X	X
Crimen organizado		X	X	X

4. Financiación corrupta. Quiebra el principio de autonomía, pues nadie puede juzgar lo mejor para él o ella si no conoce realmente la oferta, lo que está detrás de los programas oficiales. También quiebra el principio categórico de igualdad, pues los candidatos no gozan de los mismos medios. Finalmente, quiebra el principio de consideración igualitaria de los intereses, pues no se consideran igual los intereses de los que pagan corruptamente que los de los que no lo hacen.
5. Captura de políticas. En la captura hay ruptura del principio de consideración igualitaria de intereses. También se quiebra el principio categórico de igualdad, pues se niega el autogobierno. Se elimina la autonomía, pues se decide ocultamente por los capturadores e incluso se atenta contra la igualdad intrínseca al definir exógenamente el bien a la ciudadanía.
6. Abuso de poder. Esencialmente, trata de obtener ventajas de control fraudulentas a través del ejercicio del poder, por lo que quiebra el principio categórico de igualdad.
7. El fraude electoral. Quiebra el principio categórico de igualdad. En algunos supuestos, como en la compra de votos, también el principio de autonomía y la consideración igualitaria de intereses.
8. El crimen organizado. Quiebra el principio de consideración igualitaria de intereses y el principio categórico de igualdad, por ejemplo, cuando usa fondos provenientes del crimen para la financiación. Obviamente, tampoco considera el principio de autonomía, al imponer políticas y prácticas ocultas a la comunidad, negándoles el derecho a evaluar las políticas que les afectan.

Al final, es necesario reconocer que ponerse de acuerdo en abstracto sobre qué sea el interés general es muy difícil, pues dependiendo del discurso de procedencia se considerará como tal una u otra opción. Es más fácil ponerse de acuerdo en quién tiene el derecho a definirlo, que siempre es el pueblo, a través de sus representantes legítimos. Pero, nuevamente, es difícil acordar el cómo se define tal interés, si negociando, deliberando, sumando, etc. Y ya no digamos si de lo que se trata es de definir en cada caso concreto qué sería el interés común, pues ahí puede haber enormes diferencias hasta en personas integrantes de un mismo discurso.

Por todo ello, la mejor opción es definir lo corrupto, como se ha hecho en este texto, pues en torno a lo rechazable es más sencillo el acuerdo. El definir un ámbito de lo infranqueable es compatible con la existencia de una enorme libertad en el ámbito de lo no corrupto; además, ese ámbito de la corrupción debe ser rigurosamente definido para evitar caer en la trampa de lo impecable (Del Águila, 2000), es decir, expandir la exigencia hasta un punto en que prácticamente todo lo que se haga en política sea corrupto salvo que alcance unos grados de bondad y equilibrio angélicos. Sustituir el necesario debate y el ineludible conflicto de valores con certezas de cómo se debe actuar en cada caso, es inútil y, si se hace, es pura ideología, es decir, falsedad. Ni por más controles que se pongan, ni por más apoyo técnico que se recabe, se conseguirá eliminar de la política su incertidumbre y el riesgo moral que siempre conlleva. En definitiva, en política no hay cura para el virus de responsabilidad que penetra los tejidos de las convicciones.

La política siempre tiene un elemento de irracionalidad y de intuición inabarcable. Como dice Berlin (1998: 94): "lo que es racional en un científico es, por tanto, muchas veces utópico en un… político (es decir, falla sistemáticamente en obtener el resultado deseado)". En política es conveniente tener claros los límites de lo infranqueable, pero no extenderlos en exceso, no sea que la excesiva vigilia de la razón nos entregue al sueño de lo cierto, a la trampa de lo eternamente previsible, en suma, al fin de la esperanza.

Decía Tocqueville (1994: 486): "No veo entre los que me rodean sino gente que quiere enseñar a sus contemporáneos, con sus palabras y con su ejemplo, que lo útil no es jamás indecoroso. ¿Será posible que yo no descubra a nadie que pretenda hacer ver de qué modo lo honesto puede ser útil?". Refiriéndonos a la política, creo que en estas páginas hemos mostrado cómo lo deshonesto jamás puede ser útil, ni para la propia política como actividad humana, que sufre la propia deslegitimación con las acciones corruptas de sus protagonistas, ni para la ciudadanía, que ve negados sus derechos y pisoteados los principios de la democracia en la que confía, y ni siquiera para el Estado, que pierde espacio frente al poder del dinero y su egoísmo insensible. Pero por desgracia, tampoco hemos demostrado en qué modo seguir una vía íntegra en política aporta más beneficios que dolores. Hemos seguido modestamente, así pues, el camino preventivo (Zafra, 2000) del propio Tocqueville. En este libro no hay predicciones ni leyes inexorables, sólo una llamada de atención para recordar a todos que, tras la corrupción y defunción de la política, no llega la libertad con sus acogedores brazos, llega más bien el ruido de los sables y la profunda herida de la común derrota.

BIBLIOGRAFÍA

ADES, A. y DI TELLA, R. (1997): "The New Economics of Corruption: A Survey and Some New Results", en Heywood, P., *Political Corruption*, Blackwell Pub., Oxford.

AGRANOFF, R. y MCGUIRE, M. (2003): *Collaborative Public Management*, Georgetown University Press, Washington D.C.

ALCÁNTARA, M. (1997): "Las tipologías y funciones de los partidos políticos", en VV AA, *Curso de Partidos Políticos.* Akal Universitaria, Madrid, 37-57.

ALLISON, G. T. (1971): *Essence of Decision: Explaining the Cuban Missile Crisis,* Little Brown, Boston.

ALMOND, G. A. (1998): "La historia intelectual del concepto de cultura cívica", en del Águila, R. y Vallespín, F., *La democracia en sus textos,* Alianza, Madrid.

ÁLVAREZ JUNCO, J. (2001): *Mater Dolorosa. La idea de España en el siglo XIX.* Taurus, Madrid.

APPLEBY, P. H. (1949): *Policy and Administration,* Alabama University Press, Alabama.

ARENDT, H. (1963): *Eichman in Jerusalem: A Report on the Banality of Evil,* Viking Penguin, Nueva York.

— (1987): *Los orígenes del totalitarismo,* Alianza Editorial, Madrid.

ARISTÓTELES (1985): *Ética nicomaquea. Ética eudemia,* Gredos, Madrid.

AXTMANN, R. (2004): "The State of the Satate: The Model of the Modern State and its Contemporary Transformation", *International Political Science Review,* vol. 25, n.º 3: 259-279.

BAENA, M. (1985): *Curso de Ciencia de la Administración,* Tecnos, Madrid.

— (1999): *Élites y conjuntos de poder en España (1939-1992),* Tecnos, Madrid.

BANFIELD, E. (1975): "Corruption as a Feature of Government Organization", *Journal of Law and Economics,* 18: 587-605.

BARBACETTO, G., GÓMEZ, P. y TRAVAGLIO, M. (2002): *Mani Pulite. La vera storia,* Editori Riuniti, Roma.

BARDHAN, P. (1997): "Corruption and Development: A Review of the Issues", *Journal of Economic Literature,* 35: 1320-1346.

BAUMAN, Z. (2001): *En busca de la política,* Fondo de Cultura Económica, México.

BAYLEY, D. H. (1989): "The Effects of Corruption in a Developing Nation", en Heidenheimer. A. J. *et al.* (eds.), *Political Corruption,* Transaction Publishers, New Brunswick.

BEALY, F. (1999): *Blackwell Dictionary of Political Science: A User's Guide to its Terms*. Blackwell, Malden, MA.
BEETHAM, D. (1991): *The Legitimation of Power*, Humanities Presss, Nueva Jersey.
— (1994): *Defining and Measuring Democracy*, Sage, Londres.
BELL, D. (1998): "Reflexiones al final de una era", *Claves de la Razón Práctica,* 68: 2-12.
BENVENISTE, E. (1978): *Problemas de lingüística general,* vol. II, Siglo XXI, Madrid.
BERLIN, I. (1998): *El sentido de la realidad*, Taurus, Madrid.
BLANCO VALDÉS, L. (2001): *Las conexiones políticas*, Alianza, Madrid.
BLANCHET, M. (2003): "Orientations and Principles of the Québec Legislation On the Financing of Political Parties", *Participation,* vol. 27, n.º 2: 9-10.
BOBBITT, P. (2002): *The Shied of Achilles: War, Peace and the Course of History*, Allan Lane, Londres.
BOIX, C. y POSNER, D. (2000): "Capital social y democracia", *Revista Española de Ciencia Política,* vol. I, n.º 2: 159-186.
BOUISSOU, J. M. (1995): "Cadeaux, réseaux et clientèles. La corruption au Japon: un système de redistribution", en Della Porta, D. y Mény, I. (dirs.), *Democratie et corruption en Europe.* La Decouverte, París.
BOURDIEU, P., CHAMBOREDON, J. y PASSERON, J. C. (1989): *El oficio de sociólogo*, Siglo XXI, Madrid.
BURNHAM, J. (1941): *The Managerial Revolution,* John Day, Nueva York.
CAGLIACI, M. (1996): *Clientelismo, corrupción y criminalidad organizada: evidencias empíricas y propuestas.* Centro de Estudios Constitucionales, Madrid.
CAMPS, V. (1990): *Virtudes públicas*, Espasa Calpe, Madrid.
— (1989): *El fundamento de los derechos humanos*, Debate, Madrid.
CANALES, J. M. (2001): "Gobernabilidad y gestión pública", en Olías de Lima, B. (coord.), *La nueva gestión pública*, Prentice Hall, Madrid.
CARTIER-BRESSON, J. (1997): "Corruption networks, Transaction Security and Illegal Social Exchange", en Heywood, P., *Political Corruption*, Blackwell Pub., Oxford.
CASTELLS, M. (1998): *La era de la información* (3 vols.), Alianza, Madrid.
CAZORLA, J. (1996): "El clientelismo de partido en la España de hoy: una disfunción de la democracia", en Robles, A., *Política en penumbra*, Siglo XXI, Madrid.

CONILL, J. (1999): "¿Adiós a Hipócrates?", *Claves de razón práctica,* n.º 98, diciembre.
COOPER, T. L. (1983): "Citizen Participation", en Lynch, T. D., *Organization Theory and Management,* Marcel Dekker, Nueva York.
— (ed.) (1994): *Handbook of Administrative Ethics,* Marcel Dekker, Nueva York.
COOPER, T. L. y WRIGHT, N. D. (1992): *Exemplary Public Administrators: Character and Leadership in Government,* Jossey Bass, San Francisco.
CORTINA, A. (1997): "Ética de la sociedad civil", en Laporta, F. y Álvarez, S. (comps.), *La corrupción política*, Alianza Editorial, Madrid.
— (2005): *Alianza y Contrato*. Madrid, Trotta.
CORDINADORA NACIONAL DE DERECHOS HUMANOS DE PERÚ (2004): *Los procesos contra Fujimori*. www.fujimoriextraditable.com.pe.
CORZO, S. (2002): *El clientelismo político. El plan de empleo rural en Andalucía: un estudio de caso,* Editorial Universidad de Granada, Granada.
COURTNEY, C. (2002): "Corruption in the Official Arms Trade". *Policy Research Paper,* n.º 1, abril, Transparency International-UK, Londres.
CRICK, B. (2001): *En defensa de la política*, Kriterios Tusquets, Barcelona.
DAHL, R. A. (1971): *Polyarchy*, Yale University Press, New Haven.
— (1992): *La democracia y sus críticos*, Paidós, Barcelona.
— (1999): *La democracia. Una guía para los ciudadanos*, Taurus, Madrid.
DALTON, R. J. (1999): "Political Support in Advanced Industrial Countries", en Pippa Norris, *Critical Citizens: Global Support for Democratic Government*, Oxford University Press, Oxford.
DEL ÁGUILA, R. (2000): *La senda del mal*, Taurus, Madrid.
DE LA CALLE, H. (2004): "Financiamiento político: público, privado, mixto", en Griner, S. y Zovatto, D., *De las normas a las buenas prácticas,* OEA e IDEA, San José, Costa Rica.
DELLA PORTA, D. (2000): "Social Capital, Beliefs in Government, and Political Corruption", en Pharr, S. J. y Putnam, R. D. (eds.), *Disaffected Democracies*, Princeton University Press, Princeton, NJ.
DELLA PORTA, D. y VANUCCI, A. (1997): "The 'Perverse Effects' of Political Corruption", en Heywood, P., *Political Corruption*, Blackwell Pub., Oxford.

— (2002): "Los recursos de la corrupción: algunas reflexiones sobre el caso italiano", *Zona Abierta,* 98/99: 85-118.

DiMAGGIO, P. y POWELL, W. (1983): "The Iron Cage Revisited: Institutional Isomorphism and Collective Rationality in Organizational Fields", *American Sociological Review,* 48: 147-160.

— (eds.) (1991): *The New Institutionalism in Organizational Analysis,* Chicago University Press, Chicago.

DOUBLET, Y. M. (2003): "Is there a Crisis of Party Finance and Political Parties among Industrial Countries?", *Participation,* vol. 27, n.º 2: 11-13.

— (2004): "Enforcement: How regulation of political finance is manager in practice", *Global Corruption Report,* Transparency International, Berlín.

DOUGLAS, M. (1996): *Cómo piensan las instituciones,* Alianza, Madrid.

DRYZEK, J. S. (2002): *Deliberative Democracy and Beyond,* Oxford University Press, Nueva York.

ECHEVARRÍA, K. y VILLORIA, M. (2004): "Indicadores de gobernabilidad y su aplicación a la medición de la integridad de las instituciones", Mimeo.

ECO, U. (1976): *Signo,* Labor, Barcelona.

EIGEN, P. (2004): *Las redes de la corrupción,* Bronce-Planeta, Barcelona.

EISENSTADT, S. N. y RONIGER, L. (1984): *Patrons, Clients and Friends. Interpersonal Relations and Structure of Trust in Society,* Cambridge University Press, Cambridge.

ELSTER, J. (2001): "Introducción", Elster, J. (ed.), *La democracia deliberativa,* Gedisa, Barcelona.

ESPINEL, M. (2002): "Corrupción política: un nuevo contenido para un viejo debate o un nuevo debate para un viejo contenido", *Zona Abierta,* 98/99: 1-26.

ESTEFANÍA, J. (2004): "Business Bush", *El País,* domingo, 13 de junio.

FERRARA, A. (2004): "El desafío republicano", *Claves de Razón Pura,* n.º 139: enero-febrero.

FERREIRA, D. M. (2004): "Financiamiento político: rendición de cuentas y divulgación", en Griner, S. y Zovatto, D., *De las normas a las buenas prácticas,* OEA e IDEA, San José, Costa Rica.

FERRERO, G. (1991): *El poder,* Tecnos, Madrid.

FINER, H. (1941): "Administrative Responsibility and Democratic Government", *Public Administration Review,* 1: 335-350.

FOX, Ch. J. (1994): "The Use of Philosophy in Administrative Ethics", en Cooper, T. L. (ed.), *Handbook of Administrative Ethics,* Marcel Dekker, Nueva York.

FRIEDRICH, C. J. (1940): "Public Policy and the Nature of Administrative Responsibility", en Friedrich, C. J. y Mason, E. S. (eds.), *Public Policy,* Harvard University Press, Cambridge (Mass.).

— (1989): "Corruption Concepts in Historical Perspective", en Heidenheimer, A. J. *et al.* (eds.), *Political Corruption,* Transaction Publishers, New Brunswick.

FREDERICKSON, H. G. (1997): *The Spirit of Public Administration,* Jossey Bass, San Francisco.

GAMBETTA, D. (1993): *The Sicilian Mafia. The Business of Private Protection*, Harvard University Press, Cambridge, MAS.

GARCÍA MAGARZO, I. (2002): "Independencia del Poder Judicial y legalidad presupuestaria". Documento presentado al Seminario Internacional sobre *Reforma Legal y Judicial y Control de la Corrupción en América Latina y el Caribe,* Madrid, julio, Mimeo.

GARGARELLA, R. (1999): *Las teorías de la justicia después de Rawls*, Paidós, Barcelona.

GARRIDO FALLA, F. (2002): *Tratado de Derecho Administrativo,* vol. I. Tecnos, Madrid.

GARZÓN VALDÉS, E. (1997): "Acerca del concepto de corrupción", en Laporta, F. y Álvarez, S. (comps.), *La corrupción política*, Alianza Editorial, Madrid.

GIDDENS, A. (2000): *Un mundo desbocado. Los efectos de la globalización en nuestras vidas,* Taurus, Madrid.

GIMENO, V. (2002): "Control de la corrupción y reforma legal y judicial en América Latina". Documento presentado al Seminario Internacional sobre *Reforma Legal y Judicial y Control de la Corrupción en América Latina y el Caribe,* Madrid, julio, Mimeo.

GLASER, D. (1997): "La teoría normativa", en Marsh, D. y Stoker, G., *Teoría y métodos de la ciencia política,* Madrid, Alianza.

GÓMEZ-CÉSPEDES, A., PRIETO, A. y STANGELAND, P. (2003): "Urbanismo, corrupción y delincuencia organizada: un proyecto en la Costa del Sol", *Boletín Criminológico,* n.º 66, julio-agosto.

GÓMEZ, P. y TRAVAGLIO, M. (2003): *Lo chiamavano impunitá*, Editori Riuniti, Roma.

— (2004): *Regime*, Biblioteca Universale Rizzoli, Milán.

GONZÁLEZ AMUCHASTEGUI, J. (2002): "Interferencia del poder ejecutivo en el poder judicial". Documento presentado al Seminario Internacional sobre *Reforma Legal y Judicial y Control de la Corrupción en América Latina y el Caribe,* Madrid, julio, Mimeo.

GUERRERO, E. (2003): "Debates actuales y actualizados sobre la democracia", en *Cuadernos de Derecho Público,* n.º 18, enero-abril: 99-141.

HABERMAS, J. (1991): *Escritos sobre moralidad y eticidad,* Paidós, Barcelona.

— (1994): "Human Rights and Popular Sovereignty: The Liberal and Republican Versions", *Ratio Iuris,* 7: 1-13.

— (1998): "Reconciliación mediante el uso público de la razón" y "Razonable versus verdadero o la moral de las concepciones del mundo", en Habermas, J. y Rawls, J., *Debate sobre el Liberalismo político*, Paidós, Barcelona.

— (2000a): *La constelación posnacional,* Paidós, Barcelona.

— (2000b): *Aclaraciones a la ética del discurso,* Trotta, Madrid.

HARSANYI, J. (1999): "Razón, moralidad y teoría utilitarista", en VV AA, *Decisiones normativas en los campos de la ética, el estado y el derecho,* Destino, Caracas.

HECLO, H. (1992): "Issue Networks and the Executive Establishment", reproducido en Stillman, R. (ed.), *Public Administration*, Hoghton Mifflin, Boston.

HEIDENHEIMER, A. J. (1989): "Perspectives on the Perception of Corruption", en Heidenheimer, A. J. *et al., Political Corruption,* Transaction Publishers, New Brunswick.

— (1996): "The Topography of Corruption: Explorations in a Comparative Perspective", *International Social Science Journal,* n.º 48, 3: 337-347.

— (1999): "Political Parties and Political Corruption in Comparative Historical Perspective", *EUI Working Papers,* n.º 99/28.

— (2000): "Parties, Campaign Finance and Political Corruption: Tracing Long-Term Comparative Dynamics", XVIII IPSA Congress, 1-6 agosto, Quebec.

HEIDENHEIMER, A. J. y JOHNSTON, M. (2000): *Political Corruption,* Transaction Press, Brunswick, N.J.

HEIDENHEIMER, A. J., JOHNSTON, M. y LEVINE, V. T. (eds.) (1989): *Political Corruption,* Transaction Publishers, New Brunswick.

HELLMAN, J. S., JONES, G. y KAUFFMAN, D. (2001): "Capture el Estado, captura al día. Captura del Estado, corrupción e influencia en la transición", *Gestión y Análisis de Políticas Públicas,* 21, mayo-agosto: 35-62.

HELLMAN, J. y KAUFFMAN, D. (2001): "La captura del Estado en las economías de transición", *Finanzas y Desarrollo,* septiembre: 31-35.

HERMIDA, X. (2004): "La conjura de los virreyes", *El País,* domingo, 17 de octubre: 1-3.

HEYWOOD, P. (ed.) (1997): *Political corruption,* Blackwell, Oxford.

HOBBES, T. (1980): *Leviatán,* Editora Nacional, Madrid.

HODESS, R. (2003): "Introduction", *Global Corruption Report,* Transparency International, Berlín.

HOFNUNG, M. (1996): "Political Finance in Israel", en Levi, M. y Nelken, D. (eds.), *The Corruption of Politics and the Politics of Corruption,* Blackwell, Cambridge.

HUNTINGTON, S. P. (1989): "Modernization and Corruption", en Heidenheimer, A. J. *et al., Political Corruption,* Transaction Publishers, New Brunswick. *Political Corruption and Public Policy in America,* Brooks/Cole Publ., California.

IBÁÑEZ, P. A. (2004): "Las manos del imputado excelente sobre la justicia", *El País,* martes 28 de diciembre.

INGLEHART, R. (1998): *Modernización y postmodernización,* CIS, Madrid.

— *et al.* (2004): *Human Beliefs and Values,* Siglo XXI, México.

JIMÉNEZ, F. (1998): "Political Scandals and Political Responsibility in Democratic Spain", *West European Politics,* vol. 21, n.º 4: 81-99.

JIMÉNEZ ASENSIO, R. (2002): "La selección de los jueces en España", *Cuadernos ESADE de la Facultad de Derecho,* n.º 1, Barcelona.

JOHNSTON, M. (2000): "The New Corruption Rankings: Implications for Analysis and Reform", *Paper* presentado en el *International Political Science Association XVIII World Congress,* Quebec, agosto 1-5, 2000.

— (2004): "Soft Money reform in the United States: has anything changed?", en *Global Corruption Report,* Transparency International, Berlín.

KARSTEDT, S. (2002): "The Culture of Inequality and Corruption: A Cross- National Study of Corruption", Mimeo.

KATZ, R. S. (1996): "Party Organizations and Finance", en Le Duc, L. *et al., Comparing Democracies,* Sage Publications, Thousand Oaks, CA.

KAUFMANN, D. (2005): "Corruption, Governance and Security: Challenges for the Rich Countries and the World". *Global Competitiveness Report 2004-2005,* Oxford University Press, Oxford.

KAUFMANN, D., KRAAY, A. y MASTRUZZI, M. (2005): *Governance Matters IV. Appendices,* World Bank, Washington.

KAUFFMAN, D., KRAAY, A. y ZOIDO-LOBATÓN, P. (1999): "Governance Matters", *Policy Research Working Paper,* n.º 2196, World Bank, Washington DC.

— (2000): "Governance Matters: From Measurement to Action", *Finance and Development,* Fondo Monetario Internacional, Washington DC.

KINGSLEY, J. P. (2003): "Bill C-24". *Participation,* vol. 27, n.º 2: 7-9.

KJELLBERG, F. (2000): "Corruption as an Analytical Problem: Some Notes on Research in Public Corruption", Memorial Article presentado en el *International Political Science Association XVIII World Congress,* Quebec, agosto 1-5.

KLIKSBERG, B. (2004): "¿Por qué es clave la cultura para el desarrollo?", *Reforma y Democracia,* n.º 29, junio: 5-26.

KOHLBERG, L. (1984): *Essays on Moral Development,* Harper and Row, Nueva York.

— (1987): "El enfoque cognitivo-evolutivo de la educación moral", en Santolaria, F. y Jordán, J. A. (comps.), *La educación moral hoy. Cuestiones y perspectivas,* PPU, Barcelona.

KRUGMAN, P. (2003): *The Great Unraveling,* W. W. Norton, Nueva York.

KYMLICKA, W. (1998): "Derechos individuales y derechos de grupo en la democracia liberal", en del Águila, R. y Vallespín, F., *La democracia en sus textos,* Alianza, Madrid.

LAMBSDORFF, J. (1998): "An empirical investigation of bribery in internacional trade", *The European Journal of Development Research,* 10: 40-59.

LAMO DE ESPINOSA, E. (1997): "Corrupción política y ética económica", en Laporta, F. J. y Álvarez, S. (eds.), *La corrupción política,* Alianza, Madrid.

LANCASTER, TH. (1986): "Electoral Structures and Pork Barrel Politics", *American Political Science Review,* vol. 7, n.º 1: 67-81.

LEFF, N. H. (1964): "Economic Development through Bureaucratic Corruption", *The American Behavior Scientist,* n.º 2: 8-14.

LEHOUCQ, F. (2003): "Electoral Fraud: Causes, Types, and Consequences", *Annual Review of Political Science,* vol. 6 (junio): 233-256.

LENIN, V. I. (1975): *The Lenin Anthology,* R. C. Tucker (ed.), Norton, Nueva York.

LEVI, M. (1996): "Social and Unsocial Capital", *Politics and Society,* 24: 45-55.

LIJPHART, A. (2000): *Modelos de democracia,* Ariel, Barcelona.

LINZ, J. (1998): "Los problemas de la democracia y la diversidad de democracias", en del Águila, R. y Vallespín, F., *La democracia en sus textos,* Alianza, Madrid.

LIPSET, S. M. (1992): "Algunos requisitos sociales de la democracia: desarrollo económico y legitimidad política", en Batlle, A., *Diez textos básicos de Ciencia Política,* Ariel, Barcelona.

LIU, F. (1985): "An Equilibrium Queuing Model of Bribery", *Journal of Political Economy,* n.º 93 (4): 760-781.

LÓPEZ, J. (2002): "Cuando el abogado es culpable y el acusado inocente: por qué los argumentos habituales de defensa de la teoría de la elección racional no resultan convincentes para un realista científico", *Revista Española de Ciencia Política,* n.º 7, octubre: 67-102.

LÓPEZ GUERRA, L. (1997): "Modelos de gobierno de los jueces", *Parlamento y Constitución,* n.º 1, Universidad de Castilla-La Mancha y Parlamento Regional.

LOWI, T. J. (1979): *The End of Liberalism,* Norton, Nueva York.

LUJAMBIO, A. (2004): "Enforcement: the experience in México", *Global Corruption Report,* Transparency International, Berlín.

MÁIZ, R. (1994): "Estructura y acción: elementos para un modelo de análisis", *Revista Internacional de Sociología,* n.º 8-9, mayo-diciembre: 189-215.

— (1996): "Estrategia e institución: el análisis de las dimensiones macro del clientelismo político", en Robles, A. (comp.), *Política en penumbra,* Siglo XXI, Madrid.

— (2002): "El lugar de la nación en la teoría de la democracia", *Revista Española de Ciencia Política,* n.º 3, octubre: 53-75

— (2004): "El clientelismo de partido y la corrupción política", Mimeo.

MALMBERG, B. (1979): *La lengua y el hombre,* ITSMO, Madrid.

MALEM, J. F. (2002): *La corrupción,* Gedisa, Barcelona.

MANCUSO, M. (1993): "Ethical Attitudes of British MP's", *Parlamentary Affairs,* n.º 46: 180-197.

MANIN, B. (1998): *Los principios del gobierno representativo,* Alianza, Madrid.

MARAVALL, J. M. (2003): *El control de los políticos,* Taurus, Madrid.

MARCH, J. y OLSEN, J. (1989): *Rediscovering lnstitutions. The Organizational Basis of Politics,* Free Press, Nueva York. Existe traducción al español en Fondo de Cultura Económica, México, 1997.

MARINI, F. (comp.) (1971): *Toward a New Public Administration: The Minnowbrook Perspective*, Chandler, Pennsylvania.

MARTÍN GARCÍA, M. y SÁNCHEZ BAYLE, M. (en prensa): "Corruption and Health: Problems in the Market of Medicines", *Global Corruption Report 2006*, Transparency International, Berlín.

MARTÍN PALLÍN, J. A. (2004): "La verdad y la realidad", *El País*, sábado 28 de agosto.

MAURO, P. (1995): "Corruption and Growth", *Quaterly Journal of Economics* CX, n.º 3 (agosto): 681-712.

McINTYRE, A. (1984): *AfterVirtue*, Notre Dame Univ. Press, Notre Dame, IN.

MENY, Y. (1997): *La corruption dans la vie publique*, La Documentation Française, París.

MENY, Y. y RODHES, M. (1997): "Illicit Governance: Corruption, Scandal and Fraud", en Meny, Y. y Rodhes, M., *Developments in West European Politics*, MacMillan, Londres.

MÉRIDA, F. (2004): "Lobbies institucionales en Europa: Comisión Europea", *VIII Congreso Español de Sociología,* Alicante, 23-25 de septiembre.

MERKEL, W. y CROISSANT, A. (2001): "La democracia defectuosa como régimen político", en Máiz, R. (coord.), *Construcción de Europa: democracia y globalización*, Universidad de Santiago, Santiago de Compostela.

MISHLER, W. y ROSE, R. (2001): "Political Support for Incomplete Democracias: Realist vs. Idealist Theories and Measures", *International Political Science Review,* vol. 22, n.º 4: 303-320.

MONTERO, J. (1990): *Independencia y responsabilidad del juez*, Cívitas, Madrid.

MOORE, G. E. (1997): "From Principia Ethica", en Darwall, S., Gibbard, A. y Railton, P., *Moral Discourse and practice*, Oxford University Press, Nueva York-Oxford.

MOSHER, F. (comp.) (1975): *American Public Administration: Past, Present and Future*, libro realizado con la colaboración de la Maxwell School of Citizenship and Public Affairs de la Syracuse University y la National Association of Schools of Public Affairs and Administration, The University of Alabama Press, Alabama.

MOTA, J. (1998): *La gran expropiación*, Temas de Hoy, Madrid.

NAYLOR, R. T. (1997): "Mafias, myths and markets: on the theory and practice of enterprise crime", *Transnational Organized Crime*, n.º 3: 1-45.

NEWTON, K. y NORRIS, P. (2000): "Confidence in Public Institutions: Faith, Culture or Performance", en Phar, S. y Putnam, R., *Disaffected Democracias: What's Troubling the Trillateral Countries*, Princeton University Press, Princeton.

NIETO, A. (1997): *Corrupción en la España democrática*, Ariel, Barcelona.

NISKANEN, W. A. (1971): *Bureaucracy and representative government*, Aldine-Atherton, Chicago.

NOONAN, J. (1984): *Bribes*, McMillan Pub., Nueva York.

NORRIS, P. (1999): *Critical Citizens: Global Support for Democratic Government*, Oxford University Press, Oxford.

NOZICK, R. (1974): *Anarchy, State, and Utopia*, Basic Books, Nueva York.

NYE, J. S. (1989): "Corruption and Political Development: A Cost-Benefit Analysis", en Heidenheimer, A. J. *et al.* (eds.), *Political Corruption*, Transaction Publishers, New Brunswick.

O'DONNELL, G. (1998): "Horizontal Accountability in New Democracies", *Journal of Democracy*, 9-3: 112-126.

OECD (2004): *Managing Conflict of Interest in the Public Service: OECD Guidelines and Country Experiences (E-book PDF Format)*, OECD, París.

OLÍAS de LIMA, B. (coord.) (2001): *La nueva gestión pública*, Prentice Hall, Madrid.

OLIVER, D. (1997): "Regulating the Conduct of MP's. The British Experience of Combating Corruption", en Heywood, P., *Political Corruption*, Blackwell Pub., Oxford.

OSTROM, E. (comp.) (1982): *Strategies of Political Inquiry*, Sage, Londres.

OSTROM, V. (1974): *The Intelectual Crisis in American Public Administration*, edición revisada, University of Alabama Press, Alabama.

PHARR, S. J. (2000): "Officials' Misconduct and Public Distrust: Japan and the Trilateral Democracies", en Pharr, S. J. y Putnam, R. D., *Disaffected Democracies*, Princeton, NJ, Princeton University Press.

PHARR, S. J. y PUTNAM, R. D. (2000): *Disaffected Democracies*, Princeton University Press, Princeton, NJ.

PARAMIO, L. (2004): "Reforma política y reforma del Estado", *Reforma y Democracia*, n.º 30, octubre: 61-82.

PASQUINO, G. (2000): *La democracia exigente*, Alianza Editorial, Madrid.

PASTOR, S. (2002): "Cómo puede la reforma legal y judicial ayudar al poder judicial a controlar su propio presupuesto", Documento presentado al Seminario Internacional sobre *Reforma Legal y Judicial y*

Control de la Corrupción en América Latina y el Caribe, Madrid, julio, Mimeo.

PAYNE, J. L. *et al.* (1990): *Las motivaciones de los políticos*, Limusa, México.

PÉREZ PERDOMO, R. (2002): "Reforma judicial y control del presupuesto". Documento presentado al Seminario Internacional sobre *Reforma Legal y Judicial y Control de la Corrupción en América Latina y el Caribe,* julio, Mimeo, Madrid.

PETERS, B. G. (1989): *The Politics of Bureaucracy,* Longman, Londres.

PETTIT, P. (1995): "El consecuencialismo", en Singer, P. (ed.), *Compendio de ética,* Alianza Diccionarios, Madrid.

PETTIT, Ph. (1997): *Republicanismo,* Paidós, Barcelona.

PFEIFFER, S. (2004): "Vote buying and its implications for democracy: evidence from Latin America", *Global Corruption Report 2004,* Transparency International, Berlín.

PHILP, M. (1997): "Defining Political Corruption", en Heywood, P., *Political Corruption,* Blackwell Pub., Oxford.

PINTO-DUSCHINSKY, M. (2002): "Financing Politics: A global View", *Journal of Democracy,* vol. 13, n.º 4, octubre: 64-82.

POZZI, S. "La campaña más cara de la historia", *El País,* lunes 4 de octubre.

PUJAS, V. y RODHES, M. (1998): "Party Finance and Political Scandal in Latin Europe", en Malamud, C. y Posada-Carbó, E., *Finnancing Party Politics in Europe and Latin America,* MacMillan, Londres.

PUTNAM, R. (1993): *Making Democracy Work: Civic Traditions in Modern Italy,* Princeton University Press, Princeton.

RAAB, J. y BRINTON MILWARD, H. (2003): "Dark Network as Problems", *Journal of Public Administration Research and Theory,* vol. 3, n.º 4: 413-440.

RAWLS, J. (1971): *A Theory o Justice,* Harvard University Press, Cambridge, Mass.

— (1980): "Kantian Constructivism in Moral Theory", *Journal of Philosophy,* 77: 515-72.

— (1993): *Political Liberalism,* Columbia University Press, Nueva York. Existe traducción al español, *El liberalismo político,* Crítica, Barcelona, 1996.

— (1998): "Réplica a Habermas", en Habermas, J. y Rawls, J., *Debate sobre el liberalismo político*, Paidós, Barcelona.

RESA, C. (2004): *Empresas ilegales, mercados ilícitos y protección: el caso de la producción y distribución de drogas en México*, Tesis Doctoral dirigida por D. José A. Rivero y leída en la Universidad Rey Juan Carlos, Madrid.

RIAL, J. (2004): "Financiamiento político: el acceso de los partidos a los medios de comunicación", en Griner, S. y Zovatto, D., *De las normas a las buenas prácticas*, OEA e IDEA, San José, Costa Rica.

RIKER, W. H. (1982): *Liberalism Against Populism: A Confrontation Between the Theory of Democracy and the Theory of Social Choice,* Freeman, San Francisco.

ROBLES, A. (1996): "Sistemas políticos, mutaciones y modelos de las relaciones de patronazgo y clientelismo", en Robles, A. (comp.), *Política en penumbra*, Siglo XXI de España editores, Madrid.

ROEBER, J. (2004): "The politics of corruption in the arms trade: South Africa's scandal and the Elf Affair", *Global Corruption Report*, Transparency International, Berlín.

ROHR, J. (1986): *To Run a Constitution: The Legitimacy of the Administrative State,* University Press of Kansas, Lawrence.

ROSE-ACKERMAN, S. (1978): *Corruption. A Study in Political Economy*, Academic Press, Nueva York.

— (1999): *Corruption and Government*, CUP, Nueva York.

— (2001): "Desarrollo y corrupción", *Gestión y Análisis de Políticas Públicas,* 21, mayo-agosto: 5-21.

ROTHSTEIN, B. y USLANER, E. M. (2005): "All for All: Equality and Social Trust", *LSE Health and Social Care Discussion Paper Number 15,* The London School of Economics and Political Science, Londres.

ROURKE, R. (1986): *Bureaucratic Power in National Policy Making,* Little Brown, Boston.

SANDEL, M. J. (1982): *Liberalism and the Limits of Justice,* Cambridge Univ. Press, Cambridge.

SAUSSURE, F. (1976): *Curso de lingüística general,* Losada, Buenos Aires.

SCANLON, T. M. (1982): "Contractualism and Utilitarianism", en Sen, A. y Williams, B., *Utilitarianism and Beyond*, Cambridge University Press, Cambridge, Mass.

— (2003): *Lo que nos debemos unos a otros*, Paidós, Barcelona.

SCHMITT, K. (1992): *El concepto de lo político*, Alianza Editorial, Madrid.

SKOCPOL, T. (1979): *States and Social Revolutions*, Cambridge University Press, Nueva York.

SELZNICK, PH. (1957): *Leadership in Administration*, Row, Peterson and Co., Evanston, ILL.

SEN, A. (1995): *Nuevo examen de la desigualdad*, Alianza Economía, Madrid.

— (1999): *Development as Freedom*, Oxford University Press, Oxford.

— (2000): ¿Qué impacto puede tener la ética?, Conferencia de clausura en el Encuentro Internacional, *Ética y desarrollo*, BID, Washington, diciembre.

SHAFER, M. (1994): *Winners and Losers. How Sectors Shape the Developmental Prospects of States*, Cornell University Press, Ithaca.

SHAXSON, N. (2004): "The Elf Trial: political corruption and the oil industry", *Global Corruption Report*, Transparency International, Berlín.

SINGER, P. (2004): *El presidente del bien y del mal*, Kriterios Tusquets, Barcelona.

STEWART, D. W. y SPRINTHALL, N. A. (1994): "Moral Development in Public Administration", en Cooper, T. L. (ed.), *Handbook of Administrative Ethics*, Marcel Dekker, Nueva York.

STIGLITZ, J. E. (2002): *El malestar en la globalización*, Taurus, Madrid.

SUNSTEIN, C. S. (2004): "Más allá del resurgimiento republicano", en Ovejero, F. *et al.*, *Nuevas ideas republicanas*, Paidós, Barcelona.

TANZI, V. y DAVOODI, H. (2001): "Corrupción, inversión pública y crecimiento", *Gestión y Análisis de Políticas Públicas* 21, mayo-agosto: 73-82.

TARSCHYS, D. (2004): "Democracy, Values, Institutions: The Use and Abuse of Governance", *Participation*, vol. 28, n.º 3, otoño: 5-6.

TAYLOR, M. (1987): *The Possibility of Cooperation,* Cambridge Univ. Press., Cambridge.

TERRY, L. D. (1995): *Leadership of Public Bureaucracies: The Administrator as Conservator. Advance in Public Administration,* Sage, Thousand Oaks, CA.

THOMAS, V. *el al.* (2000): *The Quality of Growth*, Oxford University Press, Oxford.

THOMPSON, D. F. (2002): "La corrupción mediada: el caso de los cinco senadores de Keating", *Zona Abierta,* 98/99: 5-84.

THOMPSON, J. B. (2001): *El escándalo político*, Paidós, Barcelona.

TOCQUEVILLE, A. (1994): *La democracia en América.* Fondo de Cultura Económica, México.

TORCAL, M. (2003): "Political Disafection and Democratization: History in New Democracies", *The Kellog Institute Working Papers,* n.º 308, Octubre.

TULLOCK, G. (1993): *Rent Seeking*, Edward Elgar, Aldershot.
— (1996): "Corruption Theory and Practice", *Contemporary Economic Policy*, vol. XIV, Julio: 6-13.
TUSELL, J. (1995): "El encasillado de 1930", *Revista del Centro de Estudios Constitucionales*, n.º 21, mayo-agosto: 23-54.
ULLOA, F. (2004): "Financiamiento político: órganos de control y regímenes de sanciones", en Griner, S. y Zovatto, D., *De las normas a las buenas prácticas*. OEA e IDEA, San José, Costa Rica.
URIARTE, E. (2000): "La política como vocación y profesión: análisis de las motivaciones y de la carrera política de los diputados españoles", *Revista Española de Ciencia Política*, n.º 3, octubre: 97-124
VALLÉS, J. M. (2000): *Ciencia Política: una introducción*, Ariel, Barcelona.
VALLESPÍN, F. (2000): *El futuro de la política*, Taurus, Madrid.
VAN KLAVEREN, J. (1989): "The Concept of Corruption", en Heidenheimer, A. J. *et al.* (eds.), *Political Corruption*, Transaction Publishers, New Brunswick.
VARELA ORTEGA, J. (2001): *Los amigos políticos: partidos, elecciones y caciquismo en la restauración, 1875-1900*, Marcial Pons/Junta de Castilla y León, Consejería de Educación y Cultura, Madrid.
VILLORIA, M. (2000): *Ética pública y corrupción: curso de ética administrativa*, Tecnos-UPF, Madrid.
— (2001): "Lucha contra la corrupción en la Unión Europea: el caso de España", *Gestión y Análisis de Políticas Públicas*, 21, mayo-agosto: 95-115.
VIROLLI, M. (1997): *Por amor a la patria*, Acento, Madrid.
WALDO, D. (1948): *The Administrative State. A Study of the Political Theory of American Public Administration*, Ronald Press, Nueva York.
WALECKI, M. (2004): "Political Money and Corruption", en Hodess, R., *Global Corruption Report*, Transparency International, Berlín.
— (2004): "Ukraine: the authoritarian abuse of disclosure", en Hodess, R., *Global Corruption Report*, Transparency International, Berlín.
WAMSLEY, G. *et al.* (1990): *Refounding Public Administration*, Sage, Newbury Park.
WARD, G. (2004): "The role of disclosure in combating corruption in political finance", *Global Corruption Report*, Transparency International, Berlín.
WEBER, M. (1979): *Economía y sociedad*, Fondo de Cultura Económica, México.
— (1981): *El político y el científico*, Alianza, Madrid.

WEI, S. J. (1997): "How Taxing is Corruption on Internacional Investors", *Working Paper,* n.º 6030, National Bureau of Economic Research, Cambridge, Mass.

WILDAVSKY, A. (1984): *The Politics of the Budgetary Process,* Little Brown, Boston.

WITTGENSTEIN, L. (1997): "Lecture on Ethics", en Darwall, S., Gibbard, A. y Railton, P., *Moral Discourse and practice*, Oxford University Press., Nueva York-Oxford.

ZAFRA, M. (2000): *Alexis de Tocqueville (1805-1859)*, Ediciones del Orto, Madrid.